W. Bousset · Der Antichrist

Wilhelm Bousset

Der Antichrist

in der Überlieferung des Judentums, des neuen Testaments und der alten Kirche

Ein Beitrag zur Auslegung der Apokalypse

1983
Georg Olms Verlag
Hildesheim · Zürich · New York

Dem Nachdruck liegt das Exemplar
der Universitätsbibliothek Erlangen zugrunde.

Signatur: Thl. XII, 621 dg

Das Format des Nachdrucks ist geringfügig
kleiner als das des Originals.

Nachdruck der Ausgabe Göttingen 1895
Mit freundlicher Genehmigung des Verlages Vandenhoeck & Ruprecht, Göttingen
Printed in Germany
Herstellung: Strauss & Cramer GmbH, 6945 Hirschberg 2
ISBN 3 487 07335 8

Der Antichrist

in der Überlieferung des Judentums, des neuen Testaments und der alten Kirche.

Ein Beitrag zur Auslegung der Apocalypse.

Von

Lic. theol. **Wilhelm Bousset**
Privatdozenten in Göttingen.

Göttingen
Vandenhoeck und Ruprecht
1895.

Vorwort.

Ich kann die Abhandlung, die ich hier vorlege, nicht besser einleiten, als durch ein Wort Gutschmids, das dieser am Schluss seiner Recension von Zezschwitz Werk »vom römischen Kaisertum deutscher Nation« aussprach. »Diese ganze Apokalypsenlitteratur, die vom Danielbuche an, oder wenn man so will, von den alttestamentlichen Propheten einerseits und der Kymaeischen Sibylle andererseits in einer nie völlig abgebrochenen Kette bis zu Capistrano und der Einnahme Konstantinopels durch die Osmanen herabreicht, ist bisher von den Historikern in auffälliger Weise vernachlässigt worden, obgleich sich doch kaum ein zweites Geisteszeugnis finden lässt, das den Eindruck, welchen die geschichtlichen Begebenheiten auf die Zeitgenossen machten und die Anschauungen, Hoffnungen und Befürchtungen derselben in auch nur annähernd gleicher Unmittelbarkeit wiederspiegelt«. (Kleine Schriften V, 505.) Ich füge nur noch hinzu, dass ich in der vorliegenden Studie nur eine notwendige Vorarbeit zu dem von Gutschmid angeregten Thema habe liefern können. Ich hoffe noch einmal Zeit und Kraft zu einer zusammenfassenden Darstellung der Eschatologie der christlichen Kirche zu finden. Vorläufig möchte die vorliegende Skizze die Arbeit auf diesem so unendlich verwickelten und schwer übersehbaren Litteraturgebiet anregen, fördern und neue Mitteilungen hervorlocken.

Für freundliche Hilfe bei der Korrektur und Ausarbeitung des Registers sage ich meinem lieben jungen Freunde W. Lueken auch hier meinen besten Dank.

Ich bemerke noch, dass das Register für jeden citierten Schriftsteller angiebt, nach welcher Ausgabe und wie derselbe citiert ist. Ich bitte also, wenn Citate nicht verständlich sein sollten, dort nachzuschlagen.

Göttingen, Juni 1895.

Wilhelm Bousset.

Inhaltsverzeichnis.

Seite

Einleitung 1
    Aufstellung des Problems 11
I. Teil. Die Quellen.
    I. Eine lateinische pseudoephraemitische Homilie über das Ende der Welt, die griechische Homilie des Ephraem über den Antichrist und andere eschatologische Schriften desselben, Pseudo-Hippolyt über das Ende der Welt, die pseudojohanneische Apokalypse, die fünfzehnte Katechese Cyrills von Jerusalem, die Dioptra des Philippus Solitarius, Pseudo-Chrysostomus 20
    II. Zwei Sibyllinisten des Mittelalters (Sib.-Beda und -Usinger), Adso über den Antichrist, Pseudo-Methodius, die syrische Homilie des Ephraem über den Antichrist, Überblick über den ephraemitischen Schriftenkreis, die gemeinsame Quelle von Adso und Sib.-Beda, das apokalyptische Material des Hieronymus 27
    III. Die griechische und armenische Danielapokalypse . . . 41
    IV. Die arabische, syrische, aethiopische Petrusapokalypse, die syrische Esraapokalypse 45
    V. Commodians Carmen Apologeticum, Lactanz' Instit. div. VII, 10 ff., Beziehungen Commodians zu Hippolyts Werk über den Antichrist, Martins von Tours eschatologisches Testament, der Apokalypsenkommentar des Victorin, die eschatologischen Partieen im $βιβλίον\ Κλή\text{-}μεντος$ und in der Ascensio Jesaiae, Beziehungen zum IV. Esra 49
    VI. Die Apokalypse des Zephanja 54
    VII. Überblick über die ausserdem in Betracht kommende Litteratur der Kirchenväter 57
    VIII. Jüdische Quellen, die sibyllinische Litteratur, IV. Esra- und Baruch-Buch, das Testamentum XII. Patriarch. . . 59
    IX. Spätjüdische Quellen, die Geheimnisse des Simon, Midrasch Vajoscha, die Zeichen des Messias, das Serubabelbuch, die persische Geschichte Daniels 64
    X. Ausser-christliche und -jüdische Quellen, die ältere Edda (Völuspâ), die parsistische Apokalypse Bahman-Yast, die arabische Überlieferung vom Antichrist 71
        Übersicht über die gebrauchten Abkürzungen . . . 74

II. Teil. Die Geschichte der Tradition vom Antichrist.
    I. Die Vorzeichen 76
    II. Der Verfall des Römerreichs vor dem Ende und[1]) die Herkunft des Antichrist 77
    III. Der Name des Antichrist 86
    IV. Der Teufel und der Antichrist 88
        Anhang I. Belial 99
        Anhang II. Der Antichrist als Ungeheuer geschildert 101
    V. Die ersten Siege des Antichrist 102
    VI. Das Sitzen im Tempel 104
    VII. Der Antichrist der Pseudomessias der Juden 108
        Anhang: Die Geburt desselben aus Dan 112
    VIII. Die Wunder des Antichrist. — Rückblick 115
    IX. Die Diener des Antichrist 124
    X. Die Weltherrschaft des Antichrist 126
    XI. Dürre und Hungersnot 129
    XII. Das Zeichen des Antichrist 132
    XIII. Henoch und Elias 134
    XIV. Die Flucht der Gläubigen 139
    XV. Die Verkürzung der Tage 143
    XVI. Die letzte Not und die Errettung 145
    XVII. Das Gericht über den Antichrist 148
    XVIII. Das Zeichen des Menschensohnes 154
        Anhang: Die Zeit der Wiederkunft 158
    XIX. Der Weltbrand 159
        Anhang: Die vier Winde 165
    XX. Das Blasen des Hornes 166
    XXI. Das Weltgericht 167

Anhang. Zum zwölften Kapitel der Johannesapokalypse 169
Nachträge. Spätbyzantinische Apokalypsen, ein Fragment der altsächsischen Genesis 173
Register 181

---

1) auf S. 84 ist statt II: IIA zu lesen.

Einleitung.

Die vorliegende Arbeit wurde ursprünglich im Interesse der Aufhellung und Erklärung einiger dunkler Stellen der Johannesoffenbarung unternommen. Die ersten Beobachtungen, die mich in die von mir eingeschlagene Richtung der Arbeit wiesen, enthielt die von Iselin (theol. Z. a. d. Schweiz 1887)[1]) unternommene Vergleichung der Apokalypse mit der späten syrischen Esraapokalypse. Von neuem machte mich Bratkes Arbeit über die arabisch-äthiopische Petrusapokalypse (Z. W. Th. 1892) auf die vorliegenden merkwürdigen litterarischen Probleme aufmerksam. Als ich vor zwei Jahren ein Kolleg über die Apokalypse las, war es mir bereits sehr wahrscheinlich geworden, dass zum mindesten Kap. XI unserer Apokalypse in einer älteren Tradition wurzelte, die uns noch erreichbar sei. Corrodis Geschichte des Chiliasmus machte mich zum ersten Mal auf die hier in Betracht kommenden Schriften des Ephraem aufmerksam. Und dann hat sich von der erstaunlich weitverzweigten Litteratur ein Glied zum andern im Laufe der Zeit hinzugefunden. Ich hätte freilich ohne die freundliche mir wiederholt zu Teil gewordene Hülfe der Herren Professoren Bonwetsch und W. Meyer noch immer wichtige Zweige der Litteratur übersehen [2]). Auch jetzt wage ich noch nicht irgenwie eine Vollständigkeit meiner Untersuchung zu behaupten; manche Schriften, die in Betracht kämen, sind noch nicht zugänglich. Aber ich glaube wenigstens dass nichts wesentliches, was den Überlieferungsgang der Tradition der alten Kirche vom Antichrist betrifft, von mir übersehen ist. Ich hebe jedoch hier gleich hervor, dass die weitere

---

1) ich kenne die Arbeit nur aus Berichten.

2) ausserdem sage ich noch meinen Kollegen den Herren Dr. Achelis und Dr. Rahlfs Dank für freundlichst bei manchen Einzelheiten der Untersuchung geleistete Hülfe.

Geschichte desselben im Mittelalter von mir nur gestreift ist, und dass ich hier auf jede Vollständigkeit verzichte. Ich musste diese Grenze meiner Arbeit stecken, um durch sie nicht ganz von dem mir gesteckten Ziel einer Erklärung der Apokalypse abzugeraten.

Allerdings hat auch so schon die Arbeit den Charakter einer Hülfsarbeit zur Erklärung der Apokalyse verloren. Mehr und mehr erwachte für mich das Interesse an der Verbreitung und dem Einfluss der Tradition vom Antichrist selbst. So ist aus der Arbeit ein Beitrag zur Eschatologie der alten Kirche geworden. Es ist freilich eine krause und phantastische Litteratur, die ich hier in ihrem litterarischen Zusammenhang behandelt vorlege, aber dieselbe hat eben doch wenigstens einen grossen Reiz. In naiver unmittelbarer Weise spiegeln sich in dieser Litteratur die Stimmungen, die Leiden und Hoffnungen der breiten Masse des Volkes in den Zeiten grosser politischer Erregung und Umwälzung ab. Die Jahrhunderte ziehen an uns vorüber in einer seltsam phantastischen Beleuchtung, aber wir dürfen es nicht vergessen: alle diese wirren und bunten Gedanken sie waren einmal lebendig und wirklich, sie erregten die Masse mehr als dogmatische Streitigkeiten, und im Mittelalter wenigstens haben sie geradezu Geschichte gemacht.

Und ich gebe mich der Hoffnung hin, dass die Frucht meiner Arbeit für die Auslegung der Apokalypse keine geringe sein wird, unmittelbar wie mittelbar. Namentlich auch mittelbar. Wir sind noch nicht am Ende der Auslegung der Apokalypse, die zeitgeschichtliche und litterarkritische Methode der Untersuchung hat zwar manches aufgehellt, aber sie hat uns auch in eine gründliche Verwirrung und in eine kaum mehr übersehbare Fülle von Hypothesen hineingeführt. Es müssen neue Wege eingeschlagen, neue Mittel angewandt werden, ja eine ganz neue Methode der Forschung wird notwendig sein, wenn wir weiter kommen wollen, vor allem aber handelt es sich um ein klares Bewusstsein von der anzuwendenden Methode. In meiner Arbeit habe ich an einer ganzen Reihe von Apokalypsen die Gesetze eschatologischer Tradition beobachten können. Und darin besteht für mich der mittelbare Wert meiner Arbeit für die Auslegung der Apokalypse.

An diesem Punkt berührt sich nun die vorliegende Studie mit der hier neue Bahnen einschlagenden und weisenden Arbeit von

Gunkel »Schöpfung und Chaos«. Es ist für mich eine Pflicht der Dankbarkeit, hier sogleich am Anfang darzulegen, inwieweit ich von dieser Arbeit Anregung und Förderung erhalten habe. Namentlich hinsichtlich der Methode und der Fragestellung ist diese Anregung eine sehr grosse gewesen, und ich betone dies hier im Anfang um so lieber, als ich gezwungen bin, hinsichtlich der Resultate im einzelnen Gunkel sehr oft zu widersprechen. Für mich kommt nun von der Arbeit Gunkels wesentlich die zweite Hälfte seines Buches in Betracht, in welcher er in der Form einer Erklärung von Apok. 12 die Gesetze für die Auslegung aller apokalyptisch-eschatologischen Tradition feststellt.

Das folgenreichste und wertvollste Gesetz stellt nun, wie mir scheint, Gunkel p. 252 ff. seiner Untersuchung auf. Er spricht den Gedanken hier aus, dass im grossen und ganzen gesehen, der einzelne Apokalyptiker seinen Stoff nicht selbst schafft und erfindet, oder auch nur aus allerlei zerstreutem Material zusammenwebt. Wie sollte er auch sonst dazu kommen, seine Phantasien für gesicherte heilige Offenbarung auszugeben. Er konnte das nur thun im Besitz zusammenhängender altheiliger Tradition, er verkündet uralte Weisheit. Natürlich ändert er hier und da, aber seine Thätigkeit besteht in Umdeutung, nicht in Erfindung, in Anwendung nicht in Neuschöpfung. »Solche Selbstthätigkeit ist stets in denjenigen Grenzen zu denken, in denen der Glaube des Schriftstellers an seine Worte nicht unmöglich gemacht wird« (p. 254). Diese Grenzbestimmung ist natürlich eine lose, man kann dem einen Apokalyptiker hier weniger, dem andern mehr zutrauen, aber es ist eine Grenzbestimmung. Die Geschichte der eschatologischen Litteratur, die ich hier durchforscht habe und die — das ist hier der Vorteil — im hellen Licht der Geschichte liegt, giebt nun die Bestätigung für diesen Satz Gunkels. Man wende mir nicht ein, dass man die spätere epigonenhafte apokalyptische Litteratur des Christentums nicht verwenden dürfe, um aus derselben Gesetze für die Auslegung der schöpferischen Johannesapokalypse zu entnehmen. Es wird in der vorliegenden Arbeit nachgewiesen werden, dass die vorgelegte eschatologische Litteratur sich noch durchaus selbständig gegen das neue Testament, namentlich gegen die Johannesapokalypse verhält. — Es zeigt sich dann aber aufs klarste in dem folgenden Überblick der Litteratur eines Jahrtausends, wie gross die Stabilität eschatologischer Vorstellungen ist, wie diese aus einer Hand in die andere wandern und kaum in Jahrhunderten ihre Gestalt verändern.

Gunkel nimmt zur Erklärung der Stabilität mythologisch-eschatologischer Anschauungen die Hypothese einer mündlichen Geheimtradition zur Hülfe und sucht aus dem Charakter von II Thess. 2 und Stellen der Esra-Apok. seine Behauptung zu belegen[1]). Ich bin in der Lage, auch für die ersten christlichen Jahrhunderte den Beweis einer eschatologischen Geheimtradition führen zu können.

Es ist G. vorgeworfen, dass er[2]) nicht genügend zur Darstellung gebracht habe, wie stark die Herübernahme älterer mythologischer und eschatologischer Vorstellungen für den Verfasser der Apokalypse wenigstens im unbewussten liege, wie stark er nur mit unverstandenen und halbverstandenen eschatologischen Traditionen operiere. G. erkennt dies ja selbst mehrfach an, aber auch jener Einwurf besteht doch in etwas zu recht. Gerade die Berührungen der Apokalypse mit den altbabylonischen Mythen, welche G. wirklich nachgewiesen hat, beschränken sich allerdings vielfach auf unverstanden herübergenommene Einzelheiten. Und auf Grund dieser Berührungen den Kreisen, aus denen die Apok. erwachsen ist, noch Kenntnis eines zusammenhängenden altbabylonischen Mythos, den man sonst nirgends mehr findet, zuzutrauen, wie Gunkel dies bei seiner Deutung des Kap. XII der Apok. und der Zahlenrätsel 13,18 unternimmt, ist sehr gewagt. — Das kann zugestanden werden, unbeschadet der Richtigkeit des oben aufgestellten Gesetzes von der Stabilität eschatologischer Überlieferung. Findet die Apokalypse ihre Erklärung nicht oder nur sehr teilweise im altbabylonischen Mythos, so doch vielleicht in einer näher liegenden Tradition.

Man darf jedenfalls die Macht alter Tradition und die Möglichkeit eines noch teilweisen Verständnisses derselben nicht unterschätzen. Man kann sie kaum überschätzen, Jahrhunderte kommen hier kaum in Betracht und es muss gesagt werden: wer nicht einmal in ernster und angestrengter Arbeit der Tradition mythologischer und eschatologischer Vorstellungen nachgegangen, hat eigentlich nicht das Recht auf diesem Gebiet mitzusprechen.

---

1) p. 265. 292.
2) vgl. die Rezension von Clemen Z. W. Th. 1895. H. 2.

Selbst wenn aber der gegen G. erhobene Einwand voll zu Recht bestände und in der Apokalypse sich nicht mehr als einige zerstreute Reste alter babylonischer Mythologie nachweisen liessen, so hätten doch die beigebrachten und bewiesenen Beziehungen mehr Wert als den einer »Kuriosität«. Wir hätten eben doch damit ein sicheres Mittel mehr, bei der Auslegung der Apokalypse zwischen dem traditionsmässig überkommenen und dem eignen Material des Apokalyptikers zu scheiden. Und darin besteht alle Kunst der sicheren Auslegung jeder Apokalypse: in der sicheren Grenzbestimmung zwischen dem überkommenen und dem einer jeden Schrift eigentümlichen.

So wird man von Gunkels Arbeit an von einer neuen Auslegungsmethode der Apokalypse sprechen dürfen. Der zeitgeschichtlichen und litterarkritischen Methode zur Seite tritt die traditionsgeschichtliche, beide beschränkend, allerdings nicht aufhebend, wie es bei der G.'schen Arbeit dann und wann erscheinen möchte.

Die heute Mode gewordene litterarkritische Forschung wird sich eine starke Beschränkung gefallen lassen müssen. Man muss endlich aufhören mit dem Messer zu schneiden und mit roher Hand die Quellen zu zerreissen. Es wird — wie G. mit Recht betont — vor allem auf eine viel genauere Erkenntnis des stofflichen Zusammenhangs ankommen, ehe man mit der Kritik beginnen kann. Ein paar kritische Beobachtungen an der Johannesapokalypse allein unternommen, wie sie ein jeder machen kann, reichen nicht mehr. An die Erklärung der Johannesapokalypse kann man sich nur wagen mit sehr umfassenden Kenntnissen, eine wirkliche Auslegung derselben wird noch lange die Kraft eines einzelnen übersteigen. Es gilt ja, diese Schrift innerhalb des Zusammenhangs einer fast tausendjährigen eschatologischen Tradition in ihrer Eigentümlichkeit zu erfassen. Doch ich fürchte schon, es wird sehr bald der Satz G.'s bis zu gänzlicher Vernachlässigung litterarkritischer Untersuchungen übertrieben werden. Und es soll hier hervorgehoben werden: gegenüber mythologisierender Willkür wird eine besonnene litterarkritische Methode immer ein heilsames Gegengewicht abgeben. Ich hoffe im ersten Teil meiner Arbeit zu zeigen, wie viel auch die Litterarkritik auf diesem Gebiet erreichen kann.

Auch die zeitgeschichtliche Methode wird sich eine bedeutende

Beschränkung gefallen lassen müssen. Die verschiedensten Gründe führt Gunkel gegen dieselbe ins Feld. Er bekämpft namentlich die beliebigen Einzelausdeutungen dieser und jener Stelle der Apok. und weist ihre absolute Willkür nach, auch ergiebt sich ja schon naturgemäss mit der tradionsgeschichtlichen Methode die Einschränkung der zeitgeschichtlichen. Wenn man erkannt hat, dass an vielen Punkten der Schriftsteller von der Tradition abhängig ist, so wird man von selbst vorsichtiger gegen zeitgeschichtliche Deutungen. Vor allem weist Gunkel dann jede zeitgeschichtliche Deutung, die in die Vergangenheit des Apokalyptikers zurückgeht, als nicht mit dem Wesen der Apokalypse stimmend, rundweg ab. — Diese Ausführungen werden allerdings, so viel beherzigenswertes sie bieten, ermässigt werden müssen. Auch dann, wenn der Apokalyptiker traditionsmässig feststehendes Material herübernimmt, thut er dies vielfach doch nicht ganz grundlos. Er denkt dabei dann doch an seine Zeit und ihre Vorgänge. So ist allerdings die Schilderung der Märtyrer unter dem Altare Apok. 6 9 ff. eine einfache Herübernahme älterer Tradition. Aber wenn der Apokalyptiker diesen Zug übernahm, so dachte er an die Märtyrer seiner Zeit, an die, welche gelitten hatten, und diejenigen, welche noch folgen sollten. Und es ist nicht verkehrt und wertlos, auch dies zu beachten und zu fragen, auf welche Zeitverhältnisse der Apokalyptiker anspielt. Dass in der Johannesapokalypse gar keine Ausführungen über vergangene Zeiten vorkommen, scheint mir von G. nicht bewiesen. Dan. 7 und Henoch 88 führen eben doch auch über die Zeit des angenommenen Verfassers hinüber. Warum sollte man Apok 12 nicht auch als rückblickende geschichtliche Einleitung zu Kap. 13 mindestens im Sinne des Apokalyptikers letzter Hand verstehen dürfen? Als ein entschiedener Missgriff G.'s aber muss es bedauert werden, dass er die altbewährte zeitgeschichtliche Deutung auf Nero unter vielfacher Vergewaltigung des Textes und mit sehr wenig beweisenden Gründen zu stürzen versucht[1]). Sie ist einmal aus der Apokalypse nicht zu entfernen. Ich fürchte, das Gunkels Deutung der Zahl 666 auf

---

1) eine genauere Auseinandersetzung mit Gunkel muss ich mir hier versagen, ich hoffe sie bald in meinem Kommentar geben zu können.

das »Urungeheuer«[1]), durch welche er diejenige auf Nero verdrängen möchte, auch sehr bald unter die von ihm so vielfach verspotteten apokalyptischen Kuriositäten eingerückt sein wird. So lange aber die Deutung auf Nero zu Recht bestehen bleibt, wird auch die zeitgeschichtliche Methode ihr Recht an der Auslegung der Apok. behalten. Und ihre Bankerotterklärung durch Gunkel und dessen Recensenten Eduard Meyer[2]) wird daran nichts ändern.

Auch hier muss gebeten werden: nur keine Übertreibungen. Eine neue Methode empfiehlt sich nicht dadurch, dass sie den Anspruch auf Alleinherrschaft erhebt. Wenn Gunkel in seiner Arbeit etwa den Grundsatz befolgt, dass die traditionsgeschichtliche Methode überall da anzuwenden sei, wo die zeitgeschichtliche Deutung nicht ganz klar sei und auf der Hand liege, so ist damit viel zu viel behauptet. Eine vorsichtige Forschung wird die Resultate zeitgeschichtlicher Deutung da annehmen, wo sie sich ungezwungen bietet — vorsichtig aber auch ohne jene haarspaltende Dialektik, mit der G. die Nerodeutung abweist — sie wird wirkliche Nachweise und Resultate der traditionsgeschichtlichen Methode anerkennen, sie wird aber, da wo beide nicht zureichen, offene Fragen zugeben, — auch die Möglichkeit uns unbekannter, zeitgeschichtlicher Anspielungen. Sie wird endlich in manchen Fällen beide Methoden neben einander anwenden.

Vor einem aber vor allem hat man sich bei dieser Arbeit zu hüten: vor Postulaten. Auf Grund einiger erhaltener Fetzen einiger fragmentarischer Berührungen, deren Zusammenhänge nicht deutlich sind, einen vollständigen sonst verloren gegangenen altbabylonischen Mythos aus unserer Apokalypse rekonstruieren zu wollen, wie Gunkel dies versucht — das heisst auf irgend welchen Grad von Evidenz verzichten und die Grenzen wissenschaftlichen Beweises verkennen. G.'s Deutung von Apok. 12 (13) ist nicht mehr als eine geistvolle Phantasie, die besser unterblieben wäre. Denn viele werden in diesem Abschluss der Arbeit den bequemen Grund finden, sich auch über das wirklich wertvolle und neue Bahnen weisende Ganze derselben hinwegzusetzen.

---

1) תהום קדמניה.
2) In der Beilage zur Augsburger Allgemeinen Zeitung. 94. 13. Dec.

Ein wirkliches Verdienst aber bleibt es immerhin, dass Gunkel den Nachwirkungen des altbabylonischen Drachenmythos bis in seine äussersten Ausläufer im neuen Testament in einer einheitlichen Untersuchung nachgegangen ist. Hat er auch den Einfluss des Mythos im neuen Testament um ein gutes Teil überschätzt, so hat er doch unsern Blick für das mythologische in der Apokalypse bedeutend geschärft.

Ich möchte in gewissem Sinne meine Arbeit als eine bescheidene Fortsetzung derjenigen von Gunkel bezeichnen. Ich möchte in ihr den Nachweis führen, dass die eschatologische Überlieferung vom Antichrist eine spätere Umgestaltung, eine Vermenschlichung des Drachenmythos ist, dass ferner dieser Mythos auch weit über die Zeit des neuen Testaments innerhalb jener Überlieferung nachgewirkt hat und in ihr immer wieder in Einzelzügen in den alten charakteristischen Formen von neuem zur Erscheinung und zum Durchbruch kommt. Ich möchte auf der andern Seite die Arbeit Gunkels in gewisser Weise berichtigen. Vom Drachenmythos sind in die Apokalypse doch fast nur unverstandene Fragmente gekommen. Eine andere mit diesem Mythos zusammenhängende und uns noch erkennbare eschatologische Tradition hat einen bei weitem grösseren Einfluss auf diese ausgeübt. Der von G. zuerst mit aller Energie aufgestellten Traditionsmethode und der von ihm zuerst energisch vertretenen Anschauung von der Stabilität eschatologischer Überlieferung folge auch ich. Aber mit meiner Arbeit gehe ich nicht zurück in altbabylonische Zeit, um von hier aus den Schlüssel zum Verständnis der Apokalypse zu gewinnen, sondern ich gehe hinauf in die nachchristliche Tradition und gewinne aus ihr, soweit diese sich selbständig gegenüber dem neuen Testament verhält, mein Material durch Rückschluss auf die neutestamentliche Zeit. Und ich glaube, dass mein Schlüssel besser schliesst, wenigstens was das Verständnis der Apokalypse betrifft.

Dabei bin ich mir allerdings bewusst, dass ich ein Verständnis der eschatologisch-mythologischen Vorstellungen in letzter Instanz nicht erreiche. Aber ob man diese überhaupt je erreichen kann? G. glaubt eine Erklärung des Drachenmythos zu haben, aber hier gerade erhebt Eduard Meyer (a. a. O.) Widerspruch. Hier in den letzten Instanzen scheint alles unsicher. Wir werden genug gethan haben, wenn es uns einigermassen klar geworden ist, was man zu einer bestimmten Zeit — also etwa in der neutestamentlichen — für eschatologische Vorstellungen sich machte, wenn wir hier dies fast unlösliche Gewirre von überkommenem und von Zeitvorstellungen, von verstandenem und und unverstandenem entwirrt haben. Damit ist natürlich nicht ausgeschlossen, dass wir auch für jede weitere Aufklärung, die Gunkel uns im Verlauf seiner Forschungen bringen wird, dankbar sein sollten. — Für mich galt es, die nächsten Instanzen zur Erklärung der Apok. zu erforschen, und näher als die altbabylonische Mythologie liegt der Apokalypse die eschatologische altchristliche Tradition, welche von dieser Schrift im grossen und ganzen unabhängig ist. Dies gerade, die Berücksichtigung nächster Instanzen, hat G. oft unterlassen. — Es gilt das auch namentlich von seinen Ausführungen über Apok. XII.

Noch ein letztes ist zu erwähnen, in dem ich von G. gelernt habe. Hohes Lob verdient die Selbstbeschränkung, die G. sich in seiner Arbeit auferlegt. Gerade auf dem mythologischen Gebiet, das er durchforschte, lag die Verlockung zur Abschweifung auf fremde, ferner liegende mythologische Systeme sehr nahe. Die griechische Mythologie, die Mythologie der Edda bieten ja zahlreiche Parallelen, und viele andre Spuren von dem Einfluss dieses uralten Mythos, wohl eines der ältesten des Menschengeschlechts, finden sich. G. hat die Gefahr des Dilettantismus, die gerade hier sehr nahe lag, und des vorschnellen Urteils glücklich vermieden. Man kann dasselbe nicht von allen mythologischen Forschungen sagen. So ungemein anregend z. B. die religionsgeschichtlichen Forschungen Dieterichs sind, so wertvoll sie sind auf dem Gebiet, auf dem D. zu Hause ist — ich rechne natürlich dahin auch seine Aufstellungen über die Petrusapokalypse — so tragen doch seine Urteile über jüdische und urchristliche Eschatologie den Charakter des dilettantischen. Wie weit ihm G. in der Methode überlegen ist, zeigen die wenigen Seiten, auf denen er sich mit D.'s Versuch einer Erklärung von Apok. XII auseinandersetzt[1]). Ehe man so bestimmte Behauptungen über die Herkunft der eschatologischen Vorstellungen vom Weltuntergang, von Himmel und Hölle oder gar über die sittlichen Grundanschauungen in den Gerichtsvorstellungen in allem ein-

---

1) p. 284 ff.

zelnen aufstellen kann, wie D. das thut[1]), wird noch manche
ernste Arbeit gethan, manche genaue Einzeluntersuchung abgeschlossen werden müssen. Zu einer Untersuchung über die verwickelte Mythologie der Edda, dem Versuch einer Ausscheidung
der christlichen und älteren Bestandteile derselben, wie sie
E. H. Meyer in seinem Werk Völuspå unternommen[2]), scheint
mir ebenfalls die Zeit noch nicht gekommen. Schritt um Schritt
wird die Riesenarbeit vergleichender Mythologie gethan werden
müssen, wenn sie nicht immer wieder den Eindruck eines phantastisch-dilettantischen Verfahrens machen soll. Der Reiz abzuschweifen ist allerdings gross, und vielleicht habe auch ich mit
dem wenigen, was ich aus entlegenen Gebieten beigebracht, schon
zu viel gethan.

Und das allerdings wird man sich noch gestehen müssen.
Eine umfassende Arbeit ist es, die hier gethan werden muss und
doch handelt es sich nur um Aussenwerke, die genommen werden
müssen. In die innern Dinge, in das was lebt und wirklich
Kraft hat in jeder Religion, führen uns diese Forschungen nicht
hinein. Denn der Kern und das Mark einer jeden Religion liegt
in dem ihr eigentümlichen, nicht in dem, was eine Nation und
eine Religion von der andern überkommen hat, liegt in den originalen Schöpfungen von Persönlichkeiten und nicht in dem,
was eine Generation der andern überliefert. Zum Verständnis
der Apokalypse brauchen wir eine Fülle eschatologischen und
mythologischen Wissens, beim Verständnis des Evangeliums können wir diese zum allergrössten Teil entbehren. Und doch muss
auch diese Arbeit gethan werden, und sie bleibt lehrreich in
mancher Beziehung. Sie macht bescheiden und demütig, sie zeigt,
wie der einzelne und das einzelne Menschengeschlecht eine Welle
nur ist im Strom des unendlichen Lebens der Geschichte, sie
lehrt, wie unendlich viel ein jedes Geschlecht von den Erkenntnissen, den Stimmungen und Gefühlen unbesehen halb verstanden, halb unverstanden herübernimmt von vergangenen Geschlechtern. Sie schärft aber auch, und das ist das wertvollste daran,

---

1) vgl. 214 ff. und 172 ff. Die dort gegebene Prüfung der Lasterkataloge aus dem Urchristentum ist, so anregend die Zusammenstellung des Materials ist, durchaus verfehlt.

2) ich erwähne gerade dieses Werk, weil ich es mehrfach in der vorliegenden Arbeit gebrauchte.

auf indirektem Wege den Blick für das ursprüngliche, das in einem jeden lebendigen Glauben erhalten ist, sie zeigt uns mittelbar, wo die Quellen des lebendigen Lebens fliessen.

Die vorliegende Arbeit zerfällt in zwei Teile. Im ersten Teil habe ich versucht, einen Überblick über die ungemein schwierigen litterarischen Verhältnisse der in Betracht kommenden Litteratur zu geben. Im zweiten Teil gebe ich dann eine Rekonstruktion der Überlieferung, eine Darstellung ihres Ursprungs und ihrer Geschichte. In diesem habe ich die einzelnen in Betracht kommenden Quellen sehr ausführlich citiert. Ich glaubte, dass dies nötig sei, weil die in Betracht kommende Litteratur sehr zerstreut und schwer zugänglich ist. Auch bietet der zweite Teil oft den Beweis für die im ersten Teil gegebene Darstellung des Verhältnisses der Quellen zu einander, welche oft bei der Fülle des Stoffes sehr kurz zusammengefasst werden musste.

Die Aufstellung des Problems.

I. Überschaut man die eschatologischen Partieen des neuen Testaments, und in erster Linie diejenigen, in welchen die furchtbaren Nöte und Drangsale der letzten Zeit kurz vor dem Gericht Gottes behandelt werden, so bekommt man in erster Linie den Eindruck, dass hier eine fragmentarische ¦nur bruchstückweise erhaltene Überlieferung vorliegt, welche auf grössere verborgene Zusammenhänge deutet.

Am deutlichsten tritt dieser Charakter der Überlieferung in Kap. XI der Offenbarung Johannes hervor. Ganz rätselhaft und plötzlich ist hier vor allem die Erscheinung des Tieres aus dem Abgrund des Mörders der beiden Zeugen (11 7). Mag man annehmen, dass in dem Ausdruck τὸ ϑηρίον τὸ ἀναβαῖνον ἐκ τῆς ἀβύσσου die Hand des Redaktors der Apokalypse thätig gewesen ist, so muss in V. 7 doch immerhin die Rede von einer dämonischen Macht gewesen sein, welche die beiden Zeugen tötete. Es geht auf keinen Fall an, mit Spitta diese ganz aus dem Zusammenhang zu entfernen, wir erhalten dann ein nur um so rätselhafteres Fragment; das

plötzliche Aufhören des Wirkens der Zeugen nach dreieinhalb
Jahren muss doch durch irgend eine feindliche Gewalt herbeigeführt sein. Wo aber hat man sich ferner das Auftreten der
Zeugen und des Tieres zu denken? Nach V. 8 in Jerusalem.
Beseitigt man in V. 8 die Worte ὅπου καὶ ὁ κύριος αὐτῶν
ἐσταυρώθη, so deutet doch immer der Zusammenhang mit 11 1
u. 2 und der Umstand, dass in dem Erdbeben, welches den
zehnten Teil der Stadt trifft, siebentausend Menschen umkamen,
mit zwingender Gewalt auf Jerusalem. Für die Annahme, dass
die Scene in Rom spiele, liegt auch nicht der leiseste Anhalt
vor. Denn dass Jerusalem nicht ἡ πόλις ἡ μεγάλη genannt
werden könne, ist eine Behauptung, deren Gegenteil sich erweisen
lässt. Dass Rom sonst in der Apokalypse die grosse Stadt heisst,
beweist nichts für die Beurteilung dieses ganz singulären Kapitels. Wenn aber alles auf Jerusalem als den Schauplatz der
Begebenheiten hinweist, dann entsteht die Frage: wie ist das
Auftreten des Tieres, das doch sonst in der Apokalypse mit
dem römischen Imperium, mit Rom oder mit dem vom Euphrat
wiederkehrenden Nero zusammenhängt, in Jerusalem zu erklären?
Eine vorschnelle Ausdeutung des einen Kapitel nach der Apokalypse nützt hier nichts. Es ist denn doch möglich, ja ziemlich
gewiss, dass in der Apokalypse verschiedene Gedankenkreise
dicht neben einander liegen. Ferner: wer sind die beiden Zeugen? was für einen Zweck hat ihr Auftreten? weshalb und gegen
wen verhängen sie die Plagen? in welchem Verhältnis stehen sie
zu dem Tiere? weshalb tötet gerade das Tier die Zeugen? Wer
sind die κατοικοῦντες ἐπὶ τῆς γῆς, welche in den drei Tagen,
in denen die Propheten im Tode liegen, sich freuen und sich
Geschenke schicken? Hat man sie sich um Jerusalem versammelt
zu denken, wie kommen sie dann dorthin? Sind es die römischen Legionen, welche Jerusalem zertreten werden? aber wie
können diese als οἱ κατοικοῦντες ἐπὶ τῆς γῆς bezeichnet werden?
Lauter offne Fragen, welche durch Quellenscheidung innerhalb
des Kap. XI ihre Lösung niemals finden werden.

Halten wir überdies fest, dass in Kap. XI die Gestalt des
Antichrist in Jerusalem auftritt, dass sie mit Rom und dem
römischen Imperium mit den Heiden, welche Jerusalem zertreten,
wie es scheint, nicht zusammenhängt.

Dann erscheint als direktes Seitenstück die eschatologische

Partie in dem zweiten Kapitel des II. Thessalonicherbrief, dessen Authenticität ich annehme, ohne jedoch in meiner Untersuchung allzu grossen Wert auf diese Annahme zu legen. Hier ist das geheimnisvolle fragmentarische in der Darstellung offenbar sogar Absicht. Der Verfasser will nicht mehr sagen, als er sagt, er beruft sich auf mündliche Mitteilungen, man erhält den Eindruck einer Geheimlehre, es ist Mysterium, von dem Paulus hier spricht II 6 *καὶ νῦν τὸ κατέχον οἴδατε* .... *μόνον ὁ κατέχων ἄρτι ἕως ἐκ μέσου γένηται.* Wir hören von einem Menschen der Ungesetzlichkeit, von einem Sohn des Verderbens, der kommen soll. Auch diese Gestalt des Antichristen tritt in Jerusalem auf, im Tempel Gottes wird er sich niederlassen, wird von sich behaupten, dass er Gott sei. — Sein Auftreten wird in der Kraftwirksamkeit des Satan geschehen, er wird Zeichen und lügenhafte Wunder thun, und wird die verlorenen unter den Menschen zu jeglicher Ungerechtigkeit verführen. — Auch hier also wieder ein Antichrist, der mit dem römischen Imperium gar nichts zu thun hat. Denn auch auf Caligula und dessen Einfall, seine Statue im Tempel von Jerusalem aufstellen zu lassen, lässt sich der Abschnitt nicht beziehen. Es würde gerade bei dieser Deutung das wichtigste fehlen, die angedrohte Erzwingung jener Tempelschändung durch Heeresgewalt. Hier ist nur von Zeichen, Wundern und Verführung die Rede. Im Gegenteil, es ist charakteristisch, dass hier eine vollkommen unpolitische Eschatologie vorliegt: ein Antichrist der als Pseudomessias in Jerusalem auftritt und Zeichen und Wunder thut; und wenn Paulus sagt, dass jener in jeglicher Weise die verlorenen Menschen zur Ungerechtigkeit verführen wird, dafür dass sie nicht empfänglich waren für die Liebe zur Wahrheit zu ihrem Heil, so hat er ganz sichtlich die Juden vor Augen, denen, weil sie den wahren Messias verworfen haben, nun der falsche gesandt wird. Aber woher weiss Paulus das alles und wer ist der *κατέχων*, der erst aus dem Wege sein muss, ehe der Antichrist kommt?

Ich wende mich einer dritten verwandten Stelle zu, der kleinen interessanten Partie innerhalb der Parusierede des Herrn Mtth. 24. Mark. 13. und nehme mit einer grossen Zahl der neueren Forscher an, dass die eigentlich apokalyptische Partie ein Stück fremder Herkunft in der Umgebung echter Herrenworte ist. Auch ist klar, dass die Fassung des Matthaeus im

Vergleich mit der des Markus die ursprünglichere ist. Auch hier wieder dieselbe Erscheinung rätselhafter kurzer Andeutungen. Von einer gräulichen Verwüstung, welche an heiliger Stätte steht, ist die Rede, von einer darauf folgenden Flucht der Gläubigen, — man weiss nicht recht vor wem — von einer Verkürzung der Tage — man weiss nicht welcher Tage und ob eine bestimmte Zeitfrist gemeint ist, — von dem »Zeichen« des Menschensohnes, das rätselhaft bleibt, wenn auch die meisten Exegeten darüber hinweglesen. Dass jedenfalls die Deutung auf die Belagerung von Jerusalem und die Flucht der Christen nach Pella erst nachträglich in die Apokalypse hineingedeutet ist, wird immer allgemeiner zugestanden. Aber man entschliesst sich auch schwer, die Apokalypse aus der Zeit des Kaisers Caligula heraus zu verstehen. Wozu denn die Ermahnung zur Flucht, nachdem die gräuliche Verwüstung am Tempel geschehen ist? Gehörte der Verfasser zu dem Stillen im Lande, welcher seine Landsleute abmahnen wollte, zu den Waffen zu greifen? Aber das hätte er deutlicher sagen können. Ein Kampf um Leben und Tod wäre doch wahrscheinlich schon vor der Aufstellung der Statue erfolgt. — Das einfachste ist: man benutze den II. Thessalonicherbrief zur Erklärung von Mtth. 24 und sage: die gräuliche Verwüstung ist der Antichrist, der seinen Sitz im Tempel von Jerusalem nimmt. Dann wird die dann erwähnte Flucht eine Flucht vor dem Antichrist und seiner Verfolgung sein. — Dann aber erhebt sich wieder die Frage, woher stammt dieser ganze Gedankenkreis, wie entstand diese Idee vom Antichrist im Tempel zu Jerusalem? — Gehören am Ende Apok. 11, II Thess. 2, Mtth. 24 einem und demselben Gedankenkreis an, und wird es gelingen die zerstreuten Fragmente wieder wie in einem Brennspiegel zu vereinen? Sind uns überhaupt ausserhalb des neuen Testaments noch Quellen zugänglich, die uns neue Aufschlüsse über diesen Ideenkreis verschaffen könnten? — Solche Quellen sind in der That in reichstem Masse vorhanden.

II. Gehen wir weiter hinab zu den eschatologischen Ausführungen der Kirchenväter, welche sie in Anlehnung an Daniel, die Apok., II Thess. 2, Matth. 24 etc. geben, so beobachten wir eine parallele Erscheinung, eine Menge von Ausführungen, bei denen wir staunend fragen: wie kommen diese Ausleger auf Grund der neu- und alt-testamentlichen Schriften zu allen jenen wunderbaren und phantastischen Vorstellungen, die wir gerade auf diesem Gebiete bei ihnen finden? Auch bei den willkürlichsten exegetischen Einfällen und allegorisierenden Ausdeutungen sehen wir doch die Art und Weise, wie sie entstanden sind. Auf diesem Gebiet aber eröffnet sich eine Welt neuer eschatologischer Einfälle und kaum wird hier und da ein Bibelbeweis versucht, meistens nur behauptet. Und doch treten jene Behauptungen mit wunderbarer Beharrlichkeit auf, und wenn wir genauer zusehen, so gewahren wir in dem, was wir für eine blosse Masse wunderlicher Phantasieen ansahen, Ordnung, Zusammenhang und System.

Bei den apostolischen Vätern und den Apologeten darf man ja freilich Aufklärung über ein Kapitel der Eschatologie nicht suchen. Aber schon an Irenaeus liessen sich die oben aufgestellten Sätze deutlicher machen und durch eine Reihe von Beispielen belegen. Ich wähle jedoch lieber noch die Schrift Hippolyts περὶ τοῦ ἀντιχρίστου zum Beweis, ein Überblick über das gesammte Material wird weiter unten folgen. Hippolyt stellt im sechsten Kapitel folgende Antithesen auf: Ein Löwe ist Christus und ein Löwe der Antichrist, König ist Christus und König der Antichrist .... in der Beschneidung kam der Heiland in die Welt, und er wird in gleicher Weise kommen, es sandte der Herr Apostel zu allen Völkern, und er wird gleicherweise falsche Apostel senden, es sammelte der Heiland die zerstreuten Schafe, und er wird gleicherweise das zerstreute Volk sammeln. Der Herr gab ein Siegel denen die an ihn glaubten, und er wird es gleicherweise geben; in Gestalt eines Menschen erschien der Heiland, auch er wird in Gestalt eines Menschen kommen; es stand auf der Herr und erwies sein heiliges Fleisch als einen Tempel, und er wird in Jerusalem den steinernen Tempel aufrichten. — Woher hat Hippolyt alle diese Notizen über den Antichrist? Man darf jedenfalls nicht sagen, dass aus der Gestalt Christi die einzelnen Züge der Gestalt des Antichrist e contrario erschlossen seien, eher scheint hier und da das umgekehrte der Fall zu sein (vgl. den letzten Satz und vorher: der Herr gab ein Siegel denen, die an ihn glaubten). Im folgenden wird ein Bibelbeweis nur für den ersten Satz, dass Christus wie der Antichrist λέων genannt würde, beigebracht. Dann folgt ein Beweis (Kap. 15), dass der Antichrist aus dem Stamme Dan.

kommen werde, in Anlehnung an Gen. 49 16. 17 Jerem. 8 16. Diese
unter den Kirchenvätern ausserordentlich weit verbreitete Idee
scheint allerdings auf Grund jener alttestamentlichen Stellen —
wann können wir noch nicht sagen — entstanden zu sein.
Aber ehe man auf den Einfall kam, jene Stellen auf den Antichrist zu beziehen, musste doch erst einmal die Idee vorhanden
sein, dass der Antichrist aus dem Volk Israel kommen werde.
Diese Idee teilt auch Hippolyt, und damit ist ein anderes sehr
wichtiges Moment gegeben: für Hippolyt ist das Römerreich nicht
die antichristliche Macht; und das ist besonders deshalb merkwürdig, weil die Apok. des Johannes deutlich das römische Reich
als den letzten grossen Feind der Endzeit zeichnet und H. an
und für sich bei seiner Beurteilung des Römerreichs (Kap. 34
am Ende) einer solchen Annahme persönlich keineswegs abgeneigt sein konnte. H. findet sich mit Kap. 13 der Apok. so
ab, dass er in der ersten Hälfte desselben allerdings das römische
Imperium angedeutet fand, aber ihm ist dann der Antichrist das
zweite Tier mit den zwei Hörnern, das seine Herrschaft nach
dem Verfall des römischen Imperiums antreten werde. Man
möge nachlesen, welche Gewalt H. dem Text der Apok. bei
dieser Auslegung anthun muss (s. Kap. 49). Seine Exegese hat
an diesem Punkt auch weiterhin wenig Beifall gefunden. Aber
dennoch ist es eine bei fast allen Kirchenvätern von Irenaeus an
gemeinsame Überzeugung; das römische Imperium ist nicht der
Antichrist, sondern dieser wird nach dem Verfall des römischen
Reiches kommen. Das römische Reich ist der $\varkappa\alpha\tau\acute{\varepsilon}\chi\omega\nu$ im
2. Kapitel des II. Thessalonicherbriefes. In dieser Wendung
hat die Sage vom Antichrist geradezu in die Geschichte eingegriffen und eine historische Mission gehabt. Es ist nun aber im
höchsten Grade auffällig, dass trotz der Nachwirkung der Apok.
jene Behauptung vom jüdischen Ursprung des Antichrist mit
solcher Bestimmtheit auftritt, dass man mit solcher Einstimmigkeit die durchaus rätselhafte Stelle des II. Thessalonicherbriefs
deutete. Wie bald ist dagegen das Verständnis der Beziehungen
der Apok. auf Nero geschwunden, wie unendlich verschieden und
mannigfaltig sind hier die Auslegungen. — Wieder stehen wir
vor der rätselhaften Annahme eines jüdischen Antichrist, der in
Jerusalem auftritt. — Wie Irenaeus weiss H. (Kap. 43), dass die
beiden Zeugen (Apok. 11) Elias und Henoch sein werden, für

die Wiederkunft des Elias Bibelzeugnisse beizubringen wird ihm natürlich leicht, aber woher er weiss, dass der Genosse des Elias Henoch sein werde, teilt er uns nicht mit. Auch diese Annahme, dass Elias und Henoch die beiden Zeugen sind, findet sich fast in der gesamten Überlieferung der Kirchenväter, selten werden andere Namen genannt. Wie erklärt sich die Sicherheit dieser Überlieferung? Einmal citiert Hippolyt sogar eine uns gänzlich unbekannte Quelle für seine Behauptungen als heilige Auktorität (Kap. 15): »und ein **anderer Prophet** sagt: er (der Antichrist) wird versammeln alle seine Macht von Sonnenaufgang bis Sonnenuntergang. Die er gerufen und die er nicht gerufen hat, werden mit ihm gehen. Er wird das Meer weiss machen von den Segeln seiner Fahrzeuge und die Ebene schwarz von den Schilden seiner Schaaren. Und wer ihm im Kriege begegnet, wird durchs Schwert fallen«. Dieselbe Stelle wiederholt er Kap. 54 und bringt in diesem und dem folgenden Kapitel besonders auffällige Behauptungen über den Antichrist, deren Anknüpfungspunkte im alten oder neuen Testament wir vergeblich suchen. Als nicht beweisend mag man immerhin das Vorkommen der seltsamen Kombination aus Dan. 7 und 11 ansehen, dass der Antichrist bei seinem ersten Auftreten die Könige von Aegypten, Libyen und Aethiopien besiegen werde, eine Kombination, mit der sich dann weiter die Auslegung von Apok. 17 verbindet, — Ausführungen, in denen übrigens H. von Irenaeus abhängig ist. Schwerer erklärbar ist wieder, dass H. weiss, dass jener zunächst Tyrus und Berytus zerstören wird. — Aber das gesagte genügt für den Beweis, dass H. in seiner Schrift περὶ τοῦ ἀντιχρίστου von einer Tradition abhängig ist, die zwar mit manchen eschatologischen Partieen alten und neuen Testaments Parallelen hat, aber doch sich ganz bestimmt und konkret als eine selbstständige Überlieferung heraushebt. Ja vielleicht entlehnte H. die Überlieferung schon einer von ihm als προφήτης citierten Schrift.

Als zweites Beispiel wähle ich den Kommentar des Victorinus. — V. bemerkt zu der Weissagung der Hungersnot im dritten Siegel: »eigentlich aber bezieht sich das Wort auf die Zeiten des Antichrist, wann eine grosse Hungersnot sein wird«. Die Flucht des Weibes in der zweiten Hälfte von Kap. 12 der Apok. bezieht er auf die Flucht der 144 000, welche auf die Predigt des Elias hin gläubig geworden seien (unter Berufung auf Luk. 21 21). Dass der Drache das Wasser hinter dem Weibe her ausspeit, bedeutet ihm, dass der Antichrist ein Heer zur Verfolgung jener aussendet. Dass die Erde ihren Mund öffnet, bedeutet die wunderbare Errettung von jenem Heere durch Gott. Obwohl er die Nero-Deutung festhält, verbindet er mit dieser in bemerkenswerter Weise eine andere. Nero wird unter anderm Namen als Antichrist auftreten. Und, heisst es dann weiter (zu Kap. 13) »Lust nach Weibern wird er nicht kennen und keinen Gott seiner Väter anerkennen. Denn er wird das Volk der Beschneidung nicht verführen können, wenn er nicht als Schutzherr des Gesetzes auftritt. Er wird endlich auch die Heiligen nicht zur Götzenverehrung rufen, sondern zur Annahme der Beschneidung, wenn er etwa einige verführen kann. Er wird endlich so verfahren, dass er Christus von ihnen genannt wird. — Der falsche Prophet (Apok. 13 B) wird bewirken, dass ihm eine goldne Statue im Tempel zu Jerusalem aufgestellt werde. Unter den Wundern dieses Pseudopropheten wird angeführt, dass er Tote auferwecke. Zu Apok. 13 2 ist von den duces, den Führern des Antichristen die Rede, 14 20 wird Rache genommen an seinen (des Antichrist) Führern oder Engeln. Man sieht, hier liegt wieder ein reiches Material eigenartiger Überlieferung vor. Und wieder stehen wir vor der Gestalt des jüdischen Antichristen, welche sich hier nur seltsam mit der andern des Nero redivivus verschlingt.

Doch um dasselbe Material nicht doppelt zu bringen, breche ich hier ab. Die beiden Beispiele beweisen zur Genüge was oben behauptet war, und es genüge hier die Versicherung, dass sich dieser Beweis noch eine ganze Weile fortsetzen liesse. Vorläufig sei noch auf einiges aufmerksam gemacht: Je weiter wir in den Jahrhunderten hinaufkommen, desto reicher und ergiebiger werden die Quellen. Nun verhält es sich aber keineswegs so, dass die späteren Quellen nur weitere Ausschmückungen des in den älteren vorhandenen Materials brächten. Vielmehr bekommen wir gerade aus diesen noch manche notwendige Ergänzung der fragmentarischen und lückenhaften Überlieferung der älteren Quellen. Wie erklärt sich das? Wie mir scheint daraus, dass in sehr vielen Fällen die eschatologischen Enthüllungen nicht schriftlich, sondern in mündlicher Tradition als Geheimlehre, die mit Furcht und Zittern behandelt wurde, weitergegeben sind. Daher tritt die Überlieferung in ihrem ganzen Reichtum erst in späteren Jahrhunderten an das Licht. Wie man von der Überlieferung dachte, mag Hippolyt uns lehren (Kap. 29): »Dies Geliebter, teile ich mit Furcht Dir mit. . . . . . Denn wenn die seligen Propheten vor uns, obwohl sie es wussten, es nicht offen verkünden wollten, um den Seelen der Menschen keine Verwirrung zu bereiten, sondern es in Gleichnis und Rätseln geheimnisvoll mitteilten, indem sie sprachen »hier gilt der Verstand, der Weisheit hat«, um wie viel mehr laufen wir Gefahr, wenn wir das von jenen verborgener Weise gesagte offenkundig aussprechen?« Hierzu ist zu vergleichen Sibyll X 290 τὸ δὲ οὐχ ἅμα πάντες ἴσασιν, οὐ γὰρ πάντων πάντα. Sehr bezeichnend ist, dass Sulpicius Severus (hist. II. 14) die Sage vom Antichrist nach einem mündlichen Vermächtnis des Martin v. Tours aufzeichnet. Also noch zu den Zeiten des heiligen Martin überlieferte man die Geheimlehre vom Antichrist von Mund zu Mund. Interessant ist auch die Stelle bei Origenes über II. Thess. 21ff. (in Matthaeum Komm. IV. 329)[1] forte quoniam apud Judaeos erant quidam sive per scripturas profitentes de temporibus consummationis se scire sive de secretis, ideo haec scribit docens discipulos suos ut nemini credant talia profitenti. Auch im carmen apologeticum des Commodian heisst es 936: de quo pauca tamen suggero quae legi secreta.

Ich gebe im folgenden Abschnitt einen Überblick über die benutzten Quellen. Ausser den Kirchenvätern kommen hier namentlich die späteren und spätesten christlichen Apokalypsen in Betracht. Eine Menge Material ist hier freilich unerreichbar, die syrischen, koptischen, slavischen Handschriften werden noch eine reiche Ausbeute liefern. Da die Überlieferung der Sage vom Antichrist ausserordentlich stabil ist, so werden die noch fehlenden Ausläufer der Überlieferung an dem Gesammtbilde sehr wenig ändern.

---

[1] Die Stelle verdanke ich Bornemann, Kommentar z. d. Thess.-Br.

I. Teil. Die Quellen.

I.

Die erste Gruppe der in Betracht kommenden Schriften schliesst sich an jene hochinteressante Apokalypse an, welche Caspari, Briefe, Abhandlungen etc 1890 208 ff. (Text) 429 ff. (Abhandlung) veröffentlicht hat. Die Schrift ist erhalten im Cod. Barberinus XIV 44 saec. VIII unter dem Titel: dicta sancti Effrem de fine mundi et consummatio saeculi et conturbatio gentium und einem Cod. Sangall 108 4° saec. VIII unter dem Titel: incipit sermo sancti ysidori de fine mundi.

Die Schrift hat von Kap. 1—4 mehr den Charakter einer Predigt, von Kap. 5 an wird in der üblichen Weise der Apokalyptik in einfach ruhigem Fluss der Rede erzählt. Einen Anhalt zur Zeitbestimmung finden wir gleich im ersten Kapitel in folgenden Sätzen: et in his omnibus bella Persarum sunt. — in illis diebus veniunt (venient) ad regnum Romanum duo fratres et uno quidem animo praesunt (?), sed quoniam unus praecedit alium, fiet inter eos scidium. Caspari hat den Nachweis erbracht, dass diese Andeutungen in die Regierungszeit der Cäsaren Valentinian und Valens führen, von denen der erstere 364 zum römischen Kaiser gewählt wurde, der letztere von seinem Bruder bald darauf zum Mitkaiser ernannt wurde. »fiet inter eos scidium« bezieht C. auf die bald. darauf erfolgte Teilung des Reiches. Es könnte immerhin die Frage erhoben werden, ob der Apokalyptiker in dem fiet — scidium nicht einen von ihm erwarteten — nicht eingetroffenen — Zwist zwischen den Brüdern weissagt (beachte das Futurum). Dazu würde dann auch das »quoniam (quia) unus praecedit alium« besser passen. Jedenfalls hat C. Recht, wenn er den Passus erst am Ende der Regierungszeit des Valentinian geschrieben sein lässt, um 373, da damals erst der Krieg mit den

Persern wieder ausbrach. — Also wäre die vorliegende Schrift um 373 entstanden? Gegen diesen Schluss erhebt C. jedoch Bedenken. Man müsste dann nämlich annehmen, dass der Verfasser in sibyllinischem Stil seine eigne Zeit als zukünftig geweissagt hätte. Da diese sibyllinische Art sich sonst in der ganzen Schrift nicht nachweisen lasse, so sei eher zu vermuten, dass der Verfasser ein Stück fremden (sibyllinischen) Ursprungs in ganz ungeschickter Weise in seine Schrift verwoben habe. Wir hätten dann nur an dem Alter der Handschriften, in denen unsere Schrift erhalten ist, einen Anhalt zur Bestimmung ihres Alters. Aber diese Vermutungen C.'s sind grundlos. Es tritt ziemlich klar schon bei einer einfachen Lektüre unsres Stückes hervor, dass der Verfasser eine alte, nicht zeitgeschichtliche Weissagung vom Antichrist nur mit einer kurzen historischen und paränetischen Einleitung versehen weiter gegeben hat. Diese Behauptung wird durch die unten folgende Zusammenstellung der Quellen bewiesen werden. — Der Verfasser redet selbst nur in den ersten Kapiteln, indem er teils die folgende Apokalypse in den Zusammenhang seiner Zeit hineinstellt, teils allgemein gehaltene Paränesen voranschickt. Es ist also gerade das erste Kapitel zur Zeitbestimmung zu benutzen. Es ist auch ziemlich undenkbar, dass ein Jahrhunderte später lebender Verfasser eine so konkrete ältere Weissagung aufgenommen haben sollte, wenn er sie nicht in seiner Zeit erfüllt gesehen hätte. Wir haben also in der Apokalypse vom Antichrist eine Schrift, welche um das Jahr 373 entstanden ist.

II. In einer sehr scharfsinnigen Untersuchung bespricht Caspari dann das Verhältnis dieser Apokalypse zu Ephraems Werken[1]. Leider hat er dabei versäumt sich über die Überlieferung der in Betracht kommenden Schriften des Ephraem zu orientieren. Die Ausgabe des Ephraem von Assemani ist nämlich in einer unglaublich liederlichen Weise gearbeitet. Das vorliegende Handschriftenmaterial ist ohne Sichtung einfach

---

1) ich nehme vorläufig an, dass die in Betracht kommenden griechischen Homilien von Ephraem stammen. Irgend welche Gründe dagegen scheinen mir nicht vorhanden. Jedenfalls hängt die ganze in Betracht kommende Litteratur eng mit dem Namen Ephraems zusammen (vgl. die weiter unten zu besprechende syrische Homilie de antichristo, die ebenfalls unter Ephraems Namen überliefert ist).

abgedruckt. Unter dem Namen des Ephraem sind nämlich ursprünglich eine Unmasse einzelner Homilien in Umlauf gewesen. Diese sind dann — einige von ihnen gehörten auch wohl ursprünglich zusammen — in den Handschriften zu grösseren Komplexen verarbeitet und zwar in sehr verschiedener Weise, so dass wir nun vier selbständige Stücke a, b, c, d etwa in folgenden Kombinationen wiederfinden: a + b; a + b + c; b + c + d; c + d etc. etc. So kommt es, dass bei Assemani dieselben Stücke sich drei-, vier-, fünfmal vorfinden. In den seltensten Fällen ist das in der Ausgabe vermerkt.

So findet sich der hier in erster Linie in Betracht kommende *Λόγος εἰς τὴν παρουσίαν τοῦ κυρίου καὶ περὶ συντελείας τοῦ κόσμου καὶ εἰς τὴν παρουσίαν τοῦ Ἀντιχρίστου* Tom. II pag. 222—230, aber auch — es fehlt nur das Anfangsstück — (II. 222—225 E) in Tom. III 134—43 und zwar hier in einer viel besseren Recension. Zahlreiche kleinere Partieen sind in den Ausführungen der ersten Recension überhaupt verschwunden, und die Ursprünglichkeit der letzteren Recension kann durch eine Vergleichung mit der lateinischen Ausgabe des Gerard Vossius Antwerpen 1619 pag. 172ff., welche übrigens teilweise nach noch wertvolleren Handschriften gemacht ist, und mit der weiter unten zu erwähnenden Schrift des Pseudohippolytus zur Evidenz gebracht werden. Die Beweise im einzelnen werden weiter unten gebracht werden. Ein treffliches Mittel zur Herstellung des Textes bietet ausserdem die von Herrn Prof. W. Meyer gemachte Beobachtung, dass die Homilien des Ephraem in Versen geschrieben und sogar übersetzt sind. Es sind freilich Verse ganz eigentümlicher Art, von Messung der Quantitäten, Hebungen und Senkungen muss man hier ganz absehen. Es werden nur die Silben gezählt — der Vers stammt eben aus dem Orient und Ephraem ist vielleicht der erste, der ihn im syrischen anwandte. Es kommen hier namentlich zwei Versarten in Betracht (vgl. die lateinische Ausgabe des Ephraem von Gerard Vossius, in der noch mit einem aliud metrum der Übergang von einem Versmass zum andern angedeutet wird); erstens der Siebenzeiler: die einzelnen Verse bestehen aus je vierzehn Silben, in deren Mitte sich fast regelmässig die Cäsur befindet, je zwei Verse gehören zu einer Strophe zusammen; zweitens der Vierzeiler: jeder Vers besteht aus sechzehn Silben, nach der achten Silbe haben wir durchgehend die Cäsur, und wenn irgend möglich fällt dann noch jede vierte Silbe mit einem Wortschluss zusammen. Wo ich Ephraem citiere, habe ich die Verse, so weit es ging, hergestellt. Dabei konnte ich für de antichristo mehrere mir mit grosser Freundlichkeit von Herrn Prof. Meyer zur Verfügung gestellte Kollationen und Abschriften von Handschriften [1]) benutzen. Da der Text sich nach obigen Grundsätzen mit fast absoluter Sicherheit herstellen lässt, so habe ich die Varianten der Handschriften nicht beigefügt. Ich citiere die Schrift nach der Recension in Tom. III, soweit diese vorhanden ist. Das erste Stück nach der Abschrift und den Kollationen von W. Meyer. Der Titel der Schrift lautete übrigens nach der lateinischen Ausgabe und nach Pseudo-Hippolyt περὶ τῆς συντελείας τοῦ κόσμου καὶ περὶ τοῦ ἀντιχρίστου, nach den griechischen Handschriften τοῦ ἁγίου Ἐφραὶμ λόγος εἰς τὸν Ἀντίχριστον.

Über weitere in Betracht kommende Schriften des Ephraem möge die folgende Tabelle aufklären. Es handelt sich um vier in den verschiedenen Handschriften verschieden zusammengewürfelte Stücke: A um einen λόγος περὶ τοῦ σταυροῦ, B einen λόγος εἰς τὴν δευτέραν παρουσίαν τοῦ Χριστοῦ, C und D ἐρωτήσεις καὶ ἀποκρίσεις das jüngste Gericht betreffend. In Betracht kommen folgende Schriften wie sie in der Ausgabe vorliegen: III 144—147 περὶ τοῦ σημείου τοῦ σταυροῦ; II 247—258 λόγος εἰς τὸν τίμιον καὶ ζωοποιὸν σταυρὸν καὶ εἰς τὴν δευτέραν παρουσίαν καὶ περὶ ἀγάπης καὶ ἐλεημοσύνης; II 192—208 εἰς τὴν δευτέραν παρουσίαν τοῦ κ. η. Ι. Χρ.; II 377—393 ἐρωτήσεις καὶ ἀποκρίσεις; II 209—220 περὶ τῆς κοινῆς ἀναστάσεως καὶ μετανοίας καὶ ἀγάπης; III 215 ff. περὶ ἀποταγῆς ἐρωτήσεις; III 371—375 περὶ μετανοίας καὶ κρίσεως καὶ εἰς τὴν δευτέραν παρουσίαν.

Ich stelle im folgenden diese sieben Schriften neben einander, so wie sich die Seiten der betreffenden Stücke — natürlich nur ungefähr — entsprechen. Wo es nötig war habe ich die Anfänge der sich entsprechenden Abschnitte (ebenso das Ende von A B C D) durch die Unterabteilungen der Seiten bei Assemani genauer bezeichnet. Klar und deutlich treten durch die Querlinien die vier ursprünglichen Stücke, aus denen die sieben Homilien zusammengesetzt sind, hervor.

1) Vindob. theol. 165. Vatic. 1524. 1815. 2030. 2074.

III	II	II	III	II	III	III	
	247						
	248 B				371 F		A
	249				372		
144	250 B	192		212 F	373 A		
145	251	193		213	374		B
146	252	194		214	375		
147	253 F	195 (A, B)		215			
	254	166	377	215 F		215	
	255 B	197 B	380 E	217 C		217 B	
	256 BC	198 DE	382 C	218 D		218	C
	257 B	200 B	384 A	219 D		219 A	
	258 A	201 E	385 E	220 F			
		202 A	385 F				
		203	386				
		204	387				
		205 DE	388				
		206	389 E				D
		207	390				
		208	391				
			392 (393)				

Parallelen mit der Apokalypse vom Antichrist bietet in erster Linie noch unser Stück B, das also nicht weniger als fünfmal in der Ausgabe gedruckt ist. Das Resultat einer genaueren Untersuchung der Stücke, welche ich aus Mangel an Raum nicht ausführlich wiedergeben kann, ist, dass zwei nicht unbeträchtlich von einander abweichende Recensionen dieses Stückes vorhanden sind, von denen keine durchaus den Vorzug vor der andern verdient. Die eine Recension (I) liegt vor in III 144 ff. und II 192 ff., die andere (II) in II 250 ff., 212 ff., III 373 ff. (so, dass wieder die beiden letzten Zeugen mit einander am engsten verwandt sind). Ich citiere mit Angabe der Recension.

Ausserdem liegen direkte Berührungen von Kap. 2 der Apokalypse (also in dem paränetischen Teil) mit Ephraems λόγος περὶ μετανοίας III 376—80, und mit dem zwanzigsten Stück der μακαρισμοὶ ἕτεροι I 294—99, noch enger mit der lateinischen Übersetzung dieses Stückes vor (liber de beatitudine animae) (Caspari 447. 456). Die Berührungen mit den übrigen von Caspari noch herangezogenen Schriften sind unwesentlicher Natur.

Im ganzen ist nun das Verhältnis zwischen de antichristo und Ephraems Schriften von Caspari richtig dargestellt. Dass de antichristo von Ephraem selbst sein sollte, ist eine gegenstandslose Vermutung des einen Abschreibers. Aber dann hat Caspari recht gesehen: weder lassen sich Ephraems Ausführungen aus der Apokalypse, noch diese aus jenen ableiten und erklären (vgl. S. 454).

Aber dieses Urteil bedarf noch der genaueren Fassung. Ephraem ist nämlich keineswegs als Quelle für alle die Stellen anzunehmen, in denen von Caspari Parallelen nachgewiesen sind. Nur für den paränetischen Teil Kap. II scheint mir eine Abhängigkeit von Ephraem gesichert. — Man muss sich auch hier wieder vor die Frage stellen: woher hat denn Ephraem das umfangreiche eschatologische Material, über das er in seinen Homilien verfügt? Die Antwort kann auch hier nur lauten, dass er sich dasselbe sicher nicht erdacht, sondern eben einer oder mehreren zu seiner Zeit vorhandenen Apokalypsen entlehnt hat. Dann aber liegt auch das weitere Urteil sehr nahe: in de antichristo haben wir dasselbe apokalyptische Material noch in einer relativ ursprünglichen — wenngleich auch schon überarbeiteten — Form, auf die der Verfasser jener Homilien sich stützte, — ursprünglicher, insofern wir hier die eigentliche Form der Apokalypse und nicht der Homilie vor uns haben.

III. Weiter kommt in Betracht die unter dem Namen des Hippolytus sich (Lagarde 92 ff.) findende Homilie περὶ τῆς συντελείας τοῦ κόσμου καὶ περὶ τοῦ ἀντιχρίστου καὶ εἰς τὴν δευτέραν παρουσίαν τοῦ κυρίου ἡμῶν Ἰησοῦ Χριστοῦ. Über diese Schrift kann ich mich kurz fassen. Sie ist in ihrer ersten Partie, die uns hier weniger interessiert, abhängig von dem echten Werk Hippolyts, von Kap. 22 an von Ephraems gleichnamiger Homilie, welche sich (s. o. p. 22) in ursprünglicher Recension III 134—143 findet, noch näher verwandt der dieser sehr nahe kommenden, welche in der lateinischen Ausgabe vorliegt. Den Beweis hierfür werde ich in der Zusammenstellung im dritten Abschnitt durch eine Satz für Satz fortlaufende Vergleichung der

Texte erbringen. — Von Kap. 37 ¹) an benutzt Pseudo-Hippolyt diejenigen Stücke in Ephraems Homilien, welche ich oben mit C und D bezeichnet habe ²). In diesen Abschnitten, die vom Gericht handeln (vgl. den Titel καὶ εἰς τὴν δευτέραν παρουσίαν τοῦ κυρίου ἡμῶν Ἰησοῦ Χριστοῦ), findet sich auch noch manches, was auf eine vielleicht Pseudo-Hippolyt noch bekannte apokalyptische Tradition zurückzuführen ist. Im grossen und ganzen aber ist die detaillierte Schilderung des Gerichts über die einzelnen Klassen der Menschen wohl dem Verfasser der Homilien als Eigentum zuzusprechen.

IV. In diese Reihe gehört ferner die pseudojohanneische Apokalypse bei Tischendorf apocalypses apocryphae XVIII ff. 70 ff. Die handschriftliche Überlieferung variiert sehr stark. Die Apokalypse will Enthüllungen bringen, welche Johannes auf dem Berg Tabor nach der Auferstehung des Herrn empfing und verläuft in Rede und Gegenrede. Sie umfasst etwa denselben Stoff, wie Pseudo-Hippolyt von Kap. 22 an, berührt sich also in ihrer letzten Hälfte mit den Stücken C und D bei Ephraem (also den ἐρωτήσεις und ἀποκρίσεις); vielleicht stammt daher auch die Frageform der Apokalypse. Sie scheint also von den Homilien des Ephraem abhängig zu sein. Doch wahrt sie im Anfang mehr die Form der Apokalypse, und apokalyptisches Material wird dem Verfasser derselben direkt zugänglich gewesen sein. Es zeigen sich ausserdem direkte Nachahmungen der kanonischen Apokalypse (vgl. Kap. 18). Über die teilweise weit auseinandergehenden Überlieferungen der Handschriften ist zu urteilen, dass diejenigen Handschriften den Vorzug verdienen, in welchen der Text des Ps.-Joh. sich am meisten der apokalyptischen Überlieferung unserer Gruppe nähert. Das ist in erster Linie E cod. Venet. Marc. class. II cod. XC. Am deutlichsten tritt dies in Kap. 6 f. der Apok. hervor. Hier findet sich nur in E ein Bericht über das anfängliche Auftreten des Antichrist, welcher genau die in unserer Gruppe vorliegende Tradition repräsentiert. Nach E kommt B Parisiensis (N. 947, anno 1523) in Betracht, endlich auch A Venet. Marc. class. XI cod. XX (15. Jh.).

---

1) Kap. 36 lehnt sich wieder an das echte Werk Hippolyts an.
2) auch B, doch decken sich diese Stücke wieder teilweise mit der Homilie III 134—143.

V. Ich erwähne hier ferner Cyrill von Jerusalem, der in der fünfzehnten seiner Katechesen die Tradition vom Antichrist in der in unserer Gruppe vorliegenden Überlieferung bringt. Bemerkenswert ist, dass schon Cyrill Anklänge an die ἐρωτήσεις καὶ ἀποκρίσεις des Ephraem zeigt. Es ist mir nicht ganz klar, ob eine genauere Schilderung des Gerichts sich nicht doch schon in einer apokalyptischen Überlieferung, dann der gemeinsamen Quelle von Cyrill und Ephraem, annehmen liesse.

VI. In diese Reihe gehört ferner die an Ephraem gr. sehr eng sich anschliessende Darstellung in der Dioptra des Philippus Solitarius III, 10 f. (bei Migne Patrol. Graec 127). Immerhin finden sich selbst hier noch einige interessante und nicht direkt auf Ephraem zurückzuführende Einzelzüge.

VII. Nur versuchsweise stelle ich endlich ein Fragment hierher, auf das Herr Prof. Bonwetsch mich aufmerksam machte. Es findet sich unter den Werken des Chrysostomus (Migne 61. 776) unter der Überschrift εἰς τὴν δευτέραν παρουσίαν τοῦ κυρίου ἡμῶν Ἰ. Χρ. καὶ περὶ ἐλεημοσύνης. Das Fragment beginnt hier mit dem Gericht (dem Zeichen des Menschensohnes). Die entsprechende vollständige Antichristapokalypse ist im slavischen unter dem Namen des Palladius erhalten.

II.[1])

Ich komme zu einer zweiten Gruppe sehr interessanter, aber in ihren litterarischen Verhältnissen ausserordentliche Schwierigkeiten bietender Schriften.

Ich beginne mit der Besprechung eines der jüngsten Glieder. Es ist die in den Werken Bedas (Migne 90, p. 1183) und in Gottfried von Viterbos († 1190), Pantheon lib. X sich findende Pharaphrase resp. Überarbeitung einer älteren Sibylle, welche man mit einiger Wahrscheinlichkeit dem Gottfried v. Viterbo selbst zuschreibt[2]). Nach einer Schilderung von neun Generationen des Menschengeschlechts, in der manches an die Weissagungen

---

1) vgl. zum folgenden Zezschwitz, vom römischen Kaisertum deutscher Nation, ein mittelalterliches Drama. Leipz. 1877. Gutschmid in Sybels historischer Zeitschrift Bd. 41, 145 ff.

2) Zezschwitz 45, Usinger, Forschungen zur deutschen Geschichte X, 629.

des Lactanz anklingt, folgt die Beschreibung eines Regenten mit Namen C., dann folgt eine lange Reihe nicht näher feststellbarer, durch ihren Anfangsbuchstaben bezeichneter Regenten. Von Karl dem Grossen (K) an wird die Liste der deutschen Kaiser deutlich erkennbar und fortgeführt bis auf Friedrich I. und Heinrich VI. Dann folgen über die weiteren Herrscher phantastische Fabeleien, am Schluss die Schilderung eines letzten Herrschers, von dem es heisst rex nomine et animo constans (so in dem ursprünglichen Text des Gottfried v. Viterbo Monumenta 22. 146, nicht rex nomine H animo constans [1]). Darauf folgt der Bericht vom Auftreten des Antichrist und vom Ende.

Weiter hinab führt uns eine von Usinger a. a. O. 621 ff. veröffentlichte ähnliche Paraphrase, die nur bruchstückweise erhalten ist. Sie beginnt — der Anfang ist etwas undeutlich — mit der Weissagung der Ottonen-Zeit und führt die Geschichte bis auf die Zeit Heinrich's IV [2]). An die Schilderung der Regierungszeit des letzteren schliesst sich die Schilderung eines byzantinischen Herrschers. De illo tunc debet rex procedere de Bizantio Romanorum et Graecorum habens scriptum in fronte, ut vindicet regnum christianorum, qui subiciet filios Hismahel et vincet eos et eruet regnum christianorum de jugo pessimo Sarracenorum . in illis diebus nemo poterit sub coelo regnum superare christianorum . postea gens Sarracenorum ascendet per 7 tempora et facient universa mala in toto orbe terrarum perimentque pene omnes christianos. post haec surget regnum Romanorum et percutiet eos, et erit post haec pax et regnum christianorum usque ad tempus antichristi. Es folgt kurz die Erwähnung der Herrschaft des Antichrist, das Auftreten Gogs und Magogs und der Bericht, dass der letzte König seine Krone in Jerusalem niederlegen werde.

Gehen wir weiter hinter diese Sibyllinisten vom Ende des 12. und 11. Jahrh. zurück, so finden wir ein Werk, das der Mönch Adso[3]) auf Wunsch der Königin Gerberga 954 schrieb. Dieses übernahm von ihm ein Kölnischer Geistlicher Albuinus in einem dem Erzbischof Heribert gewidmeten Sammelwerk. So

---

1) Gutschmid 149. Anm. 1.
2) nach Zezschwitz und Gutschmid (a. a. O. 147).
3) W. Meyer ludus de antichristo. München 1882, p. 4.

kursierte das Werk weiter unter des Albuin Namen und wurde gar unter Alcuins Werken (Migne 101, p. 1289) abgedruckt, auch unter Augustins Werken (Migne 40, p. 1130). Dies Werk ist bereits ein eschatologisches Sammelwerk. In seinem letzten Teil schreibt Adso nach eigner Angabe eine Sibylle aus. Und es war Zezschwitz' Verdienst, nachgewiesen zu haben, dass die von Adso benutzte Sibylle dieselbe ist, welche dem Sibyllinist bei Beda zu Grunde liegt (p. 42 und Zusammenstellung der Texte p. 159). Die genaue Übereinstimmung beginnt mit der Schilderung des letzten Herrschers. Die ganze bei Sib. Beda vorhergehende Herrscherliste stand also nicht in der gemeinsamen Quelle. Nach der gemeinsamen Quelle lautete nun die Schilderung

Sib. Beda	Adso
et tunc exsurget rex nomine et animo constans. ille idem constans erit rex Romanorum et Graecorum.	tempore praedicti regis, cuius nomen erit C, rex Romanorum totius imperii . . . .

Es folgt eine Schilderung der herrlichen Erscheinung dieses Königs, der Reichtümer, welche zu seiner Zeit vorhanden sein werden. Es heisst ferner

et ipse rex scripturam habebit ante oculos dicentem:	hic semper habebit prae oculis scripturam ita dicentem:

rex Romanorum omne sibi vindicet (at) regnum terrarum (Christianorum). omnes ergo insulas et civitates (paganorum) devastabit et universa idolorum templa destruet et omnes paganos ad baptismum convocabit, et per omnia templa crux Christi (Jesu) erigetur. Unter der Regierung dieses Königs werden die Juden bekehrt werden. Er wird die Völker Gog und Magog mit ihren 12 resp. 22 Königreichen, welche Alexander der Grosse einst eingeschlossen hatte, besiegen .. (et postea rex) veniet (in) Jerusalem et ibi deposito (capitis) diademate (et omni habitu regali) relinquet Deo patri et filio eius Chr. J. regnum Christianorum (regnum Christianorum Deo patri relinquet et filio eius J. Chr.)[1]). Die Regierungszeit des Kaisers wird bei Sib. Beda auf 122 Jahre, bei Adso auf 112, in Handschriften 12 Jahre angegeben. Dass die Angabe von 12 Jahren die allein richtige, und die übrigen

---

1) Adso fügt hinzu et erit sepulcrum eius gloriosum.

Angaben nichts weiter als fabelhafte Ausschmückungen sind, beweist eine überraschende Parellele aus der weiter unten zu besprechenden griechischen Danielapokalypse (Klostermann, Analecta 116. 81): καὶ μετ' αὐτὸν βασιλεύσει ἕτερος ἐξ αὐτοῦ ἔτη ιβ'. καὶ οὗτος προιδὼν τὸν θάνατον αὐτοῦ πορευθῇ εἰς τὰ Ἱεροσόλυμα, ἵνα παραδώσῃ τὴν βασιλείαν αὐτοῦ τῷ θεῷ.

Wer ist dieser König, dessen Schilderung in allen diesen Quellen (vgl. oben auch den von Usinger veröffentlichte Sibyllinisten) vorliegt? Durch Zusammenhalten der verschiedenen Notizen, namentlich derjenigen beim Sib. - Beda: rex nomine et animo constans, und der Schilderung in dem Sib. aus Heinrich's IV. Zeit von den Siegen des betreffenden Königs über die Ismaeliten schliesst Gutschmid auf Constans II., so dass dann die gemeinsame Quelle am Anfang der Regierungszeit dieses Herrschers entstanden wäre. Das hat etwas sehr bestechendes. Aber es ist doch zu beachten, dass Regierung und Persönlichkeit Constans II. sich durchaus nicht mit der dann als ganz phantastisch zu betrachtenden Schilderung decken, dass von Siegen über die Ismaeliten in der Adso und Sib.-Beda zu Grunde liegenden Quelle nicht die Rede ist, dass das Wortspiel mit dem Namen des Königs schliesslich auch bei einem Constantius oder selbst Constantin dankbar wäre. Auch passt die Schilderung der auftretenden Imperatoren ebenso gut in das vierte Jahrhundert, in die erste Zeit der christlichen Imperatoren, als in das siebente.

Dagegen völlig berechtigt ist der Hinweis Zezschwitz[1] darauf, dass wir uns mit dem Schluss dieser apokalyptischen Überlieferung gar nicht mehr auf occidentalem, sondern auf orientalem Gebiet befinden. Mit ihrem Schluss weist die Weissagung auf ihre Herkunft aus dem Orient. Hier konnte ja auch nur vor den Kreuzzügen die Idee entstehen, das der letzte römische Kaiser nach Jerusalem ziehen und dort seine Krone niederlegen werde. So richtet denn Zezschwitz weiter sein Augenmerk auf das apokalyptische Sammelwerk, die Revelationes des Ps. - Methodius. In der genaueren Schilderung der Niederlegung der Krone in Jerusalem von Seiten des letzten Kaisers weist er eine direkte Parallele zwischen dem Sib. aus Heinrich IV. Zeit und Ps.-Methodius nach (p. 162), ebenso findet er eine Parallele in

---

[1] a. a. O. p. 43.

der Schilderung des Auftretens von Gog und Magog zwischen Ps.-M. und Adso (Sib.-Beda).

Über das Werk des Ps. - Methodius kann man nicht eher zur Klarheit kommen, als bis eine zuverlässige Ausgabe desselben vorliegt. Der zugängliche Text findet sich in den Monumenta patrum orthodoxographa 2. editio. Basil. 1569. Tom. I (griechisch 93 ff. und lateinisch 100 ff.). Der griechische Text ist jedoch nach Gutschmid 152 eine freie Bearbeitung aus dem zwölften Jahrhundert. Verhältnismässig viel wertvoller scheint die editio princeps Köln 1475 zu sein. Die Ausgaben des lateinischen Textes sind aus der editio Augsburg 1496 geflossen. Eine Zusammenstellung des griechischen (nach der 2. ed. der orthodoxogr.) und des lateinischen nach zwei alten Handschriften revidierten Textes giebt Caspari[1]) für einige, für uns die wichtigsten Stücke der interessanten Schrift.

Nach Gutschmid fehlen in dem ursprünglichen griechischen Text nun fast alle die Stücke, aus welchem man eine genauere Datierung der Schrift bisher hat gewinnen wollen (152 f.). Namentlich das grosse Stück, in welchem eine Belagerung von Byzanz ausführlich geschildert wird. Mit der zeitlichen Fixierung dieses Stückes hat Zezschwitz sich besondere Mühe gegeben. Er deutet auf die Belagerung von Byzanz, welche in den Jahren 715 ff. stattfand, die drei Herrscher, welche in diesem Zusammenhang genannt werden, auf Philippicus Bardanes, Leo Isauricus, Constantin V. Copronymus (p. 64 ff.). Ich glaube, dass die Deutung gelungen ist, und verweise auf die interessante Parellele in der griechischen Dan. - Apok. 1172 ff. Der Herrscher, der hier als der Befreier und Hersteller des Friedens geschildert wird, ist Leo der Isaurier, er regiert nach dem griechischen Text freilich 36, aber nach der slavischen Übersetzung 32 Jahre[2]), wie Leo bei Ps.-Methodius in dem überarbeiteten Text. Vorher heisst es 11755 καὶ ὁ μέγας Φίλιππος μετὰ γλωσσῶν δεκαοκτὼ καὶ συναχθήσονται ἐν τῇ Ἑπταλόφῳ καὶ συγροτήσουσι πόλεμον. Hier haben wir den Philippicus Bardanes. Eine genaue Parallele findet sich 11761 τότε βοῦς βοήσει καὶ Ξηρολόφος θρηνήσει (über den Ξηρολόφος Gutschmid 153). Ein Unterschied liegt

---

1) Briefe und Abhandlungen p. 463 ff.
2) nach einer gütigen Mitteilung des Herrn Prof. Bonwetsch.

freilich vor; in dem auf Leo folgenden Kaiser sieht die Dan.-Apok. den Kaiser der Endzeit, welcher in Jerusalem die Krone niederlegen wird, während bei Ps.-M. sehr abfällig über diesen (Constantin V.) geurteilt wird. Das in der Dan.-Apok. sich findende Stück mag wohl früheren Datums sein, als das verwandte in Ps.-M. eingesprengte. Denn jene Erwartung eines frommen Kaisers als des Nachfolgers Leos kann nur vor der Regierung des verhassten Constantin entstanden sein.

Für die Zeitbestimmung des Ps.-M. haben wir nun mit der Erkenntnis, dass ein aus dem 8. Jh. stammendes Stück in dieses Werk bereits interpoliert ist, einen terminus ad quem gewonnen. Auch Gutschmid hält für sicher, dass die Schrift vor dem Sturz der Ommajaden geschrieben wurde. Dieser Ansatz wird auch durch den Nachweis bestätigt, dass es Handschriften der lateinischen Übersetzung der Schrift aus dem 8. und 9. Jahrh. giebt. Gutschmid will sogar mit einiger Bestimmtheit behaupten, dass die Schrift zwischen 676—678 entstanden sei.

Es mag gewagt erscheinen, bei der gänzlichen Verwirrung der Textüberlieferung des Methodiusbuches darüber hinaus irgend ein weiteres Urteil über dasselbe auszusprechen. Doch glaube ich, dass man so viel behaupten kann, dass der lateinische und griechische Text in den Orthodoxographa zwei ganz verschiedenen Überlieferungslinien angehören, dass man also da, wo diese beiden Zeugen zusammentreffen, auf einem einigermassen sicheren Boden steht. Alle die Stücke, welche Gutschmid auf Grund seiner besseren Handschriften ausgeschieden hat, erweisen sich auch durch eine solche Vergleichung als Interpolationen bald im lateinischen, bald im griechischen Text.

Das Methodiusbuch ist ein apokalyptisches Sammelwerk, das jedoch von einem einheitlichen Gesichtspunkt beherrscht wird. Es ist unter dem gewaltigen und frischen Eindruck des unaufhaltsam und alles niederwerfenden Ansturmes des Islams gegen die gesammte damalige Kulturwelt geschrieben. Es lassen sich etwa 7 Stücke in demselben unterscheiden: I. Ein Überblick über die Urgeschichte der Völker von Adam an. II. Der Sieg Gideons über die Ismaeliten; am Schlusse desselben die bedeutsame Weissagung, dass diese einst wieder aus ihrem Wüstenaufenthalt hervorbrechen und die Welt zertrümmern werden, dass aber schliesslich das Reich der Römer doch den Sieg behalten werde.

III. Die Geschichte Alexanders des Grossen, die Erbauung des Felsenthores gegen Gog und Magog, die Weissagung des Hervorbrechens dieser Völker in den jüngsten Zeiten unter ihren vierundzwanzig Königen (vgl. Adso und Sib.-Beda); die Heirat zwischen Bisas [1]), dem ersten König von Byzanz, und Chuseth, der Mutter Alexanders, und deren Tochter Bisantia mit Romulus, qui et Armaeleus dictus,[2]) IV. Eine Ausführung über Paulus Weissagung II. Thess. 2 mit dem Nachweis, dass unter dem Reich, das bis zum Ende bleibt, das Römerreich gemeint sei trotz der Herrschaft der Ismaeliten. V. Von der Schreckensherrschaft des Islam. VI. Von den glänzenden Siegen eines römischen Herrschers (Gutschmid wird hier, wenn er das Buch 676—678 entstanden sein lässt, Constantin IV. gefunden haben): τότε αἰφνίδιον ἐπαναστήσεται βασιλεὺς Ἑλλήνων ἤτοι Ῥωμαίων, καθάπερ ἄνθρωπος ἀπὸ ὕπνου πιὼν οἶνον. VII. Das Ende: Gog und Magog und ihre Besiegung durch den römischen König, die Geburt des Antichrist, die Niederlegung der Königskrone, die Herrschaft des Antichrist, das Endgericht.

Das Verhältnis zu den besprochenen Quellen liegt nun so, dass Adso und der Sib.-Bed. resp. ihre gemeinsame Quelle nur in einem Punkt mit Methodius zusammentreffen (s. unter N. III), mit dem Stück VII aber nur entfernter verwandt sind, Sib. Usinger mit VII, Adso in dem ersten Teil seines Werkes mit IV und VII sich enger verwandt erweisen. Doch hat Adso hier nichts von der Weiterbildung der Sage bei Methodius, der zufolge die niedergelegte Krone mit dem Kreuz in den Himmel erhoben wird.

Diese Beobachtungen legen uns die Vermutung von apokalyptischen Quellen nahe, die weit über Methodius hinaus liegen. Methodius ist nicht, wie Zezschwitz noch meinte, das letzte in Betracht kommende Glied in der Kette [3]). Auch Gutschmid hat schon bemerkt, dass Adso, Sib.-Beda (und -Usinger) auf eine

---

1) über die Pragmatik dieser Fabeln s. Zezschwitz 52 ff.

2) diese im griechischen Text sich nicht findende Glosse führe ich an, weil sie die Gleichsetzung des jüdischen Antichrist Armillus, Armilaos = Romulus bestätigt.

3) dem Urteil von Zezschwitz, p. 50, der in dem Bericht von Adso und Sib.-Beda eine spätere verallgemeinernde Auffassung erkennt, kann ich nicht zustimmen. Näheres wird weiter unten zu bringen sein.

ältere Schrift zurückführen, die, wie er meint, zur Zeit Constans II. entstanden sei (642—68). In der Adso und Sib.-Beda zu Grunde liegenden Quelle findet sich die oben erwähnte Ausschmückung des Berichtes von der Niederlegung der Krone noch nicht (jedoch schon bei Syb.-Usinger).

Auch Zezschwitz ist schon weiter zurückgegangen und vermutet, dass der geschichtliche Hintergrund der apokalyptischen Erwartungen des Methodiusbuches in der Regierungszeit des Kaisers Heraclius zu finden sei. Bei seinem siegreichen Einzug in Jerusalem soll Heraclius der Sage gemäss, von einem Engel am Stadtthor Jerusalems aufgehalten, Kaiserkrone und kaiserlichen Schmuck vor seinem Einzug niedergelegt haben (p. 58), ebenso soll Heraclius die Völker Gog und Magog, welche Alexander der Grosse in den Kaspischen Felsen eingeschlossen hatte, zur Unterstützung gegen die Saracenen gerufen haben (p. 61). Die Heracliussage sei der terminus a quo jener apokalyptischen Überlieferung. Und in dieser Behauptung stimmt Gutschmid Zezschwitz bei. Aber es ist doch sehr die Frage, ob nicht der Ursprung derselben noch viel weiter hinauf zu verfolgen ist.

Man ist jetzt in der glücklichen Lage, den Sagenkreis noch viel weiter zurückführen zu können. Schon ein Blick in Malvendas grosses Sammelwerk de antichristo (I. 579) hätte in betreff der Sage von Gog und Magog auf die Hieronymus-Notiz führen können ep. 77[8] ad Oceanum: ab ultima Maeotide inter glacialem Tanain et Massagetarum immanes populos, ubi Caucasi rupibus feras gentes Alexandri claustra cohibent, erupisse Hunnorum examina (cf. Hegesipp de exc. Jer. V. 50[1]). Dann hat Caspari 463 ff. auf die Parallelen zwischen Ps.-M. und der Predigt des Ps.-Ephraem [2]) aufmerksam gemacht. Einmal findet sich in Ps.-E. Kap. 4 eine genaue Parallele mit Ps.-M. in der Schilderung von Gog und Magog. Und ferner lesen wir auch hier (Kap. 5) den bedeutsamen Satz: et jam regnum Romanorum tollitur de medio et **Christianorum imperium traditur Deo et Patri et tunc venit consummatio, cum coeperit consummari Romanorum regnum et expleti fuerint omnes principatus et potestates** [3]). Gesetzt

---

1) die Sage, dass Alexander gegen wilde Völkerschaften die kaspischen Thore erbaut, geht noch weiter zurück. Plinius VI, 13.

2) s. o. S. 20.

3) die Heranziehung dieser Stelle aus I. Kor. 15 findet sich auch

auch den Fall, dass die Zweifel Casparis an der Datierung der Predigt um 373 berechtigt wären, so werden wir jedenfalls über die Zeit des Heraclius hinübergeführt. Denn in der Predigt des Ephraem ist noch keine Spur von dem Einbruch des Islam zu finden, die Feinde des Römerreiches sind die Perser. Dann kann aber die vorliegende apokalyptische Tradition nicht auf der Heracliussage beruhen, die doch erst nach 629 entstehen konnte.

Nun kommt aber noch von anderer Seite eine willkommene Bestätigung des richtigen Ansatzes der Predigt des Ps.-Ephraem. Bei Th. J. Lamy Sancti Ephraem Syri Hymni et Sermones Tom. III 187 ff. [1]) findet sich eine syrisch erhaltene Predigt: de Agog et Magog et de fine et consummatione. Diese zeigt nun mit der lat. Predigt und dem Methodius Buch die allergrösste Verwandtschaft:

Ephr. III. 190: porro sicut Nilus — crescendo inundat regionem, accingent se regiones contra imperium romanum, et bellabunt gentes cum gentibus et regnum cum regno et ex una regione in alteram transibunt Romani veluti in fuga.

Ps.-Ephr. 1: in illis diebus multi consurgent contra regnum Romanum . . erunt enim commotiones gentium.

Die frappierendste Übereinstimmung aber findet sich zwischen Ephraem syr. c. 5 ff. und Predigt (c. 5) Ps.-Methodius VII [2]) in der Schilderung der wilden Völkerschaften Gog und Magog, qui sunt ultra illas portas quas fecit Alexander. Mit Ps.-M. teilt Ps.-E. die Aufzählung der 24 Völkerstämme, und von der ausführlichen Beschreibung dieser grausamen Völkerschaften in Ephr. syr. sind die Parallelen in der Predigt des Ephraem und bei Ps.-M. nur dürftige Excerpte. Und hier werden nun auch Gog und Magog genannt, es sind die Hunnen, deren Einfälle in die edessenische Gegend genau in die Lebenszeit Ephraems

---

bei Ps.-Methodius. Es liegt hier vielleicht eine direkte Abhängigkeit des Ps.-M. vor (vgl. Zezschwitz 56).

1) auf diese interessante Schrift machte mich Herr Prof. W. Meyer aufmerksam.

2) die von Caspari 463 ff. beigebrachten Parallelen zwischen Ps.-E. und Ps.-M. erklären sich aus ihrer gemeinsamen Abhängigkeit von Ephraem syrus.

fallen, wie denn eine armenische vita Ephraems erwähnt, dass er gegen die Hunnen geschrieben habe (Lamy 198. Anm. 2)[1]). Wir haben also hier die von Caspari vermutete gemeinsame Quelle für die Predigt und Ps.-M. und wahrscheinlich auch die historische Situation, in welcher die Gog- und Magog-Sage in der uns interessierenden Fassung entstanden ist. Von Kap. 8 an folgt nun in Ephr. syr. die eigentliche Legende vom Antichrist. Besondere Beziehungen zwischen Ephraem syr. und der Predigt habe ich hier nicht gefunden, man muss bei der grossen Stabilität der Sage sehr vorsichtig in der Vergleichung zweier einzelner Quellen sein. Dagegen ist Ps.-Meth. VII offenbar abhängig von Ephraem (vgl. den Bericht von den Wundern des Antichrist und über Henoch und Elias). In der Antichristsage hat Ephraem sehr viele archaistische Züge. Dass Henoch und Elias von den Engeln Michael und Gabriel erweckt werden (Kap. 12), habe ich nur noch in der äthiopischen Petrusapokalyse gefunden [2]). Hier sind sie es auch, welche den Antichrist ergreifen [3]). In der Schilderung der Verbrennung der Erde kommt die Ps.-Joh.-Apok. Ephraem am nächsten. Gog und Magog werden (Kap. 7) von dem Erzengel Michael vernichtet. Derselbe Zug findet sich auch in der syrischen Esraapokalyse (Kap. 13), welche Baethgen aus der Handschrift Sachau 131 [4]) veröffentlicht hat. Von dieser Apokalypse wird weiter unten die Rede sein.

Es wird schliesslich noch notwendig sein, das Verhältnis der verschiedenen unter Ephraems Namen überlieferten Schriften zu einander zu untersuchen, auf die wir im Laufe unserer Untersuchung beständig zurückgekommen sind. Es erheben sich zunächst überhaupt Bedenken auch gegen die Echtheit der syrischen Predigt von Ephraem. Kap. 3 heisst es: extollent vocem sancti, et ascendet clamor eorum in coelum, exietque e deserto populus Hagarae Sarae ancillae filius, qui accepit foedus Abrahae mariti

---

1) hierzu vgl. den Apok.-Komment. des Andreas ed. Sylburg, p. 94 45: εἶναι δὲ τὸν Γὼγ καὶ Μαγὼγ τινὲς μὲν Σκυθικὰ ἔθνη νομίζουσιν ὑπερβορεῖα, ἅπερ καλοῦμεν οὑννικά πάσης ἐπιγείου βασιλείας πολυανθρωπότερα καὶ πολεμικώτερα.

2) Ps.-Johannes, Kap. 9 findet nach dem Tode der Zeugen die allgemeine Totenerweckung durch Michael und Gabriel statt.

3) dazu vgl. wieder Adso und Sib.-Beda.

4) Z. A. T. W. VI, 204 ff.

Sarae et Hagar, et movebit se, ut in nomine deserti veniat tamquam legatus filii perditionis. — Es kann hier kaum ein Zweifel sein, dass hier die Araber gemeint sind, und im folgenden Kap. 3. 4 folgt eine sehr lebendige Schilderung der Verwüstung, welche dies Volk aus der Wüste anrichten werde. Um so bestimmter weist wieder die dann folgende Schilderung der Hunnen in eine frühere Zeit. Streicht man 3 (von exietque e deserto) und 4, so schliesst sich Kap. 5 genau an: tunc divina justitia advocat reges (nämlich Gog und Magog). Die doppelte Schilderung eines Einfalles wilder Völker 3 f., 5 ff. hat durchaus keinen Sinn. Ja, wir können sogar noch genauer beweisen, dass der Text Ephraems interpoliert ist. Wir haben eine wörtliche Parallele in der Aufzählung der 24 Völker Gogs und Magogs zwischen Ephraem und Ps.-Methodius; durch die Vergleichung stellt sich heraus, dass die Namen Thogarma, Medi, Persae, Armeni, »Turcae« eingetragen sind. Dann kommt auch die Zahl 24, die Methodius Lat. ausdrücklich zählt, heraus. Nur die Chusaer sind doppelt aufgeführt. Sonst aber ist die Liste in Ephraem syr. und Meth. graec. und lat. in der That, was man auf den ersten Blick nicht glauben sollte, die gleiche. Es entsprechen sich die Nummern, (man beachte die oben notierten Interpolationen): E. 1—8; M. gr. 1—8; M. lat. 1—2. 5—10 (M. lat. stellt die No. 18. 17 Mosach Tubal an 3. u. 4. Stelle); E. 9—13 = M. gr. 14. 15. 18. 16. 17 = M. l. 16—20; E. 14—19 = M. gr. 9—13 (12 scheint = 17 + 18) = M. l. 11—13. 4. 3. 15; E. 20—24 = M. l. 14. 20—24 (bei M. g. fehlt 20. 21). Als 20 zähle ich bei E. Nemruchaei = M. l. Lamarchiani (ein Blick in den syrischen Text zeigt die Möglichkeit dieser Verschiebung); 22. Phisolonici, φιλονίκιοι ist allerdings nicht unterzubringen, wenn man nicht annimmt, dass es entstanden aus حنٮ داٮ 197. 3.

Sonst scheinen sich keine Bedenken gegen den Text zu erheben. Und gerade die lebendige Schilderung der Hunnen führt uns in die Zeit Ephraems und lässt die Überlieferung, welche die syrische Predigt dem Ephraem zuschreibt, als glaubwürdig erscheinen.

Zu untersuchen ist weiter die Predigt Ephraems. Ihre Datierung um das Jahr 373 bekommt nun eine willkommene Unterstützung durch die richtige Beziehung der geschilderten wilden Völkerschaften auf die Hunnen. Sollte doch auch die

Predigt von Ephraem stammen? Ich glaube die Frage verneinen zu müssen. Ephraem zeigt in der syrischen Predigt eine andre Anschauung von dem Untergang des römischen Reiches. Kap. 8 et surget in huius gentis loco regnum Romanorum, quod subjiciet terram usque ad fines eius, et nemo erit qui resistet ei. Postquam autem multiplicata fuerit iniquitas in terra .... tunc exsurget justitia divina et funditus delebit populum, et ex perditione egressus veniet super terram vir iniquus (nämlich der Antichrist). Dieses Urteil gegenüber dem arianisch gesinnten römischen Imperator kann uns bei Ephraem nicht wundern. In der lat. Predigt dagegen wird zum ersten Mal ausgesprochen, dass das römische Imperium nicht untergehen, sondern freiwillig auf seine Gewalt verzichten werde. Daher ist die Predigt Ephraem abzusprechen. Sie ist aber auf Grund von Ephraems Ausführungen bald nachher entstanden. Wie verhält sich nun zu der syrischen die oben besprochene griechische Predigt Ephraems? Die politischen Momente fehlen ihr vollständig, das ist jedoch kein Grund, die Echtheit zu beanstanden, die Predigt handelt eben nur von der allerletzten Zeit. Wichtiger ist, dass im syrischen Ephraem von der Erscheinung des Kreuzes beim Weltgericht noch nicht die Rede ist, welche in den griechischen Homilien so stark hervorgehoben ist. Umgekehrt steht in dem Griechen nichts von der Rolle, welche Michael und Gabriel am Ende der Dinge spielen. — In dem einen bedeutsamen und singulären Zug stimmen der Grieche und der Syrer überein: die Diener und Boten des Antichrist sind hier wie dort Dämonen. Liegt im Griechen vielleicht eine Überarbeitung des echten Werkes des Ephraem vor, so ist doch wohl das meiste in ihm auf diesen zurückzuführen.

Hier am Schluss kann nun von neuem die Frage nach der gemeinsamen Quelle von Adso II. und Sibyllinist Beda aufgenommen werden. Sollte nicht doch diese Sibylle mit ihrem Hinweis auf den rex nomine et animo constans weit vor der Zeit Constans II. anzusetzen sein? Die Idee wenigstens, dass der letzte Römerkönig seine Krone Gott zurückgeben werde, finden wir schon in einer Quelle des vierten Jahrhunderts. Sie ist keineswegs erst in der Heracliuszeit entstanden. Wir können mit Sicherheit den Satz aufstellen: In dieser Weise müsste sich die Anschauung, dass das Römerreich vor den Tagen des Antichrist zu Grunde gehen werde, sehr bald umwandeln, nachdem das römische Imperium christlich geworden war. Wenn wir aber über die Zeit des Heraclius hinaufgehen, dann freilich müssten wir gleich bis ins vierte Jahrhundert jene Quelle hinaufrücken. Denn der Imperator desselben wird übereinstimmend als rex Romanorum et Graecorum geschildert. Daher bleiben nur zwei Möglichkeiten: entweder im 4. Jahrhundert oder in der Zeit nach Justinian nach dem Könige nomine constans zu suchen. Dabei ist es doch möglich, dass in dem Wort constans nicht direkt der Name des Königs, sondern nur ein Wortspiel vorliegt, und dass so z. B. vielleicht Constantius gemeint sein könnte (weniger wahrscheinlich ist es, dass schon Constantin I. gemeint war). Die 12 Jahre, die für seine Regierungszeit angegeben werden, helfen uns allerdings nicht weiter. Diese Angabe ist einfach apokalyptische Phantasie. Der letzte König wird als Gegenbild Alexanders des Grossen aufgefasst, dessen Regierungszeit im Ps.-M. auf 12 Jahre angesetzt wird. Wenn in der griechischen Danielapokalypse[1]) nach dem König, der am Ende 12 Jahre regieren wird, noch eine Zerteilung der Welt in vier Reiche geschildert wird, dann liegt auch hier ein Einfluss der Alexandergeschichte vor.

Eine interessante Bestätigung dieser Sage giebt eine Beobachtung, welche Zezschwitz[2]) gemacht hat. Gottfried v. Viterbo (s. o. S. 27) besingt in jener Chronik Alexander den Grossen und lässt den Alexander sagen

reddo tibi restituamque thronum
Te solo dominante volo tibi regna relinqui.

So verschlingen sich in den einzelnen Zügen die Alexandersage und diejenige vom Antichrist.

Es mag hier am Schluss noch ein andrer einzelner Zug aus dem vorliegenden Traditionskreis besprochen werden. Im ludus de antichristo, einem um 1160 gedichteten Drama, dessen Verfasser im wesentlichen seine Ideen aus Adso bezogen hat[3]), und der deshalb als besondre Quelle bisher nicht besprochen wurde, wird geschildert, wie der Antichrist den griechischen König im Krieg, den französischen durch Geschenke, den deutschen durch

---

1) Klostermann 118. 84.
2) p. 61 und Anm. 96.
3) vgl. W. Meyer, der ludus de antichristo p. 10 f. 14 f.

Wunderzeichen sich unterwirft. Meyer hat die Quelle dieser Phantasieen in einer Stelle des Adso entdeckt: eriget se contra fideles tribus modis i. e. terrore, muneribus et miraculis; dabit credentibus in se auri atque argenti copias; quos autem muneribus corrumpere non poterit, terrore superabit; quos autem terrore non poterit vincere, signis et miraculis seducere tentabit (1294 A). Diese Phantasieen sind übrigens noch weiter verbreitet, vgl. das Elucidarium (s. u.), in dem vier Arten von Verführungen des Antichrist aufgezählt werden: 1) divitiae; 2) terror; 3) sapientia; 4) signa et prodigia, ferner (s. u.) Eterianus: minis blanditiis et omnibus modis seducet. — Im Grunde aber gehen alle diese Stellen auf Hieronymus zurück.

In seiner Auslegung zu Dan. XI 39 weiss dieser schon zu berichten: antichristus quoque multa deceptis munera largietur et terram suo exercitui dividet, quosque terrore non quieverit, subjugabit avaritia [1]). Kaum hat Hieronymus dies aus der dunklen Danielstelle, die er nicht einmal übersetzen kann, erschlossen, er ist, wie noch gezeigt werden wird, auch durchaus abhängig von apokalyptischer Tradition [2]). Man sieht wieder einmal deutlich, wie tief hinab mit ihren Wurzeln selbst so scheinbar entlegene und vereinzelte Züge unsrer apokalyptischen Tradition reichen. Übrigens ist es bemerkenswert, dass wir hier zum zweiten Mal eine Parallele zwischen der uns vorliegenden Gruppe der Quellen vom Antichrist und Hieronymus (s. o. S. 34) finden. Es gehört also vielleicht auch die apokalyptische Tradition [3]) des Hieronymus dem besprochenen Überlieferungskreis an.

So haben wir denn in den eben besprochenen Quellen einen litterarischen Zusammenhang vor Augen, der mit Ephraem beginnt und durch Ps.-Methodius und Adso hindurch bis zu den mittelalterlichen Sibyllinisten und dem Kaiserdrama aus der Hohenstaufenzeit hinabreicht. Wir können sehen, wie die Sage vom Antichrist sich wandelt, als das römische Imperium sich dem Christentum zuwandte, wie der Beginn der Völkerwanderung,

---

1) der spanische Presbyter Beatus lehnt sich in seinem Kommentar p. 442 (ed. Florez) an Hieronymus an.

2) über Hieronymus führt auch die Notiz Cyprians hinaus: antichristi minas et corruptelas et lupanaria (de mortalitate 15).

3) diese findet sich namentlich im Daniel-Kommentar, dann in der ep. ad Algasiam quaestio XI.

der Einfall der Hunnen in ihr seine Spuren zurückliess. Von byzantinischer Kaisergeschichte und den verheerenden Wirkungen der über das Abendland sich ergiessenden Hochflut des Islam erzählt sie uns. Und wir sehen sie endlich verwoben mit der Geschichte des deutschen Kaisertums und der Kreuzzüge.

III.

Eine dritte Gruppe von in Betracht kommenden Quellen besteht aus späteren apokalyptischen Werken. In der Stichometrie des Nicephorus und der Synopse des Athanasius findet sich unter den alttestamentlichen Apocryphen ein Danielbuch. Ebenso ist in einem Verzeichnis von Apocryphen des Mechithar von Aïrivank 1290 eine 7. Vision des Daniel erwähnt [1]).

Der Text einer griechischen Danielapokalypse ist zuerst bei Tischendorf apocalypses apocr. XXX—XXXIII veröffentlicht, neuerdings in einem lesbaren Zustand von Klostermann (Analecta zur Septuaginta Leipz. 1895 p. 113 ff.).

Eine armenische siebente Vision des Daniel ist von Gr. Kalemkiar in der Wiener Zeitschr. für die Kunde des Morgenlands veröffentlicht (B. VI 109 ff. 227 ff.).

In einer Vergleichung der beiden Schriften — vor dem Erscheinen des Klostermannschen Textes — hat Zahn (Forschungen V. 119) nachgewiesen, dass beide, obwohl vollkommen different, auf eine gemeinsame Quelle zurückgehen. Es wird sich darum handeln, diese Quelle noch deutlicher hervortreten zu lassen.

In dem im sibyllinischen Stil gehaltenen Anfang haben beide Schriften viel gemeinsames. Doch spotten diese allgemein gehaltenen Prophezeiungen jeder Deutung. In einer wichtigen Ausführung treffen aber beide Apokalypsen zusammen, in einer gegen Rom, die Siebenhügelstadt, geschleuderten Weissagung, die deutlich auf das Ende des weströmischen Reiches hinweist (vgl. Armen. 237 9. Graec. 116 28). Dort heisst es, nachdem vorher mit Namen von der Regierung des Olybrius (472) (= Orlogios Z. 12), wenn Zahns Vermutung a. a. O. 118 richtig ist, die Rede gewesen war:

37. οἱ δὲ υἱοὶ τῆς ἀπωλείας στηρίξαντες δώσουσι τὰ πρόσωπα αὐτῶν ἐπὶ τὴν δύσιν τοῦ ἡλίου.   Z. 30. Und der König wird sein Gesicht gegen Westen wenden.

1) Zahn, Forschungen B. V, 115. 116.

28. οὐαί σοι Ἑπτάλοφε ἐκ τῆς τοιαύτης ὀργῆς, ὅταν κυκλωθῇς ὑπὸ στρατοπέδου πολλοῦ .... καὶ κρατήσει¹) (zu lesen statt πατήσει) τὸ μειράκιον ἐπί σε ἐλεεινῇ.

Dann wehe Dir, Du Siebenhügelige, wenn Dein König ein Jüngling ist.

Hier wie dort ist dann die Rede von dem Beginn der Gothenherrschaft, des Herrschergeschlechts »von einer andern Religion, das ist Arianus«, wie es in A heisst, des blonden Geschlechts, (τὸ ξανθὸν γένος), wie es in G. genannt wird. Ob aus A 238 29—32 die Errichtung des Exarchats von Ravenna herauszulesen ist, ist doch nicht ganz sicher. Gerade dieser Absatz findet auch keine Parallele in G., ist also erst späterer Eintrag. Gleich nach der Schilderung dieser Vorgänge folgt dann in A die Schilderung der Herrschaft des Antichrist und des Endes, auch in G. schliesst die Apokalypse mit den Ausführungen über den Antichrist.

Die den beiden Apokalypsen zu Grunde liegende Quelle tritt klar und deutlich heraus. Ihr Hauptbestand ist die alte Apokalypse vom Antichrist. Dieser sollte ja nach uralter Tradition kommen, wenn das römische Reich in Trümmern läge. Es war nichts natürlicher, als dass in der Zeit des untergehenden weströmischen Reiches die alte Apokalypse vom Antichrist mit einer zeitgeschichtlichen Einleitung von neuem erschien. Der Name dieser Apokalypse war wohl jedenfalls: Apokalypse des Daniel; ob auch ihre Grundlage schon diesen Namen hatte? (s. o.).

Auf Grund dieser älteren Apokalypse sind dann die beiden jüngeren (A und G) entstanden. In A findet sich 230 24 ff. vorgeschoben eine Weissagung der Geschicke Ostroms. Marcian wird 231 19 mit Namen genannt, die Geschichte Leos I., Zenos, des Usurpators Basiliscus wird noch deutlich geschildert, Kalemkiar findet die Geschichte bis zum Kaiser Heraclius geweissagt, Zahn 118 hat zu dieser Vermutung schon ein Fragezeichen gemacht. Wenn übrigens 234 vom siebenhügeligen Babylon — der Verfasser von A hat diesen Terminus nicht mehr verstanden 231 16 — die Rede ist, dem Regiment einer Witwe und dem Drachen,

---

1) vgl. κρατήσει ἐπὶ Z. 40.

welcher den Ausländer verfolgen wird, so sind hier wieder Elemente aus der A und G gemeinsamen Quelle aufgenommen (vgl. G. 116 35. 39 vor allem 119 89). In G. findet sich ebenfalls eine von A völlig unabhängige Weissagung über die Geschichte des oströmischen Reiches, welche, wie es scheint, (117 42) mit dem Untergang des weströmischen Reiches beginnt und bis Constantin V. reicht (s. o. S. 31), so dass auch hier die Art der Einschaltung sehr deutlich wird. Was die »Siebenhügelige« bedeutet, hat auch der Verfasser von G. nicht mehr gewusst 119 86. G. trennt also die Schilderung der Herrschaft des Antichrist von dem Untergang des weströmischen Reiches, er hat die Geschichte des oströmischen Reiches an die des weströmischen angehängt, während A sie vorausschickte.

In der gemeinschaftlichen Quelle zeigt sich sibyllinischer Stil. Der tritt namentlich deutlich in der Einleitung der Apokalypsen hervor. Auch ist der Beiname $\dot{\varepsilon}\pi\tau\dot{\alpha}\lambda o \varphi o \varsigma$ für Rom gerade der sibyllinischen Litteratur geläufig.

Im Zusammenhang hiermit verweise ich auch auf den Artikel von Kozak, die biblische apokryphe Litteratur bei den Slaven, Jahrb. f. protest. Theol. 1892 S. 128 ff. Aus N. XVIII seiner Ausführungen ist zu ersehen, dass eine Visio Danielis auch südslavisch und russisch erhalten und bereits gedruckt ist. Die Stücke sollen nach Kozak der griechischen Danielapokalypse entsprechen [1]). Unter N. XXXVIII wird eine narratio de antichristo erwähnt. Kozak giebt kurz den Inhalt an; sie enthält eine Aufzeichnung der byzantinischen Kaiser, die Weissagung von einer Hungersnot, und der Herrschaft einer Jungfrau, die wie einen Vogel den Antichrist empfängt, das Auftreten Johannes des Theologen, seinen Streit mit dem Antichrist, die Erscheinung des Elias und dessen Tod, Herrschaft des Antichrist und Ende der Welt [2]).

Die Erwähnung der Herrschaft einer Jungfrau ist interessant. Dazu ist zu vergleichen die mehrfache Erwähnung der Herrschaft einer Witwe in A und G. 119 89 $\varkappa\alpha\grave{\iota}\ \dot{\varepsilon}\nu\ \tau\tilde{\wp}\ \mu\dot{\eta}\ \varepsilon\tilde{\iota}\nu\alpha\iota\ \mathring{\alpha}\nu\delta\varrho\alpha$

---

1) Herr Prof. Bonwetsch hatte die Güte mir einige Stücke der slavischen Apokalypse zu übersetzen. — Sie scheint in der That identisch mit der griechischen zu sein.

2) noch zu erwähnen ist, dass eine vierzehnte Vision des Daniel sich in koptischen Handschriften findet (Klostermann 114).

χρήσιμον βασιλεύσει γυνὴ μιαρὰ ἐν τῇ ἑπταλόφῳ καὶ μιάνῃ τὰ ἅγια τοῦ θεοῦ θυσιαστήρια καὶ σταθεῖσα ἐν μέσῳ τῆς ἑπταλόφου βοήσει φωνῇ μεγάλῃ λέγουσα· τίς θεὸς πλὴν ἐμοῦ καὶ τίς δύναται ἀντιστῆναι τὴν ἐμὴν βασιλείαν; καὶ εὐθὺς σεισθήσεται ἡ ἑπτάλοφος καὶ καταποντισθήσεται σύμψυχος ἐν βυθῷ. Danach folgt 119.100 die Herrschaft des Antichrist. Vielleicht fällt von hier ein Licht auf eine dunkle Stelle der sibyllinischen Litteratur. Sib. III 75 lautet καὶ τότε δὴ πᾶς κόσμος ὑπαὶ παλάμῃσι γυναικός — ἔσσεται ἀρχόμενος καὶ πειθόμενος περὶ παντός. — ἔνθ᾽ ὁπότ᾽ ἂν κόσμου παντὸς χήρη βασιλεύσῃ — καὶ ῥίψῃ χρυσόν τε καὶ ἄργυρον εἰς ἅλα δῖαν — χαλκόν τ᾽ ἠδὲ σίδηρον ἐφημερίων ἀνθρώπων — ἐς πόντον ῥίψῃ, τότε δὴ στοιχεῖα πρόπαντα — χηρεύσει κόσμου ὁπότ᾽ ἂν θεὸς αἰθέρι ναίων — οὐρανὸν εἱλίξῃ. Bemerkenswert ist, dass hier die Erscheinung des Antichrist (Belials) voraufgeht.

Über den Namen der Daniel-Apokalypse ist noch folgendes zu bemerken: Zahn 120 verweist (nach Lightfoot) auf eine syrische Handschrift bei Wright Cat. of syriac. mss. I 19, einen Miscellancodex saec. XII, welcher hinter den deuterokanonischen Zuthaten zu Daniel ein Fragment enthält, aus dem »kleinen Daniel über unsern Herrn (?) und das Ende der Welt«[1]. Hier dürften wir vielleicht die der aufgefundenen Quelle wiederum zu Grunde liegende Apokalypse vermuten. Zahn glaubt ferner, dass einer Notiz des Ebed Jesu (Assemani Bibl. Orient III. 15) zufolge schon Hippolyt diese Apok., den kleinen Daniel, kommentiert hätte. Herr Prof. Bonwetsch, den ich um Rat fragte, ist geneigt, in der Notiz »der kleine (junge) Daniel und die Susanna« nur ein und dasselbe Werk zu sehen, nämlich das alttestamentliche Apokryphon von der Historie der Susanna und des Daniel. — Eine Klarheit über diesen Punkt zu erhalten wäre mir höchst erwünscht. Es wäre ja sehr wichtig, wenn Hippolyt schon eine Apokalypse des Daniel gekannt und kommentiert hätte. Eine Unmöglichkeit ist das nach dem oben über Hippolyt gesagten nicht mehr. Über die Beziehungen der griechischen D.-A. zu Ps.-M., namentlich zu dem dort eingesprengten Stück

---

1) vgl. unter Nr, VII das über ein jüdisches Danielbuch des 9. Jh. gesagte. Auch in den fälschlich dem Epiphanius zugeschriebenen vitae Prophetarum findet sich in der vita Daniels apokalyptisches. Fabricius I. 1128.

von der Belagerung Konstantinopels, ist bereits oben (S. 31) die Rede gewesen. Ich notiere hier noch den bei Fabricius cod. pseudepigr. vet. test. I. 1140 erwähnten interessanten Titel einer Schrift: ἡ τελευταία ὅρασις τοῦ μεγάλου προφήτου Δανιὴλ, ἥτις διὰ τοῦ ἐν ἁγίοις πατρὸς ἡμῶν Μεϑοδίου Πατάρων ἐφανερώϑη ἡμῖν.

IV.

An die Spitze einer weiteren Gruppe von Schriften stelle ich die apokalyptischen Schriften, die unter dem Namen Liber Clementis discipuli S. Petri oder auch Petri apostoli apocalypsis per Clementem etc. in arabischer, äthiopischer und wahrscheinlich auch syrischer Sprache existieren. Einen Überblick über die sehr verwickelte Überlieferung des Buches giebt Bratke, Z. W. Th. 1893. I. 454 ff. Die vollkommenste Übersicht über diese bisher nirgends im Druck zugängliche Schrift giebt Dillmann[1]) für die äthiopische Übersetzung derselben. Es kommen für uns aber in Betracht die eigentlichen eschatologischen Partieen, welche sich in dem zweiten und vierten Teil der Schrift (nach Dillmann) finden, von denen die erste eine Weissagung über den Islam, die zweite eine solche von der Herrschaft des Antichrist enthält. Dass diese Stücke zwei auseinandergesprengte Bestandteile einer ursprünglichen Apokalypse sind (Petrusapokalypse?), wird weiter unten klar werden. Das uns interessierende Stück enthält vor allem eine Weissagung von der Geschichte des Islam, deren Deutung Dillmann glänzend gelungen ist. Es werden zunächst 12 Herrscher der Ommajaden gezählt (Muhamed-Abu Bekr II), deren vier erste mit dem Anfangsbuchstaben gekennzeichnet sind (Muhamed Abubekr Omar Othman). Dann wird durch 6 Herrscher die Geschichte bis Merwan II. verfolgt. Darauf folgt eine Schilderung von Kämpfen des Königs des Südens (Merwan) mit dem Könige des Ostens (Abassiden); es wird beschrieben, wie der König des Ostens Ägypten einnimmt. Der Verfasser kennt vier Weltreiche: der Adler repräsentiert ihm das babylonische, der Panther das griechische, der Löwe das römische (von diesem wird bemerkt: der König Roms regiert bis zu meiner Wiederkunft), ein Tier Arnê (Drache, Schlange): die Kinder Êdᵉjôs. Dieses

---

1) Göttinger gelehrte Nachrichten 1858, 185 ff.

steht an zweiter Stelle (wohl dem Rang nach). Es ist damit das Reich des Islam gemeint. Zu jener Zeit des Untergangs der Ommajadenherrschaft wird dann der Löwensohn sich erheben und über den Islam triumphieren. Der Löwensohn ist nach Dillmann Constantin Copronymus. Damaskus, die Hauptstadt der Ommajaden, soll zerstört werden. Wenn aber der Löwensohn von seinen Zügen zurückkehrt, dann — wisse es Petrus — die Zeit des Endes ist nahe. Es folgt dann noch eine unverständliche Zeitbestimmung, wann dies alles geschehen soll. Hieran hat sich dann wahrscheinlich die jetzt im vierten Teil stehende Partie über den Antichrist angeschlossen. — Es liegt also hier eine Apokalypse vor, deren Auflösung restlos gelingt.

Zum Beweise dessen, dass in der arabischen Petrusapokalypse ein fast identisches Werk vorliegt, möge man Nicoll Bibl. Bodlejanae cod. manuscr. orient. catalog. Oxford 1821 II 149 ff. einsehen. Leider sind die Inhaltsangaben zu Kap. 31—44 nicht notiert. In Kap. 46 haben wir schon die Erwähnung des Löwensohnes. Kap. 47 werden wie oben die vier Reiche aufgezählt; das zweite Reich ist das der Beni'l Abus, das vierte das der Römer, quorum hoc ad Christi adventum mansurum est. Kap. 48 bringt eine Beschreibung der Beni'l Abu, deren Anfang durch das Jahr Alexanders 923 bestimmt wird. Eine Abweichung zeigen die Kapitel 52 und 53, insofern hier der Löwensohn als ein Feind der Christen aufgefasst und seine Besiegung durch den Erzengel Michael verheissen wird. Zu Kap. 67 wird mitgeteilt: de egressu filii Dan maledicti, qui est antichristus et de descensu Eliae et Enoch, quodque hos ille interfecturus est et prodigia magna ac miracula multa editurus.

Die Fragmente einer syrischen »Apokalypse des Simon Petrus«, welche Bratke 468 ff. mitteilt, standen auch in der äthiopischen Petrusapokalypse in dem zweiten und vierten Teil derselben. Ein Vergleich der beiden bei Bratke 471 f. und 481 f. veröffentlichten Stücke über den Antichrist zeigt, dass im einzelnen natürlich stark verändert ist.

Wir haben also aller Wahrscheinlichkeit nach eine äthiopische, arabische und syrische Recension desselben Werkes, dessen apokalyptische Bestandteile um die Zeit des Sturzes der Ommajaden-Herrschaft geschrieben wurden.

Es ist ein glücklicher Zufall, dass Dillmann über den Löwensohn folgendes Bruchstück (fol. 73a) übersetzt hat: ich werde erwecken den Löwensohn und er wird zerschlagen alle Könige und sie zertreten, weil ich ihm die Gewalt gegeben habe, **und also ist das Auftreten des Löwensohnes wie eines Mannes, der von seinem Schlaf erwacht.** Diese Stelle steht in sichtbarer Beziehung zu der oben (S. 33) citierten aus dem Methodiusbuch (Teil VI). Da nun auch in der Erzählung von der Geburt und dem ersten Auftreten des Antichristen (Bratke 481) sich eine enge Verwandtschaft zwischen der äthiop. P.-A. und Ps.-M. zeigt, so können wir vermuten, dass Ps.-M. eine Quelle für die P.-A. war, wenn anders Gutschmid darin Recht hat, dass der byzantinische Herrscher bei Ps.-M. Constantin IV. war.

Von hier aus löst sich uns nun weiter das litterarische Rätsel, welches die von Baethgen veröffentlichte [1]) syrische Esraapokalypse aufgiebt. Der Anfang der Apok. ist offenbar eine Überarbeitung der Petrusapokalypse. Kap. 3 erscheint eine Schlange mit zwölf Hörnern an ihrem Haupte und neun an ihrem Schwanze. Vergleicht man dies mit dem oben mitgeteilten, so wird es klar, dass hier die Ommajaden-Herrschaft gemeint ist. Die Zahl neun stimmt nicht zu der in der P.-A. gegebenen Aufzeichnung der zweiten Reihe von Herrschern aus dem Hause der Ommajaden, aber diese kleine Differenz kann nicht stören. Ein von Süden kommender Adler zerstört die letzten Hörner der Schlange — die Herrschaft der Abassiden. Von Osten kommt eine Otter, welche mit dem Lande Ägypten in Verbindung steht: die Fatimidenherrschaft. Man sieht, dass hier die beiden Bestimmungen »von Süden« und »von Osten« aus der P.-A. eingetragen und falsch bezogen sind. Die vier Könige am Flusse des Euphrat, die Raben, welche von Osten kommen, sind die Türkensultanate, deren vier schon gleichzeitige Historiker aufzählen. Dann ist im folgenden (Kap. 7) von den Siegen des jungen Löwen die Rede, 7 am Ende von der Zerstörung der Stadt Damaskus, von 8 an folgt die Schilderung der Zeit des Antichristen. Es ist klar, es liegt hier eine Bearbeitung der P.-A. etwa aus der Zeit der ersten Kreuzzüge vor.

---

1) Z. A. T. W. VI, 200 ff. aus der Handschrift Sachau 131 (Königl. Bibliothek zu Berlin).

Aber es lässt sich eine noch interessantere Beobachtung machen. Ich behaupte: die in Kap. 7 vorliegende Schilderung des Löwensohnes stammt nicht direkt aus der P.-A., sondern aus einer noch älteren Apokalypse aus der Zeit des Heraclius, welche schon der P.-A. und Ps.-M. zu Grunde lag. Es ist hier durchweg von einem Kampf des Löwen mit einem Stiere die Rede. Von diesem war vorher gar nicht die Rede. Wenn es von ihm heisst, er nämlich ist der König der Raben (Kap. 7), so sieht man deutlich — schon aus dem Bilde — dass hier kompiliert ist. Der Stier, der »das Abendland aufregt«, ist Chosroes der Perserkönig. Dieser rückte mit drei Heeren gegen Heraclius, der Stier hat drei Hörner, mit denen er stösst. Eins seiner Hörner führt Krieg mit dem jungen Löwen: Heraclius; mit einem andern Heer liess Chosroes Konstantinopel belagern: in Ps.-Esra fasst der Stier einen bösen Plan gegen die sieben Hügel und die Stadt Konstantinopel. Heraclius rief damals Türkenschaaren zur Hülfe: in IV. Esra verbündet sich der junge Löwe mit dem Leoparden vom Norden, mit dem viel Volk zieht, wie fliegende Heuschrecken. Dann wird der junge Löwe zwischen die Hörner des Stieres springen und beide abbrechen. Und dann heisst es zum Schluss: und der junge Löwe wird mit grosser Macht in das Land der Verheissung ziehen .... und nach Jerusalem wird er hinaufsteigen mit grossem Pomp und von dort wird er weggehen und in seine Königsstadt hinaufziehen. — Ich glaube kaum, dass mit dieser ganzen Schilderung ursprünglich irgend jemand anders als Heraclius und seine Besiegung des Chosroes gemeint sein kann.

Es kommen folgende Erwägungen hinzu: Kurz vor dem entsprechenden Stück in der aeth. P.-A., die vom Löwensohn handelt, findet sich eine Kaiserliste, die bis Heraclius reicht. (Ebenso in der arabischen Petrusapokalypse, Lagarde, Mitteilungen IV, 6 ff.). Auch im Ps.-M. wird geschildert, wie der byzantinische König auf seinem Siegeslauf gegen den Islam seinen Einzug in Jerusalem hält. Ist das eine Phantasie, oder nicht viel wahrscheinlicher Herübernahme einer alten aus der Heraclius-Zeit stammenden Schilderung? Als Heraclius seinen Einzug in Konstantinopel hielt, glaubte man, das Weltende sei nahe[1]), damit vergleiche man

---

1) Zezschwitz a. a. O. p. 57 ff., Z. hat dort ja diese Vermutung bereits ausgesprochen.

die oben citierte Stelle der P.-A.: wenn aber der Löwensohn von seinen Zügen zurückgekehrt sein wird, dann wisse es Petrus: die Zeit des Endes ist nahe. Der Verfasser der armenischen Danielapokalypse erwartet das Ende wahrscheinlich in der Zeit des Heraclius.

So haben wir wieder neue Zusammenhänge gewonnen. Pseudo-Methodius und die verwandten Recensionen der Petrusapokalypse zeigen, wie die Apokalypse vom Antichrist sich in der Zeit des Hereinflutens des Islams wandelte. Das auf dem dunklen Untergrunde gezeichnete helle Lichtbild des siegreichen Löwensohnes ist wahrscheinlich noch älteren Datums und findet seinen historischen Hintergrund in der Zeit des Heraclius. Die syrische Esraapokalypse ist ein lebendiges Zeugnis, wie unverstandene Weissagungen immer von neuem wieder weitergegeben und kombiniert wurden.

V.

Es folgt eine ausserordentlich interessante Gruppe. Als Hauptschriften in ihr sind zu nennen die den eschatologischen Ausführungen des Lactantius zu Grunde liegende sibyllinische Quelle und das carmen apologeticum des Commodian. Das die folgenden Schriften verbindende Charakteristicum ist dieses, dass sie eine doppelte antichristliche Erscheinung kennen, einen Antichrist als römischen Kaiser (den wiederkehrenden Nero) und einen zweiten in Jerusalem auftretenden.

Der eschatologische Teil des carmen apologeticum beginnt mit V. 791 (in der Ausgabe von Dombart, corp. scipt. eccles. lat. 15). Für die Zeitbestimmung ist mustergültig, was Ebert in den Abhandlungen der königlich sächsischen Ges. d. Wissensch. Bd. V, p. 387 ff. ausgeführt hat. Verfehlt ist die neuere Arbeit von Rovers[1]) hierüber. Man muss bei der Deutung desselben streng festhalten, dass mit dem Auftreten des Nero redivivus, (Cyrus) von V. 823 an die Zukunftsphantasieen des Verfassers beginnen. Wenn 871 davon die Rede ist, dass Nero zwei Cäsaren adoptiert (sibi addit), so ist dieser Zug nicht zeitgeschichtlich zu deuten. Vielmehr ist derselbe aus V. 911 zu deuten.

---

1) apokalyptische Studiën. 89 ff.

Der alten Sage vom Antichrist gemäss [1]) wird dieser (der zweite Herrscher bei Commodian, welcher doch der eigentliche Antichrist ist) drei Könige im Anfang seines Auftretens besiegen und töten. Diese drei Herrscher mussten beschafft werden, und so kommt Commodian zu der Idee, den Nero redivivus sich zwei Cäsaren zugesellen zu lassen. Die römische Kaisergeschichte der Vergangenheit bot ihm dazu das Vorbild. Der schlimmste Fehler aber wäre es zu fragen, wer nun die Cäsaren waren. So bleiben für die zeitgeschichtliche Bestimmung des Gedichtes nur zwei Anhaltspnnkte. Infolge des V. 810 geschilderten Auftretens der Gothen verlegt Ebert die Apokalypse unter Philippus Arabs oder Decius, doch meint er, in der schweren Verfolgungszeit unter Decius sei diese Dichtung schwerlich geschrieben. Jedoch erwähnt Commodian V. 808, dass der Anfang des Endes die jetzt stattfindende siebente Verfolgung sei. Es ist nun doch bemerkenswert, dass in späteren Aufzählungen der Christenverfolgungen die Verfolgung des Decius immer als die siebente gilt, so bei Sulpicius Severus hist. sacr. II, 32, Hieronym. de script. eccles. Kap. 62 (über Alexander B. von Jerusalem; vgl. noch Kap. 67), Orosius lib. 7 21 (s. Malvenda de antichristo II, 132). Es ist also doch wahrscheinlich Commodians carmen apologeticum in der Verfolgungszeit unter Decius geschrieben.

Lactantius bringt das für uns in Betracht kommende eschatologische Material in den Jnstit. div. VII, 10 ff. Er citiert als seine Quelle mehrfach eine Sibylle VII, 16 (VII, 18 alia Sibylla). Auch bei ihm bekommt wie bei Commodian der Antichrist einen Doppelgänger, auch bei ihm tötet der zweite Antichrist (alter rex orietur ex Syria) den ersten, den letzten Herrscher des römischen Reiches (qui reliquias illius prioris mali cum ipso simul deleat VII, 17. — Bemerkenswert ist ferner, dass während sonst nach allgemeiner Überlieferung zwei Zeugen gegen den Antichrist auftreten, Elias und Henoch, Lactanz nur von einem Auftreten des Elias etwas weiss. Bei Commodian liegt eine doppelte Überlieferung vor. 839. 850 ist nur von Elias die Rede, dann aber 853. 856. 858 von Propheten im Plural, — eine höchst nachlässige Ineinanderarbeitung zweier Überlieferungen.

Wir werden aber nach dem gesagten kaum fehlgehen, — da

---

1) das wird weiter unten näher begründet werden.

auch sonst die Übereinstimmung eine grosse ist, — wenn wir vermuten, dass Lactanz und Commodian in ihren eschatologischen Ausführungen dieselben oder doch sehr ähnliche sibyllinische Quellen vorlagen. Am nächsten kommt diesen anzunehmenden Quellen das Stück in den Sibyllinen II 154 ff. Hier haben wir ebenfalls die Erscheinung des Antichrist 167 f. (Beliar) des Elias (allein) 187 f. Wie bei Commodian erscheinen hier am Ende die 10 (12?) Stämme 170 f. Der Untergang der Welt wird ähnlich geschildert 186 ff. Die Schilderung des neuen Lebens ist der bei Lact. sich findenden ähnlich. Doch ist diese Sibylle überarbeitet und deckt bei weitem nicht den ganzen Stoff bei Lactanz und Commodian.

Diese sibyllinische Quelle, welche Commodian benutzt hat, muss nun in irgend einer Beziehung zu Hippolyt's de antichristo stehen. Ich habe oben (S. 17) auf das unbekannte Citat aufmerksam gemacht, das Hipppolyt zweimal aus einem ungenannten Propheten bringt. Eine Parallele findet sich im carmen apologeticum V. 891 ff.

> exsurget iterum in istius clade Neronis
> rex ab oriente[m] cum quattuor gentibus inde
> invitatque sibi quam multas gentes ad urbem,
> qui ferant auxilium, licet sit fortissimus ipse,
> implebitque mare navibus cum milia multa;
> et si quis occurrerit illi, mactabitur ense;
> captivatque prius Tyrum et Sidona subactas.

Die Weissagung ist zwar auf Grund von Dan. 11 40 entstanden, aber die Parallele zwischen Hippolytus und Commodian wird durch die Danielstelle nicht erklärt, hier lag eine gemeinsame Quelle vor, welche nicht unser Daniel-Buch war. Auch findet sich bei Hippolyt kurz vor der Stelle, wo er das Citat aus dem προφήτης zum zweiten Mal bringt, Kap. 52, noch eine Parallele zu unserm Stück: τὸ δὲ ὅρμημα αὐτοῦ πρῶτον ἔσται ἐπὶ Τύρον καὶ Βήρυτον. — Commodian und Lactanz lag wohl jedenfalls als gemeinsame Quelle eine Sibylle zu Grunde, Hippolyt citiert seine Quelle als Propheten. Identisch können die beiden Schriften nicht gewesen sein, wenn sie auch in engster Beziehung standen. Wir können annehmen, dass die Sibylle auf Grund des Propheten bei Hippolyt entstanden ist. Das umgekehrte wird schwerlich der Fall sein. Es kommt hinzu, dass die Sage vom Antichrist, wie später nachgewiesen werden wird, bei Hippolyt in einer entschieden ursprünglicheren Form vorliegt, als bei Lactanz und Commodian. Hat am Ende doch schon Hippolyt den kleinen Daniel gekannt und kommentiert, und war der ἕτερος προφήτης eben diese Schrift?

Sulpicius Severus hat uns Dialog II, 14 die mündliche Überlieferung des Martin v. Tours über den Antichrist und das Ende mitgeteilt. Auch hier finden wir das Doppelbild vom Antichrist. Der eigentliche Antichrist tritt auch hier in Jerusalem auf, und es heisst ganz deutlich: ipsum denique Neronem ab antichristo esse perimendum.

Endlich ist hier zu erwähnen die in Lagardes Reliquiae juris etc., p. 80 f. sich findende kleine Schrift: βιβλίον Κλήμεντος πρῶτον τὸ καλούμενον διαθήκη τοῦ κυρίου ἡμῶν Ἰησοῦ Χριστοῦ. — Hier heisst es 81,15: ἐγερθήσεται δὲ καὶ ἐν τῇ δύσει βασιλεὺς ἀλλόφυλος, ἄρχων μηχανῆς πολλῆς ἄθεος ἀνθρωποκτόνος πλάνος . . . μισῶν τοὺς πιστούς, διώκτης. Dann heisst es 82,40: τότε ἐλεύσεται ὁ υἱὸς τῆς ἀπωλείας ὁ ἀντίπαλος καὶ ὑψούμενος καὶ ἐπαιρόμενος etc.

Wie später nachgewiesen werden wird, liegt in diesen Apokalypsen, in denen die Gestalt des Antichrist verdoppelt erscheint, eine Vermengung zweier Sagenkreise vor, der alten einfachen Sage vom Antichrist auf der einen, ihrer politischen Umdeutung auf Nero redivivus auf der andern Seite. Eine andere interessante Vermengung der Gedankenkreise liegt, wie schon oben S. 18 bemerkt wurde, im Kommentar des Victorin vor. Victorin kennt nur eine antichristliche Erscheinung, und ihm ist noch die dämonische Gestalt des Nero der Antichrist. Er ist der einzige von allen Kommentatoren der Apokalypse bis zur Reformationszeit, der noch wusste, dass die Nerosage eine Bedeutung für die Johannesapokalypse gehabt habe. Aber Nero, der wiederkehrende Nero, ist nun bei ihm zum jüdischen Antichrist geworden (das genauere s. unten). So ist also das Werk des Victorin in die vorliegende Gruppe von Schriften einzureihen.

Der eine Zweig der Doppelüberlieferung der Tradition vom Antichrist, welche schliesslich zu jenen wunderlichen Kombinationen geführt hat, findet in der uns erhaltenen sibyllinischen Litteratur seine Hauptzeugnisse. Es kommen hier namentlich das (II.) III., IV., V., VIII. (XII., XIII.) Buch in Betracht [1]) Hier liegt überall die Verschmelzung der Nerosage mit der Sage vom Antichrist vor (vgl. hierzu Zahn, Z. f. K. W. u. K. L. 1886. 32—45, 77—87, 337—52). Die Hauptstellen werden weiter unten alle besprochen werden.

Zu erwähnen ist hier endlich noch ein Stück der visio Jesaiae. Kap. 3 [2]) (etwa von 3 23 an) und Kap. 4 erscheint hier eine Apokalypse vom Antichrist eingesprengt, die deshalb vor allem interessant ist, weil in ihr in eine ältere deutlich erkennbare apokalyptische Überlieferung das Bild von dem Nero redivivus erst eingetragen ist, wie ebenfalls weiter unten nachgewiesen werden wird.

Im Anschluss an das ausgeführte möge hier noch ein Anhang über die in das erwähnte $\beta\iota\beta\lambda\iota\acute{o}\nu$ $K\lambda\acute{\eta}\mu\varepsilon\nu\tau o\varsigma$ eingesprengte Apokalypse vom Antichrist folgen. Neuerdings ist nämlich in den Text and Studies II. 3, p. 151 ff. in lateinischer Sprache ein apokalyptisches Fragment veröffentlicht, welches eben die alte im $B\iota\beta\lambda$. $K\lambda\eta\mu$. benutzte Quelle zu repräsentieren scheint. Die offenbar spätere ausführliche Schilderung der Verderbnis der Kirche vor dem Kommen des Antichrist B.-K. 81 33—82 38 stellt sich durch die lateinische Parallele nunmehr als Zusatz heraus und so erhalten wir wieder eine verhältnismässig alte Quelle.

Es heisst zum Schluss in dem lateinischen Fragment: Dexius erit nomen antichristi. James vermutet p. 188 hier den Namen Decius. Es spricht viel für diese Vermutung, nur steht der eine schwerwiegende Grund dagegen, dass mit dem Antichrist auch in dieser Apokalypse (vgl. B.-K.) wie in allen übrigen kein römischer Kaiser ursprünglich gemeint sein wird. Doch könnte der Satz immerhin eine spätere Glosse sein, und diese würde dann bezeugen, dass unsere Apokalypse schon zur Zeit des Decius existiert habe.

Jedenfalls ist die Apokalypse noch zu Zeiten der Christenverfolgung geschrieben, wenn wir — was doch grosse Wahrscheinlichkeit für sich hat — das Stück B.-K. 81 15 ff. ihr zuweisen dürfen.

$\dot{\varepsilon}\gamma\varepsilon\rho\vartheta\acute{\eta}\sigma\varepsilon\tau\alpha\iota$ $\delta\grave{\varepsilon}$ $\varkappa\alpha\grave{\iota}$ $\dot{\varepsilon}\nu$ $\tau\tilde{\eta}$ $\delta\acute{\upsilon}\sigma\varepsilon\iota$ $\beta\alpha\sigma\iota\lambda\varepsilon\grave{\upsilon}\varsigma$ $\dot{\alpha}\lambda\lambda\acute{o}\varphi\upsilon\lambda o\varsigma$ . . . .

---

1) genaueres hierüber weiter unten.
2) in der Ausgabe von Dillmann, S. 15 ff.

μισῶν τοὺς πιστούς, διώκτης . κυριεύσει δὲ καὶ ἐθνῶν βαρβάρων καὶ ἐκχυνεῖ αἵματα πολλά . . . . ἔσται δὲ ἐν πάσῃ πόλει καὶ ἐν παντὶ τόπῳ ἁρπαγὴ καὶ ἐπιδρομὴ λῃστῶν καὶ ἐκχύσεις αἱμάτων.

Gerade auf Decius würde diese Schilderung sehr gut passen.

Darauf, dass hier eine ältere Quelle vorliegt, lassen auch die auffälligen Berührungen mit einigen eschatologischen Partieen von IV. Esra schliessen.

et sonus et vox et [1]) maris bullitio.	Esra V. 7. mare Sodomiticum . . dabit vocem noctu.
et in terra erunt monstrua . draconum generatio de homines similiter et serpentium.	V. 8. et bestiae agrestes transmigrabunt regionem suam, et mulieres menstruatae parient monstra.
et mox nubserit femina, pariet filios dicentes sermones perfectos.	VI, 21. et anniculi infantes loquentur vocibus suis, et praegnantes immaturos parient infantes trium et quattuor mensium.

VI.

Eine ganz gesonderte und erst hier am Schluss möglich gewordene Untersuchung erfordert die erst seit kurzem bekannt gewordene Apokalypse des Zephanja. Aus dieser liegen eine Reihe von Fragmenten in sahidischem, wie in untersahidischem Dialekt vor, welche zwei Recensionen einer Schrift repräsentieren, wie aus der Vergleichung der teilweise parallel laufenden Fragmente hervorgeht. Geordnet und übersetzt sind die Fragmente von Stern, Zeitschrift f. ägyptische Sprache 1886, p. 115 ff. Für unsere Untersuchung kommt das fünfte und sechste Fragment (p. 122 ff.) in Betracht.

Die Zeit der Zephanjaapokalypse ist nicht leicht zu bestimmen. Zwar wird diese Schrift schon von Clemens Alex.[2]) citiert. Aber das Citat, das dieser bringt, welches stark an die Ascensio Jesaiae erinnert, findet sich in unsern Fragmenten nicht[3]).

---

1) ich citiere nach der etwas ausführlicheren lateinischen Überlieferung.

2) vgl. die Stelle bei Fabricius cod. pseud. vet. test. I, 1140.

3) man vergleiche übrigens den starken Anklang an die Ascensio .. am Ende des vierten Fragments, p. 122.

Und selbst wenn es sich wiederfände, so könnten wir doch von vornherein mit einiger Sicherheit vermuten, dass die von Clemens citierte Schrift nur in einem stark überarbeiteten Zustand auf uns gekommen ist. Alle bisherigen Beobachtungen, ja schon ein Vergleich der beiden Recensionen der Z.-A. lehren das.

Stern S. 135 weist die Fragmente nach Sprache und Inhalt dem vierten Jahrhundert zu. Damit hätten wir einen gewissen terminus ad quem für den Ansatz der beiden Redaktionen zu Grunde liegenden Schrift gewonnen. Weitere Zeitbestimmungen sind dann nur noch dem Anfang des fünften Fragments zu entnehmen. Allerdings differieren hier die beiden Recensionen stark. Die Ausführungen über den Kampf der persischen und assyrischen Könige in der letzten Zeit mit ihren fabelhaften Phantasieen finden sich nur in der sahidischen, nicht in der untersahidischen Recension. Aber einen charakteristischen Zug haben beide Recensionen gemeinsam. Unmittelbar vor dem Erscheinen des Antichrist schildern beide — allerdings auch hier mit grossen Differenzen — die Regierung eines friedenschaffenden, dem Christentum günstig und dem Heidentum feindlich gesinnten Herrschers. Die bisher untersuchte Geschichte der Sage vom Antichrist giebt uns den Schlüssel zu dieser Stelle. Nur noch halb verstanden, mit phantastischem Beiwerk überwuchert, finden wir hier den charakteristischen Zug der Sage, der ihr in der Zeit der ersten christlichen Kaiser hinzugefügt (s. o. S. 38) wurde[1]. Danach fällt auch die Grundschrift der Zephanjaapokalypse, wie sie uns jetzt vorliegt, frühestens in die zweite Hälfte des vierten Jahrhunderts, vielleicht müsste man dann mit den beiden Redaktionen noch etwas weiter hinaufgehen als Stern will.

Unmittelbar vor jener Schilderung des Friedenskönigs findet sich in der sahidischen Recension folgender Satz:

»Und wenn sie im Norden einen König sich erheben sehen, so werden sie ihn den assyrischen König und den König der Ungerechtigkeit heissen. Er wird seine Kriege über Ägypten viel machen und seine Wirren«.

---

1) nach der Zeph.-Apok. soll der Antichrist im vierten Jahr des frommen Herrschers kommen, während sonst 12 Jahre als Zeit seiner Herrschaft angegeben werden.

Dieses Stück erinnert sehr an Lactanz VII, 16. Hier wie dort ist von einem speciellen Vorläufer des Antichrist die Rede, hier wie dort wird dieser ein König aus dem Norden genannt. Aus Syrien kommt allerdings bei Lactanz der zweite König.

S. 124 findet sich in der untersahidischen Recension allein, — jedoch kann nicht behauptet werden, dass dies Stück in der sahidischen Recension nicht gestanden hätte, — eine recht singuläre Schilderung der Wiederkunft Christi:

»Der Christ, wenn er kommt, kommt in Gestalt einer Taube mit einem Kranz von Tauben um sich, auf den Wolken des Himmels schwebend mit dem Zeichen des Kreuzes vor sich her, welchen[1]) die ganze Welt schauen wird, gleich wie die Sonne leuchtend von den Gegenden des Aufgangs bis zu den Gegenden des Untergangs«.

Auch dieses phantastische Bild mahnt uns, mit dem Ansatz für unsere Schrift nicht allzuweit hinauf zu gehen. Bildliche Darstellungen dieser apokalyptischen Phantasie lassen sich in späterer Zeit nachweisen. Nach einem dieses beschreibenden Gedicht des Paulinus von Nola hat F. Wickhoff (römische Quartalschrift 1889) das Apsismosaik von St. Felix in Nola rekonstruiert; hier sehen wir das Kreuz in der Luft erscheinen, umgeben von einem Kranz von Tauben (auf Christus mit den zwölf Aposteln gedeutet). Auch das Apsismosaik von St. Clemente in Rom (de Rossi mus. christ. tav. VII, VIII)[2]) weist ähnliches auf.

Mit den übrigen Schriften, die wir besprochen haben, zeigt Z.-A. die mannigfachste litterarische Verwandtschaft, so in der Beschreibung der Wunder des Antichrist mit Ps.-Methodius, in der Schilderung der letzten Zeiten des Antichrist (p. 128) und an manchen andern Stellen mit dem Ephraemschen Schriftenkreis, in der Schilderung der glücklichen Zeit vor der Herrschaft des Antichrist stimmt Z.-A. mit Ps.-Joh., Adso und den übrigen in Betracht kommenden Schriften überein.

Vor allem bemerkenswert aber ist, dass die Schilderung des Antichrist (p. 125) in nächster litterarischer Verwandtschaft steht

---

1) sollte man das Relativum nicht auf das Kreuzeszeichen beziehen können? Ich werde weiter unten die Parallelen aus Ephraem zeigen, welche diesen Gedanken nahelegen.

2) die Angaben verdanke ich einer gütigen Mitteilung meines Kollegen Herrn Dr. Achelis.

zu einer Reihe weiter unten noch zu besprechender jüdischer Apokalypsen. Namentlich die im Bet-ha-Midrasch (s. u.) sich findende Apocalypsis Eliae zeigt überraschende Parallelen. Es wären in dieser Schrift überhaupt einmal die vielen älteren in sie verarbeiteten Bestandteile zu untersuchen. Ausserdem finden sich viele originelle und archaistische Züge in der Z.-A., welche an ihrer Stelle besprochen werden sollen. Und so bleibt die Vermutung allerdings nicht ohne Halt, dass hinter dieser sahidischen Z.-A. eine viel ältere Schrift steht, welche wahrscheinlich jüdischen Ursprungs war. — Findet sich doch auch die Zephanjaapokalypse, wie die Visio Danielis, die Ascensio (Visio) Jesaiae etc. in einer Reihe von Kanonsverzeichnissen unter den alttestamentlichen Apokalypsen.

VII.

Schwierig ist es endlich, auch nur annähernd über die mit diesem Gegenstand sich beschäftigende Litteratur der Kirchenväter einen Überblick zu geben. Ich verweise auf die genauen und wertvollen Zusammenstellungen in Malvendas de antichristo, p. 2 ff.[1]). Ich beschränke mich hier auf das allerwichtigste.

Von den Kommentaren zur Johannesapokalypse kommt hier vor allem der schon in der Einleitung erwähnte Kommentar des Victorin in Betracht. Dieses Werk ist überhaupt wegen seiner urwüchsigen und archaistischen Exegese von allerhöchstem Interesse. Die späteren lateinischen Kommentare sind sämmtlich von der spiritualisierenden Exegese des Ticonius abhängig, und so findet man bei ihnen nur gelegentlich und zerstreut realistische Züge, welche aus der Tradition vom Antichrist stammen. Wertvoll ist auch der Andreaskommentar (und der von diesem abhängige Kommentar des Arethas). In diesem ist eine Menge sehr wertvollen Materials enthalten, das sich vielfach mit der von Ephraem ausgehenden Überlieferung berührt (vgl. die Deutung von Gog und Magog auf die Hunnen). In dem späteren Kommentar des Beatus findet sich ein besonderes Stück 443 ff.: »qualiter cognoscatur antichristus«.

---

1) ich bemerke hier, dass ich in der Herbeischaffung der Kirchenvätercitate an sehr vielen Stellen durch die Nachweise Malvendas unterstüzt bin.

Ferner hat man in den Danielkommentaren zu suchen, namentlich in den Auslegungen zum 7., 11., 12. Kapitel, vor allen kommen hier die Kommentare des Hieronymus (s. oben S. 40) und Theodoret in Betracht. Viel Stoff findet sich auch in den Kommentaren zu II. Thessal. 2 (ich nenne den Ambrosiaster Pelagius Chrysostomus Theodoret Theophylact; zu Matth. Kap. 24 (und den entsprechenden Lukaskapiteln) Hilarius Ambrosius Chrysostomus, auctor operis imperfecti in Matth. (bei Chrysostomus) Euthymius; zu Joh. 5 43. Chrysostomus Theophylact Euthymius; zu Gen. 49 (resp. Dt. 32) Ambrosius Eucherius.

Ferner finden sich grössere zusammenhängende Ausführungen, namentlich noch Irenaeus adv. haereses lib. V. 28 ff. (die Ausführungen berühren sich an vielen Stellen mit Hippolyts de antichristo (über diesen s. oben S. 15); Hieronymus ep. ad Algasiam (121) quaestio 11; Prosper Aquitanicus? de promissionibus et praedictionibus IV, 4—16; Theodoret haeret. fabulae lib. V; (s. den Abschnitt 23 $περὶ τοῦ ἀντιχρίστου$) Joh. Damascenus $ἔκθεσις\ τ.\ ὀρθοδ.$ $πίστεως$ IV, 27. Zu vergleichen sind auch noch die unter den Werken des Athanasius (Migne 28) sich findenden quaestiones ad Antiochum ducem. — Besonders wichtig sind dann aber noch einige mittelalterliche Quellen, in erster Linie die Weissagungen der heiligen Hildegard (vgl. Scivias lib. III. Migne 196), weniger die revelationes s. Birgittae. Dann ist hier vor allem das Elucidarium (Migne 172) des Honorius von Autun zu nennen, in welchem ähnlich wie bei Adso und wohl in Abhängigkeit von diesem die Tradition über den Antichrist gesammelt ist. Über Honorius von Autun und seine bedeutsame litterargeschichtliche Stellung hat man E. H. Meyers »Völuspa«, p. 41 ff., zu vergleichen [1]. Endlich sind hier etwa noch die zusammenhängenden Ausführungen in Hugos Eterianus liber de regressu animarum ab inferis Kap. 24 f. zu erwähnen (Migne 202, p. 168 ff.). Es soll hier übrigens betont werden, dass ich auf Vollständigkeit in dem Nachweise der Quellen zur Geschichte der Antichristsage in der Zeit [2] des Mittelalters vor der Hand verzichte. Die Untersuchung würde sonst zu sehr anschwellen.

---

[1] auch Zezschwitz p. 28 und Anm. 41.
[2] viele Notizen finden sich noch bei Zezschwitz, vgl. namentlich p. 26 ff. die Angabe über das deutsche Gedicht vom Endchrist.

Auch ohne eine weitere Ausdehnung der Untersuchung nach dieser Richtung überschauen wir in den besprochenen Quellen einen ganz beträchtlichen Zeitraum. In den ersten beiden Abschnitten führten uns die teilweise bis ins 11. und 12. Jahrhundert hinabreichenden Quellen auf die Werke Ephraems zurück. Der dritte und vierte Abschnitt zeigt besonders die Entwickelung der apokalyptischen Erwartung in der byzantinischen Kaisergeschichte, während der fünfte weit über Ephraem hinüber bis auf die Zeiten des Commodian, Lactanz, Victorin, des Hippolyt und Irenaeus hinaufführt. Ein Überblick über die Litteratur der Kirchenväter zeigt die enorme Ausdehnung des Einflusses der Tradition vom Antichrist auf die altchristliche Litteratur. Man kann sagen, dass im ersten Jahrtausend der Geschichte des Christentums dessen eschatologische Erwartungen nicht von der Johannesapokalypse bestimmt waren, sondern von unserer Tradition.

Über das zweite Jahrhundert hinauf reichen unsere Quellen noch nicht. Bei den apostolischen Vätern und Apologeten findet sich zu wenig eschatologisches. — Aber bereits hat sich uns der Ausblick auf eine hinter der Tradition einzelner Kirchenväter liegende jüdische Überlieferung eröffnet, auch auf einige Berührungen der Tradition mit dem IV. Esra ist bereits aufmerksam gemacht (s. oben S. 54). Und diese Beobachtung führt uns ja, wenn sie sich bestätigen sollte, direkt in die neutestamentliche und vorneutestamentliche Zeit hinauf. Es wird an der Zeit sein, den Spuren der Antichristsage im Judentum nachzugehen.

VIII.

In erster Linie kommt hier die sibyllinische Litteratur und vor allem das Stück Sib. III, 46—91 in Betracht. Auf Grund einer Reihe von Parallelstellen mit dem 8. Buch setzt Alexandre die Zeit desselben nach der des achten Buches an und urteilt überhaupt, dass das betreffende Stück aus allen möglichen Stellen der sibyllinischen Litteratur zusammengesetzt sei. Einen Grund für seine Behauptung erbringt er nicht, eine einfache Vergleichung der beiden messianischen Schilderungen III, 46 ff. und VIII, 169 f. zeigt deutlich, dass die Priorität sich auf Seiten unseres Stückes befindet. Es ist umgekehrt zu urteilen, das wir in vorliegendem Stück eines der frühesten der sibyllinischen Litteratur zu sehen haben. Wenn die Sib. anfängt: „αὐτὰρ ἐπεὶ Ῥώμη καὶ Αἰγύπτου βασιλεύσει" und darauf von drei Herrschern Roms die Rede ist (51 f.), später von einer Witwe, die über die Welt herrscht (77), so sind doch deutlich hier die Zeiten des Antonius und der Cleopatra [1]) gezeichnet. Im zweiten Jahrhundert, in das man wegen der drei römischen Cäsaren hinabgehen müsste, hat die Bemerkung, »wenn aber Rom einst über Ägppten herrschen wird« keinen Sinn mehr. Sib. V. 18 wird neben dem Caesar ebenfalls die Cleopatra erwähnt.

In ihrer zweiten Hälfte enthält die Sib. einen kurzen Bericht vom Antichrist und dem Weltuntergang. Er wird hier Beliar genannt, und Schwierigkeit bereitet nun allerdings die Wendung, dass dieser Beliar „ἐκ Σεβαστηνῶν" kommen solle. »Von den Nachkommen der Sebasten« — es scheint, als wenn diese Wendung erst nach der Regierung des Augustus möglich sei. Doch, da alles übrige in dem betreffenden Stück mit so grosser Deutlichkeit in die Zeit vor Augustus weist, so lässt sich hier doch einfach behaupten, dass der Titel σεβαστός für den römischen Herrscher dem Orientalen von Anfang an selbstverständlich war, und dass man hier schon vor Augustus von den σεβαστοί reden konnte. Die Sib. erwartet also den Antichrist aus dem Geschlecht der römischen Herrscher. Es liegt hier also schon eine politische Umdeutung der Sage vom Antichrist vor, ursprünglich hatte Beliar, wie weiter unten nachgewiesen werden soll, nichts mit einem römischen Kaiser zu thun. — Man sieht ferner, dass diese Umdeutung der Gestalt des Antichrist auf einen römischen Herrscher gar nicht erst während oder nach Lebzeiten des Nero erfolgte, sondern bereits viel früher. Von hier aus wird uns dann auch das Rätsel klar, dass nach Sueton 40 diesem schon zu Lebzeiten die Herrschaft über den Orient, ja speciell über das jüdische Reich geweissagt war. Es liegt eine sibyllinische Weissagung vor: der Antichrist soll Nero sein, und dieser wird in Folge dessen — wie jener — als König der Juden gedacht [2]). Christliches findet sich in Sib. III, 45 ff. nicht. Im Gegenteil, es lässt sich die jüdische Abstammung des Stückes aus den Versen 69 f. sicher stellen, so dass auch von dieser Seite her unser Ansatz gesichert ist.

---

1) vgl. Friedlieb Prolegomena.
2) vgl. Zahn, Z. K. W. K. L. VII, 337.

Die politisch umgedeutete Beliarapokalypse deutet auf eine vor ihr liegende Quelle, in welcher diese Umdeutung noch nicht erfolgt war.

Eine solche Schilderung des Beliar, wie wir sie postulieren können, liegt nun Sib. II, 167 f., allerdings stark verkürzt, vor. Dass zwischen diesen beiden Stellen [1]) ein litterarischer Zusammenhang obwaltet, zeigt eine Vergleichung der beiden Schilderungen vom Weltbrande III, 80—92, II, 196—213. Die ursprüngliche Fassung der Beliarsage liegt, wie wir sehen, in Sib. II vor. Freilich auch hier nicht rein. Denn dieses Stück hat — das wird sich nicht leugnen lassen — eine christliche Umwandlung durchgemacht (vgl. V. 168. 170. 178—182). Aber dass hier ursprünglich eine jüdische Sibylle zu Grunde gelegen hat, wird sich ebensowenig leugnen lassen. Denn durchaus jüdisch ist vor allem die Erwartung der Rückkehr der zehn (zwölf) Stämme 170 f. Die dunklen Verse 174 f. finden nur in spätjüdischer Tradition ihre Erklärung. Ungewöhnlich ist auch bei der Annahme christlicher Herkunft die Schilderung des einen Vorläufers des Thesbiten Elias 187 ff.; auch die erwähnten τρίσσα σήματα 188 werden vielleicht in jüdischer Tradition ihre Erklärung finden.

Wir gehen weiter. Es ist von Friedlieb mit grosser Wahrscheinlichkeit nachgewiesen [2]), dass die Stücke Sib. I, 1—323, II, 6—33 eine ursprünglich jüdische Weissagung bilden, in der die Sibylle die Geschicke der zehn Geschlechter der Menschen von Anfang bis zum Ende weissagt. Der Sibylle fehlt das Ende. Ich behaupte nun, dass dieses in unserm Stück II, 154—213 ein wenig überarbeitet vorliegt. Denn in der vierten Sibylle heisst es nach der Schilderung des Weltgerichts 47: ἀλλὰ τὰ μὲν δεκάτῃ γενεῇ μάλα πάντα τελεῖται· νῦν δ' ὃς ἀπὸ πρώτης γενεῆς ἔσται τάδε λέξω. Die vierte Sibylle ist eben einfach eine Nachahmung einer älteren, in der das Geschick der zehn Geschlechter des Menschen bis zum Gericht geschildert war. Das beweist deutlich die im folgenden sich findende gezwungene Harmonisierung der Annahme von zehn Geschlechtern (V. 50. 55) und vier Welt-

---

1) es kommt das Stück Sib. II, 154—213 in Betracht.
2) Oracula Sibyllina XX. völlig richtig ist gesehen, dass die christlichen Interpolationen mit I, 324 und II, 34 beginnen.

reichen. — Ebenso deutlich spricht Sib. VIII, 199. Hier heisst es:

ἀλλ' ὁπότ' ἂν δεκάτη γενεή δόμον Ἄιδος εἴσω

und dann folgt die Schilderung der Herrschaft eines Weibes, wie sie am Ende der Dinge auch Sib. III, 77 geschildert wird. Dass hier der Weltuntergang nach dem zehnten Geschlecht erwartet wird, kann an dem Resultat nicht irre machen. Dieses mag auch in der Sib. I, II zu Grunde liegenden Quelle erst nach dem zehnten Geschlecht geschildert sein. Auch redet Sib. IV, 20 von einem elften Geschlecht der Menschen.

Kurz mögen hier auch die Stellen besprochen werden, in denen vom Regiment eines Weibes am Ende der Welt die Rede ist. Es heisst Sib. III, 77:

ἔνθ' ὁπότ' ἂν κόσμου παντὸς χήρη βασιλεύσῃ

VIII, 200:

θηλυτέρης μετέπειτα μέγα κράτος · ᾗ κακὰ πολλά
αὐξήσει θεὸς αὐτός, ὅτ' ἂν βασιληίδα τιμὴν
στεψαμένη τετύχῃ.

Soll hier nur die Cleopatra beschrieben werden? Oder liegt hier die Ausdeutung einer älteren geheimnisvollen Weissagung von der Herrschaft eines mächtigen Weibes am Ende der Tage vor?

Auch Sib. V. 18:

„ἠδὲ γυναικὸς ἀδουλάτου ἐπὶ κῦμα πεσούσης"

ist die Schilderung der Cleopatra ins übermenschliche dämonische verzerrt.

Von hier scheint die Erwartung der Herrschaft eines Weibes auch in die griechische Danielapokalypse eingedrungen zu sein (s. oben S. 43 f.).

Ich wage nur zaghaft hier eine Vermutung auszusprechen. Wenn der Antichrist, wie weiter unten nachgewiesen werden wird, die Vermenschlichung der alten Gestalt des Drachen bedeutet, sollte dann in diesem Weibe (ἐπὶ κῦμα πεσοίσης) nicht eine Erinnerung an dasselbe ursprünglich weiblich gedachte Meerungeheuer sich erhalten haben? Auch an die Hure Babel, die auf den grossen Wassern sitzt, kann hier gedacht werden.

Von hier fällt nun ein neuer Lichtstrahl auf die bei Beda erhaltene Sibylle (s. oben S. 28). Auch hier wird im Anfang ein Überblick über die Generationen der Menschen gegeben. Wie es kommt, dass aus den zehn Geschlechtern hier neun geworden sind, vermag ich allerdings nicht zu erklären. Aber, wenn wir dann das entschieden spätere Stück in der Mitte entfernen, so schliesst sich an jene Ausführung eine Weissagung vom Antichrist und den letzten Dingen an. So schliessen sich die Glieder einer Kette [1]) litterarischer Überlieferung zusammen, die etwa ein Jahrtausend umspannt.

Zu der besprochenen Litteratur sind dann noch einzelne Stücke des Sibyllinus zu vergleichen. So die Schilderung des Weltendes IV, 172 ff. (V, 288 ff.); V, 376 f.; VII, 118; VIII, 15. 203 ff., namentlich aber das schon Lactanz bekannte Akrostichon VIII, 217 ff. und VIII, 337 ff., ferner alle Stellen, die von dem wiederkehrenden Nero handeln (s. oben S. 53).

Zum Schluss mag noch erwähnt werden, dass die christliche Bearbeitung von II. Sib. in der Schilderung der Hölle eine innige Verwandtschaft mit der älteren Petrusapokalypse zeigt. Und in dieser Gestalt hat dann, wie weiter unten ausgeführt wird, die Sibylle ihren Einfluss bis in die Eddadichtung hinein erstreckt.

Von jüdischer Litteratur kommen hier dann weiter einige Stücke des IV. Esra- und Baruch-buches in Betracht. Namentlich die sich im IV. Esra lose an die drei ersten Hauptvisionen anschliessenden Berichte von den Zeichen der letzten Zeit gehören hierher [2]). Deutlich ist hier im Anfang von V, 1 ff. vom Untergang des römischen Reiches die Rede. Und dass mit der Weissagung »regnabit, quem non sperant« der Antichrist gemeint sei, wird unten nachgewiesen werden. Auch wird auf manche Berührung mit den sonstigen Schilderungen der Vorzeichen des Endes aufmerksam gemacht werden. Ich verweise auch auf Esra V, 4 = Sib. VIII, 203; VI, 21 = Sib. II, 155 [3]). Ferner ist IV. Esra 13 hier heranzuziehen, Baruch Kap. 36—40, Kap. 27 (48 34), Kap. 70.

---

1) vielleicht las auch Esra XIV, 11 (nach der aeth. vers.) decem enim partibus dispositus est mundus.

2) V, 1 ff.; VI, 20 ff.

3) vgl. dazu oben die Parallelen zwischen IV. Esra und Βιβλίον Κλημ. — Sib. II, 155 etc. geht übrigens wahrscheinlich bis auf Hesiod zurück; vgl. Dieterich Nekyia, p. 184 (Anm. 2), Sib. II, 165 f. und das Ägypterevangelium bei Clem. Alex. Strom III, p. 445. Den sonstigen Ausführungen Dieterichs über Sib. II kann ich nicht zustimmen.

In dem Testament XII. Patr. werden wir aus Gründen, die erst weiter unten ausgeführt werden können, namentlich unser Augenmerk auf das Testamentum Dan zu richten haben. Leider ist an der in Betracht kommenden Stelle der Text in stark verdorbenem Zustand überliefert. Von der ascensio Jesaiae ist bereits die Rede gewesen (s. oben S. 54). Ich glaube beweisen zu können, dass das hier (Kap. 3 und 4) eingesprengte Stück jüdischen Ursprungs ist. Nähere Ausführungen folgen weiter unten.

IX.

Es kann hier nur kurz darauf hingewiesen werden, dass in unmittelbarer Verbindung mit der Sage vom Antichrist auch die Entwickelung der späteren jüdischen Apokalyptik sich vollzogen hat. Ich überlasse hier Kundigern gern das Feld und beschränke mich auf einige Andeutungen, welche keinen Anspruch auf Vollständigkeit machen.

Schon oben ist auf einen Zug der späteren jüdischen Apokalyptik hingewiesen, welcher z. B. Commodian beeinflusst hat: die Erwartung der Rückkehr der zehn Stämme Israel. Diese gehört zu der ältesten Schicht der in Betracht kommenden apokalyptischen Überlieferung. Sie findet sich bereits Esra 13 34 ff. Schon hier wird berichtet, dass die zehn Stämme unter Gottes wunderbarem Beistand über den Euphrat-Fluss in ein gan fernes Land ziehen und von dort zurückkehren werden. Dieselbe Fabel findet sich wieder in Commodians carmen apologeticum. Dort wird Gott gegen den zweiten Antichrist ein Volk herausführen, von dem es heisst 942:

sunt autem Judaei trans Persida flumine clausi,

quos usque in finem voluit Deus ibi morari,

Daran schliesst sich schon eine ausführliche Schilderung von dem herrlichen Wunderleben, das die Israeliten dort führen.

Ebenso wird noch in den Othoth ha - Maschiach (über diese s. weiter unten) als zehntes und letztes Zeichen des Endes (nach dem Erscheinen des Messias) der Heimzug der zehn Stämme Israels von dem Fluss Gosan aus der Landschaft Chalach und Chabor in glühenden Farben geschildert. Dass die zehn Stämme hinter einem grossen Flusse wohnen, ist also ebenfalls alte Sage. Daraus entstanden dann später in der rabbinischen Tradition ungeheure Fabeleien über den Fluss Sabbation (Eisenmenger II, 533 ff.)[1]).

Ganz kurz ist von der Rückkehr der zehn Stämme und ihren Siegen auch in Sibyll. II, 170—176 die Rede. Die Stelle ist jedoch wichtig; es scheint nach dem schwer verständlichen Text, als wenn der Sieg der zehn Stämme nicht endgültig sein wird, sondern diese wieder von den Heiden besiegt werden sollen.

So gewinnt übrigens die Sage von den zehn Stämmen eine grosse Ähnlichkeit mit derjenigen von Gog und Magog. Daraus erklärt sich denn auch, dass bei christlichen Schriftstellern des Mittelalters eine Verschmelzung eintritt. So heisst es in der Chronik des Gottfried v. Viterbo (XI): Alexander Gog et Magog aeternaliter conclusit . undecim tribus Hebraeorum montibus aeternaliter circumcinxit (mehr hierüber ist nachzusehen bei Malvenda I, 571).

Daneben ist eine andere, spätere Tradition zu erwähnen, nämlich die Annahme eines doppelten Messias, eines im Kampfe unterliegenden und sterbenden, und eines siegenden. Auf die Annahme eines leidenden und sterbenden Messias wird man durch Disputationen mit den Christen geführt sein, solche Stellen wie Sach. 12 10 ff. schlugen wahrscheinlich durch. Justin kennt von diesen Spekulationen (Dialogus cum Tryphone) noch nichts, und da er mit den jüdischen Theologumenen sehr vertraut ist, so hat dies argumentum e silentio Gewicht. Die Zeitgrenze nach oben wird für dieselben dadurch festgelegt, dass eine ganz bestimmte Deutung von Sach. 12 10 auf den Messias ben Joseph sich schon im Jerusalemischen Thalmud findet[2]).

Wie kam man darauf, nun gerade einen Messias ben Joseph oder ben Ephraim anzunehmen? Ich vermute: infolge der schon vorliegenden Sage von der Rückkehr der zehn Stämme aus dem Volk Israel. Der Messias ben Joseph ist der Führer der zurückkehrenden zehn Stämme. So wird er in dem späten Werk Mikwêh Israel fol. 47. 48 in der That geschildert (Wünsche 115 f.).

---

1) über das hier erwähnte Buch des Daniten Eldad (1238) Malvenda II, 206. Die Grundlage zu diesen Fabeleien schon Josephus B. J. VII, 24.

2) Wünsche, Leiden des Messias 110 ff.

Ob damit freilich die Entstehung des messianischen Doppelgängers zur Genüge erklärt ist, ist noch die Frage.

Ich möchte hier nur die Frage streifen, ob nicht das in der christlichen Apokalyptik weit verbreitete Bild von den zwei Zeugen und dieses von den beiden Messiassen auf eine gemeinsame Quelle zurückführt, die freilich noch hinter dem Judentum zu suchen ist. Wie Victorin in seinem Kommentar die beiden Propheten (Apok. 11) die Adlerflügel des Weibes nennt, so heisst es Jalkut chadasch fol. 132 (bei Wünsche 114): Seine (Israels) beiden Flügel werden sein die beiden Messias, der Messias ben Joseph und der Messias ben David.

Um auf die weitere Entwickelung des Sagenkreises zurückzukommen: Jener Messias der zehn Stämme musste nun leiden und unterliegen. Als diejenige Macht, welche ihn überwinden sollte, scheint man Gog und Magog[1]) angenommen zu haben. So liegt die Überlieferung vor in der Haggada des Messias bei Jellinek Bet ha-Midrasch III, 141 f.[2]) und in der Pesikta sutarta fol. 58, 1. (12. Jh. Schürer I, 103) und ist in Schöttgens Messias Judaeorum übersetzt[3]). Andere Zeugnisse für diese Überlieferung sind einzusehen bei Wünsche 117.

Erst in diesem Stadium beginnt nun von neuem die Beeinflussung dieser jüdisch-apokalyptischen Tradition durch die Tradition vom Antichrist.

Diejenige Gestalt, die nun im Vordergrund der neuen apokalyptischen Gebilde steht, ist die des Armillus. — Armillus ist die hebräische Form für $Ρωμύλος$ (Romulus). Schon der Name ist bezeichnend: in der jüdischen Überlieferung hat sich die politische Wendung der Antichristsage, die in der christlichen verschwand, lebendig erhalten. Der Römer — das Reich Edoms, die Kinder Esaus, die Herrschaft Sammaels — blieb der grimmige Erbfeind des Judentums, namentlich auch seitdem das Römerreich christlich geworden war. Die antichristliche Macht, der Antichrist ist Romulus = Armillus.

Eine Spur von dieser jüdisch-apokalyptischen Anschauung

---

1) über den Einfluss der Alexandersage an diesem Punkt s. Wünsche 117.

2) Jellinek erklärt dies Stück für eines der ältesten (III, XXVIII). Abhängig scheinen die Pirke de Messias, III, 68—78 zu sein.

3) deutsche Übers. Leipzig 1748. S. 163 ff.

findet sich, wie oben bemerkt ist, schon im lateinischen — nicht im griechischen — Text des Methodius-Buches, wo es ausdrücklich heisst: Romulus, qui et Armaeleus.

Die hier in Betracht kommenden Schriften sind nun folgende: 1) die Geheimnisse des Simon ben Jochai. Jellinek III, 78 ff. (Übersetzung der Hauptstelle bei Wünsche 120). Graetz hat die Apok. in seiner Geschichte der Juden V. 191 ff. besprochen. Sie ist demnach in der Zeit des Sturzes der Ommajadenherrschaft geschrieben und schildert deutlich die Regierungszeit Merwans II. 2) ein in dem Midrasch Vajoscha [1]) zu Exod. 14 30, 15 1—8 (Jellinek I, 35 ff.) am Ende (ib. 56) sich findender, sehr verwandter eschatologischer Abschnitt vom Antichrist und den beiden Messiassen. 3) die Othoth Ha-Maschiach. Jellinek II, 58 ff. (aus dem אבקת רוכל ed. Amsterdam) übersetzt bei Eisenmenger II, 703 ff. 4) der Sepher Serubabel. Jellinek II, 54 ff., welcher, da er die Zeit von der Zerstörung des Tempels bis zum Ende auf 990 (970) Jahre angiebt, spätestens im 11. Jahrhundert geschrieben sein wird. Die letzten drei genannten Bücher haben, wie es scheint, eine gemeinsame Geschichte gehabt. Sie erschienen schon im Jahre 1524 [2]) zusammen in Konstantinopel (N. 2 u. 3), allerdings nach den Proben, die Eisenmenger II, 708 ff. anführt, in beträchtlich anderer Recension.

In den Geheimnissen des Simon und in den Zeichen des Messias beginnt die eigentliche Zukunftsweissagung mit der Verheissung einer neunmonatlichen erneuten Herrschaft des »boshaften« römischen (byzantinischen) Reich. In diesem charakteristischen Zug stellt sich der Zusammenhang zwischen der christlichen Sage und diesen jüdischen Apokalypsen dar. Seit dem Methodiusbuch herrscht auch dort die Erwartung, dass das byzantinische Reich am Ende über den Islam siegen und Palaestina einnehmen werde. Danach erscheint in beiden Apokalypsen der Messias ben Joseph (besiegt das Römerreich) [3]) und baut den

---

1) die Schrift ist dem Jalkut bekannt, also vor dem 13. Jahrhundert entstanden.

2) Eisenmenger II, 708. Jellinek erwähnt II, XXXIII eine Ausgabe, Konstantinopel 1519.

3) in dem Midrasch vajoscha, der eine etwas ältere Tradition zu vertreten scheint, wird statt der Erwähnung des Römerreiches die Vernichtung von Gog und Magog geschildert.

Tempel. Danach erscheint dann Armillus. In allen Zeugen, mit Ausnahme des Midrasch vajoscha, findet sich die rätselhafte Vorstellung, dass er aus einem Stein vom Satan gezeugt werden wird. In den Messiaszeichen (Jellinek II, 60) wird der Armillus ausdrücklich der Antichrist genannt. In allen Zeugen mit Ausnahme des Sepher Serubabel folgt eine Beschreibung desselben als eines furchtbaren Ungeheuers. Es wird dann übereinstimmend — nur der Midr. vaj. lässt den Messias ben Joseph in Jerusalem getötet werden — die Flucht Israels in die Wüste und der Tod des Messias ben Joseph im Kampf gegen den Armillus berichtet. In den Messiaszeichen und dem Serubabelbuch wird der Armillus bereits deutlich als falscher Messias gezeichnet. Aber auch in den andern Quellen ist seine Verbindung mit dem römisch-byzantinischen Reich, auf die doch sein Name hindeutet, aufgehoben. Man sieht wieder deutlich den Einschlag der christlichen Sage. Danach wird dann der Messias, der Sohn Davids, kommen — auch der Menachem ben Ammiel genannt, während der Messias ben Joseph auch Nehemia ben Usiel heisst [1]), — und wird den Armillus mit dem Hauch seines Mundes töten. (In den Messiaszeichen tötet Gott den Armillus.) Charakteristisch ist es, dass damit nicht, wie in der christlichen Tradition, die Schilderung des Endes kurz abbricht. Es folgt noch die Schilderung der Erneuerung, des neuen Jerusalems, auch der Totenerweckung, in den Messiaszeichen noch der Rückkehr der zehn Stämme. In den Geheimnissen des Simon findet sich die Schilderung eines zweitausendjährigen Reiches und danach das Endgericht. Es ist bemerkenswert, wie sich in dieser jüdischen Tradition viel mehr mit der Johannes-Apokalypse verwandtes findet, als in der christlichen. Namentlich im Serubabelbuch finden sich auffällige Berührungen (mit Apok. 17) [2]). — Zu erwähnen ist noch, dass hier — allerdings ganz im Hintergrund — neben dem Messias ben David die Gestalt des Elias auftritt. Dazu

---

1) falsche Angaben bei Wünsche 112.

2) ebenso ist das Ende der Geheimnisse des Simon zu vgl. Wünsche 121: und es fällt Feuer vom Himmel und verzehrt Jerusalem und räumt hinweg alle Fremden und Unbeschnittenen und Unreinen aus ihrer Mitte. Auch der Schluss der bei Jellinek III, 65 sich findenden interessanten Eliasapokalypse bietet direkte Parallelen zur Johannes-Apokalypse.

wäre das oben S. 51 über Lactanz und Commodian gesagte, ferner Sibyll. II 187 zu vergleichen.

Eine besondere Stellung in der Entwickelung der jüdischen Sage nimmt eine Apokalypse ein, die in persischer Sprache überliefert und von Zotenberg (Merx Archiv I, 386 ff) in Text und Übersetzung mitgeteilt ist. Schon ihr Titel, Geschichte Daniels, ist bedeutungsvoll und erinnert an die oben beigebrachten Zeugnisse für die frühe Existenz einer Daniel-Apokalypse. Das in Betracht kommende Stück beginnt mit einer Schilderung der muhamedanischen Herrscher; Muhamed ist am Anfang deutlich erkennbar (407). In dem Herrscher mit seinen drei Söhnen (411. 12) ist Harun al Raschid mit Sicherheit zu erkennen[1]. Nach ihm werden noch zwei Herrscher erwähnt. Die Apokalypse wird also aus der ersten Hälfte des neunten Jahrhunderts stammen. Dann folgen die Zukunftsweissagungen: zunächst eine Schilderung des Sieges eines Herrschers der Rumaeer über den Islam und seines neunmonatlichen (s. o. S. 67) Regiments. Dann, heisst es, wird ein anderer kommen (ein Name wird nicht genannt), der sich für den Messias ausgeben wird; dessen Äusseres wird in der bekannten Weise geschildert. Mit ihm werden Gog und Magog kommen, Israel aber wird in die Wüste fliehen. Es heisst weiter: »darauf wird ein Mann erscheinen an jenem entlegenen Ort und jeder Israelit wird seinen Sitz verlassen und sie werden sich alle versammeln«. Jener Mann wird von den Kindern Ephraims sein. Sie werden zu jenem Bösewicht sich begeben, der sagt, »ich bin der Messias euer König, euer Reichtum«. Die Israeliten werden Zeichen von ihm verlangen, die er nicht erfüllen kann, namentlich wird er keine Toten auferwecken können. Dann wird er die Israeliten verfolgen und Israel wird in die Wüste gehen. Dann wird die Gnade Gottes den Israeliten zu Teil werden, und er wird die Schleusen des Himmels öffnen; ein Monat wird wie eine Woche sein, eine Woche wie ein Tag und ein Tag wie eine Stunde. Dann werden Michael und Gabriel den Israeliten in der Wüste erscheinen, und sie werden den falschen Messias töten. Darauf kommt der Messias ben David und tötet den Bösen (d. h. den oben erwähnten Herrscher) mit

---

[1] meinem Kollegen, Herrn Dr. Rahlfs, verdanke ich diese Mitteilung.

dem Hauch seines Mundes. »Und die Fahne des Messias des Sohnes Davids wird erscheinen«. Derselbe wird das ganze Heer Gogs und Magogs töten. Dann wird Elias kommen. Durch vier Posaunenstösse wird dann die neue Zeit herbeigeführt. Die Toten stehen auf, die Israeliten werden versammelt von allen Weltgegenden (auf den Flügeln des Simurg?), eine Feuersäule erscheint im Tempel, der Glanz Gottes wird sichtbar und alle Berge verschwinden. Dann folgt für 1300 Jahre die Zeit der Freude und der Herrschaft und dann das ewige grosse Gericht.

Die Apokalypse ist ein wahres Sammelwerk verschiedenartiger Überlieferungen und zeigt in viel reicherem Masse als die übrigen den Einfluss der christlichen Sage. Durch diesen Einfluss, den man auch litterarisch genau verfolgen kann, ist es denn auch wahrscheinlich gekommen, dass der Messias ben Joseph[1]) hier zum Antichristen geworden ist. Eine ähnliche Überlieferung mag auch wohl Abarbenel vor Augen gehabt haben, wenn er in seinem Werk Maschmia Jeschua das rätselhafte Urteil ausspricht: der Messias, der Sohn Josephs, welchen wir erwarten, dass er im Anfang der Erlösung kommen werde, ist der Antichrist, dessen sie, die Christen, Meldung thun[2]). — Oder sollte in diesen wenigen Überbleibseln vielmehr eine uralte Überlieferung von einem falschen unter den Juden auftretenden Messias vorliegen? — Das endgültige Urteil kann hier kaum gesprochen werden. Jedenfalls liegt gerade in dem betreffenden singulären Stück eine ganze Menge archaistischer Überlieferungen vor. Mit den Geheimnissen des Simon zeigt die vorliegende Apokalypse auch ihrer ganzen Anlage nach die engste Verwandtschaft. Es sei noch erwähnt, dass hier erzählt wird, dass die Juden dem Messias ben David zunächst nicht glauben und dieser sich dann verbirgt, bis er ihnen dann als der Menschensohn in den Wolken des Himmels erscheint (damit vgl. auch das Ende vom Midrasch vajoscha).

Im ganzen aber mag das Urteil gewagt werden, dass der gesammte jüdische Sagenkreis mit der Gestalt des Armillus und den beiden Messiassen in dieser Verbindung sich im 7.—8. Jahrhundert unter Einfluss der Sage vom Antichrist gebildet hat.

---

1) so scheint es wenigstens, der Bericht ist nicht ganz klar.
2) Eisenmenger II, 747.

Die Übersicht über die jüdische Litteratur hat mannigfaltige Verschlingungen der jüdischen und christlichen Tradition unsrer apokalyptischen Überlieferung gezeigt. Die in Abschnitt VII zusammengestellten Zeugnisse erheben die Vermutung zur Gewissheit, dass die Erwartung des Antichrist auf jüdischem Boden entstanden ist. So hätten wir die Tradition bis in die vor-neutestamentliche Zeit zurückverfolgt, und die in der Einleitung ausgesprochene Vermutung, dass die dort besprochenen apokalyptischen Stücke eine ältere Überlieferung voraussetzen, hat sich bestätigt. — Während die Tradition vom Antichrist vom Christentum aus dem Judentum übernommen wurde, so hat dann die entwickelte christliche Überlieferung im 6.—8. Jahrhundert wieder auf die jüdische Eschatologie zurückgewirkt.

X.

Auch über die Grenzen des Christentums und Judentums hinüber hat die eschatologische Tradition vom Antichrist ihren Einfluss geltend gemacht. Ich stelle auch hier einige Notizen zusammen, ohne den Anspruch auf Vollständigkeit erheben zu wollen.

1) In einer ausführlichen und genauen Untersuchung der Völuspa der älteren Edda [1]) hat E. H. Meyer Satz für Satz den Einfluss christlicher Tradition auf dieses die Weltgeschichte von der Schöpfung bis zum Endgericht umfassende Gedicht nachzuweisen gesucht. Noch bestimmter hat er die Behauptung aufgestellt, dass der Verfasser dieses Gedichtes im wesentlichen von den theologischen Werken des Honorius von Autun vor allem vom Elucidarium abhängig war. War aber die Völuspa von Honorius abhängig, so ist sie, da sie ja auch denselben Stoff behandelt, von der Tradition vom Antichrist beeinflusst. — Trotz der umfangreichen und gelehrten Beweisführung scheint mir die Frage noch immer nicht aufgehellt. Am stärksten scheint mir für die Annahme der Umstand zu sprechen, dass der letzte grosse Kampf der bösen und guten Weltmächte, also das Ende, mit der Schilderung beginnt [2]):

---

1) Völuspa Berlin 1889.
2) A. Holtzmann, die ältere Edda übersetzt und erklärt. Leipzig 1875, p. 23.

Brüder werden einander schlagen und zu
Mördern werden sich gegenseitig.
Es werden Vettern ihre Verwandten tödten
Schwere Zeiten sind in der Welt. Hurtum gross.

Das ist, wie weiter unten nachgewiesen werden wird, eine in der Tradition vom Antichristen fast stereotyp gewordene Einleitung. Auch erinnert die Schilderung der Hadesstrafen (p. 23 a. a. O. Vers 43) und die Einleitung des Stückes stark an die uns bekannte sibyllinische Litteratur. Eine Beziehung der Edda zur christlichen Litteratur und zur Sage vom Antichrist wird sich nicht leugnen lassen. — Im einzelnen aber bleibt hier vieles unsicher. Mit welchen Schwierigkeiten man im Verständnis der Eddagedichte zu kämpfen hat, zeigt z. B. Strophe 47 (nach Meyer 46). Hier übersetzt man gewöhnlich: »das Weltall brennt beim Rufe des Hornes«, während Meyer 190 herausliest: »Der Heiland leuchtet an jenem altberühmten Kreuz«. Hat Meyer recht übersetzt, was mir übrigens wegen der folgenden ausdrücklichen Erwähnung von Heimdalls Horn zweifelhaft bleibt, so hätten wir hier wieder einen charakteristischen Zug aus der Tradition vom Antichrist. — Im ganzen scheint mir Meyer allerdings in dem Nachweis direkt christlichen Einflusses in den Eddaliedern viel zu weit gegangen zu sein. Es ist von ihm das uralte mythologische Material, das in den Liedern enthalten ist, stark unterschätzt. Dahin gehört zum Beispiel, was Völuspå 3 von dem Riesen Ymir und dem Chaos und Vaf-drûonismâl 21 von der Schöpfung des Weltalls aus dem Leibe des Riesen erzählt wird. Diese uralten Mythen aus einer arg verfehlten Parallele aus Honorius v. Autun [1]) abzuleiten, ist ein böser Missgriff (p. 65). Ebenso künstlich und verfehlt scheint es mir, wenn M. die grossartige Schilderung des fünffachen Götterkampfes, Völuspå Str. 50 ff., durch den das Ende eingeleitet wird, aus der Apokalypse ableiten will. Wie mühsam wird hier schon, indem neben den drei feindlichen Mächten ($\vartheta\eta\varrho\iota\acute{o}\nu$ $\delta\varrho\alpha\varkappa\acute{\omega}\nu$ $\psi\varepsilon\nu\delta o\pi\varrho o\varphi\acute{\eta}\tau\eta\varsigma$) noch Hades und Tod mitgezählt werden, die entsprechende Fünfzahl erreicht (p. 199). Und dass Surtr Str. 51 der Antichrist

---

[1]) nach Honorius soll des Menschen Leib aus den einzelnen Elementen der Erde bestehen. Daraus hätte sich nach Meyer durch Umkehrung der Schöpfungsmythus der Edda entwickelt!

sei, scheint mir durch die vagen Parallelen, welche Meyer p. 206 beibringt, nicht bewiesen. In der Schilderung des Götterkampfes wie in derjenigen der beiden Ungeheuer, der Midgard-Schlange und des Fenriswolfes, scheint mir uralter Mythus vorzuliegen.

Kann also nur von einer sehr geringen Beeinflussung der älteren Edda durch die Antichristsage die Rede sein, so entnimmt dagegen das halb heidnische, halb christliche altbairische Gedicht Muspilli (9. Jahrh.) die Farben, mit denen es den Weltuntergang schildert, einfach unsrer Tradition. Es bedarf das weiter keines Beweises, die Parallelen werden unten angeführt werden [1]).

2) Deutliche Spuren der Antichristsage finden sich auch in der parsistischen Pehlevi-Litteratur. Namentlich ist hier die in den Sacred-Books of the East Vol. V, 191 ff. übersetzt vorliegende Apokalypse Bahman Yast zu nennen. So weit ich sehe, liegt in Bahman Yast eine Apokalypse zu Grunde, welche zur Zeit der Vernichtung der iranischen Herrschaft durch den Islam geschrieben ist. II, 14 ff. sieht Zaratustra einen Baum mit sieben Zweigen, der in der bekannten Weise auf 7 Dynastieen gedeutet wird, die sechste ist die des Chosroes, und in der siebenten wird dann der Einbruch der »Dämonen mit erhobenem Speer und aufgelöstem Haar« in das glückliche Iran geschildert. Diesen Einfall des Islam hat der Verfasser der ursprünglichen Apokalypse erlebt. Und nach ihm erwartet er das Ende. Und eben dieses Ende wird nun in Anlehnung an die Antichristsage geschildert. (vgl. II, 30 ff. die Vorzeichen; II, 54 die Herrschaft des bösen Geistes; III, 13 die Geburt des Messias, ein Sternzeichen bei seiner Geburt; III, 24 die beiden Gesandten Nêriôsang und Srôsh.; III 26 ff. (cf. 30) die Ankunft des Messias (Pêshyôtanû) und die Besiegung des Antichrist mit seinen Scharen). Die Parallelen sind sehr zahlreich und werden an den einzelnen Stellen unten beigebracht werden.

In der Zeit der Kreuzzüge (s. namentlich III, 3 ff.) scheint dann die Apokalypse eine Bearbeitung erfahren zu haben, und zugleich ein verwickeltes eschatologisches System mit mehreren Messiassen hineingebracht zu sein [2]).

---

1) den Hinweis auf dieses Gedicht verdanke ich meinem jungen Freunde stud. W. Lueken.
2) über die parsistische Eschatologie vgl. auch Spiegel, Avesta, Leipz. 1852, p. 32 ff.

3) Auch zu den Arabern ist endlich die Sage vom Antichrist gewandert. In der Chronik des Tabari [1]), übersetzt von Zotenberg, Paris 1867, Kap. 23 p. 67 findet sich eine interessante Ausführung über den Antichrist. Er wird ein König der Juden sein, welcher die gesammte Welt beherrscht, seine Gestalt wird die Wolken überragen. Sein Name wird Deddjâl sein. Er wird am Ende der Zeit erscheinen, wenn Gog und Magog die Mauer Alexanders des Grossen durchbrechen [2]). Er wird auf seinem Marsch von Ungeheuern, Schlangen, Scorpionen, Drachen begleitet. Er wird den grössten Teil der Menschen unterwerfen, keiner wird ihm im Kriege widerstehen können. Er wird von Ost nach West, nach dem Norden und nach dem Süden ziehen und seine Herrschaft wird 40 Tage dauern. Die Gläubigen aber werden fliehen vor ihm und dann wird Jesus zusammen mit dem Mahdi Mohammed ben Abdallah den Antichrist besiegen [3]).

Dieser teilweise an christliche, teilweise an jüdische Überlieferung anklingende Bericht, wie die Apokalypse Bahman Yast und die oben zusammengestellten jüdischen Apokalypsen illustrieren übrigens vortrefflich den religiösen Synkretismus, der im 6. bis 8. Jahrhundert zwischen Christentum, Judentum, Islam und Parsismus herrschte.

---

1) den Hinweis auf diese Stelle verdanke ich einer Notiz von Herrn Prof. W. Meyer.

2) auch dieser Sagenkreis liegt ausführlich Tabari CXII, p. 518 vor. Vgl. über die Verbreitung dieser Sage auch Zezschwitz p. 170.

3) Dieterich Abraxas 125, Anm. 1 erwähnt eine altmuhammedanische Tradition, dass Jesus den Antichrist (Dadjdjat) vor den Mauern Lyddas besiegen werde.

Ich gebe im folgenden ein **Verzeichnis der im zweiten Teil gebrauchten Abkürzungen** der in Betracht kommenden Quellen.

Andr.(eas) Kommentar zur Apokalypse ed. Sylburg.

$B(ιβλ)$. $K(λημ)$. $Βιβλίον\ Κλήμεντος$ ed. Lagarde Reliquiae juris etc. 80 ff.

Cyr. Cyrill v. Jerusalem $κατηχήσεις$ 15. Migne Tom. 33.

D.-A. gr. griechische Danielapokalypse ed. Klostermann Analecta 113 ff.

D.-A. arm. armenische Danielapokalypse ed. Kalemkiar, Wiener Zeitschrift VI, 127 ff.

Elucidarium des Honor. v. Autun. III 10 Migne Tom. 172, p. 1163.

Ephr. gr. λόγος εἰς τὸν Ἀντίχριστον nach Assemani III, 134— 143 (Prooemium nach handschriftlichem Material von W. Meyer).

Ephr. syr. sermo de fine extremo. Lamy III, 187.

Eterianus Hugo, liber de regressu animarum ab inferis Kap. 24 f. Migne Tom. 202, p. 168.

Hildegard Scivias III, 11. Migne Tom. 196, p. 709.

Hipp. Hippolytus ἀπόδειξις .... περὶ τοῦ ἀντιχρίστου ed. Lagarde 1 ff.

J.-A. Pseudojohanneische Apokal. Tischendorf apocal. apocr. 70.

Joh. Damasc. ἔκθεσις τῆς ὀρθοδόξου πίστεως IV, 27.

Lact. Lactantius Inst. Div. VII, 10 ff. ed. Brandt corp. script. latin. Tom. 19.

Mart. v. Tours bei Sulpicius Severus Dialog. II, 14 Migne Tom. 20.

P.-A. aeth. \
P.-A. syr. } Äthiopische, syrische, arabische Recension der »Petri apostoli apocal. per Clementem.« Bratke \
P.-A. ar. / Z. W. Th. 1893 I, 454. Dillmann, Gött. gel. Nachr. 1858, 158 ff.

Phil.-Sol. Philippus Solitarius Dioptra III, 10 f. Migne Tom. 127.

Ps.-Chrys. εἰς τὴν δευτέραν παρουσίαν κ. τ. α. unter den Werken des Chrysostomus. Migne Tom. 61, p. 776.

Ps.-E. Syrische Esraapokal. Baethgen Z. A. T. W. VI, 204.

Ps.-Ephr. Die unter dem Namen des Ephraem erhaltene Predigt. Caspari, Br. u. Abh. 1890, p. 208 ff.

Ps.-H. Pseudo-Hippolyt περὶ τῆς συντελείας τοῦ κόσμου. Lagarde 92.

Ps.-M. Pseudo-Methodius. Orthodoxographa graec.: 93, lat.: 100.

Sib.-Beda Der unter Beda's Werke aufgenommene Sibyllinist. Migne Tom. 90, p. 1183.

Sib.-Us(inger) Der von Usinger, Forschungen zur deutschen Geschichte X, 621 veröffentlichte Sibyllinist.

Vict(orin) Kommentar zur Apocal. ed. de la Bigne Tom. I (ed. II, 1589).

Z.-A. Zephanja-Apokal. Stern, Z. für ägypt. Sprache 1886, 115 ff.

II. Teil.
Die Geschichte der Tradition vom Antichrist.

I.

Die Vorzeichen.

Es ist oben (S. 54) bereits auf den auffallenden Parallelismus zwischen dem IV. Esra-Buch und der dem $Bιβλ. Κλημ.$ zu Grunde liegenden Apokalypse in der Schilderung der Vorzeichen des Endes aufmerksam gemacht, und ferner darauf hingewiesen, wie sich einzelne Züge in Sib. II und bei Ephraem gr. wiederfinden. Schon diese Parallelen beweisen, dass wir hier vor einem weitverzweigten Zusammenhang der Überlieferung stehen. Alle hier in Betracht kommenden Stücke abzudrucken gestattet der Raum nicht. Es sind hier zunächst die überall nach demselben Schema gehaltenen Schilderungen von grausigen Naturereignissen zu vergleichen, wie sie sich in IV. Esra 5,1ff. 6,21ff., ferner bei Ps.-Hipp. Kap. 8. 96,26, dann noch bei Lactanz VII, 16 finden.

Vor allem aber kehrt ein charakteristischer Zug überall in der Antichristsage wieder: nämlich die an Micha 7,6 sich anlehnende Schilderung des auf der Welt auch unter den nächsten Verwandten überhandnehmenden Hasses. So heisst es an beiden im IV. Esra in Betracht kommenden Stellen: 5,9 et amici omnes semet ipsos expugnabunt; 6,24 et erit in illo tempore, debellabunt amici amicos ut inimicos. Mit einer ausführlichen Schilderung dieses Kampfes der nächsten Verwandten unter einander beginnt Ps.-Hipp: 7. 96,4 das Stück, das die Vorzeichen der letzten Zeit beschreibt. Zu vergleichen ist ferner der Anfang von Ps.-Ephraem (Kap. 1). Ja dieser Zug hängt so fest und unzertrennlich an der Überlieferung vom Antichrist, dass er auch bei ganz entlegenen Quellen zum ersten Indicium dafür wird, dass ein Einfluss der Antichristsage vorliegt. So heisst es, wie schon oben, erwähnt, in der Völuspa der älteren Edda: Brüder werden einander schlagen und zu Mördern werden sich gegenseitig, es werden Vettern ihre Verwandten töten. Und im Bahman Yast beginnt der ungemein deutliche Einschlag der Antichristsage mit der Schilderung: II, 30 all men will become deceivers, great friends will become of different parties, the affection of the father will depart from the son, and that of the brother from his brother ... and the mother will be parted and estranged from the daughter.

Auch der Aufruhr der Völker unter einander (vgl. Mtth. 24 7) wird vielfach im Anfang der Apokalypsen geschildert[1]), namentlich über Friedlosigkeit, Ungerechtigkeit und schlechte Herrschaft auf Erden wird geklagt. Hier sind die erwähnten Stellen des IV. Esra-Buches, ferner Apok. Baruch Kap. 49 32 ff. und Kap. 70 (vgl. 25 3), Lactanz VII, 15 [2]), die ausführlichen Schilderungen in der Ascensio Jesaiae 3 23 ff. im $\beta\iota\beta\lambda$. $K\lambda\eta\mu$. 'bei Ps.-Hipp. a. a. O. zu vergleichen. In vielen Apokalypsen sind die allgemeinen Schilderungen der Vorzeichen durch genauere zeitgeschichtliche Gemälde ersetzt. Aber die Erwähnung eines bestimmten Vorzeichens kehrt nun konstant in fast allen Quellen wieder: Das Ende kommt, wenn das römische Reich zu Grunde gegangen sein wird.

II.
Der Verfall des Römerreiches vor dem Ende.

II. Thessal. 2 6 $\varkappa\alpha\grave{\iota}$ $\nu\tilde{\upsilon}\nu$ $\tau\grave{o}$ $\varkappa\alpha\tau\acute{\varepsilon}\chi o\nu$ $o\check{\iota}\delta\alpha\tau\varepsilon$ $\varepsilon\grave{\iota}\varsigma$ $\tau\grave{o}$ $\mathring{\alpha}\pi o\varkappa\alpha\lambda\upsilon\varphi\vartheta\tilde{\eta}\nu\alpha\iota$ $\alpha\grave{\upsilon}\tau\grave{o}\nu$ $\mathring{\varepsilon}\nu$ $\tau\tilde{\wp}$ $\alpha\grave{\upsilon}\tau o\tilde{\upsilon}$ $\varkappa\alpha\iota\varrho\tilde{\wp}$. $\tau\grave{o}$ $\gamma\grave{\alpha}\varrho$ $\mu\upsilon\sigma\tau\acute{\eta}\varrho\iota o\nu$ $\mathring{\eta}\delta\eta$ $\mathring{\varepsilon}\nu\varepsilon\varrho\gamma\varepsilon\tilde{\iota}\tau\alpha\iota$ $\tau\tilde{\eta}\varsigma$ $\mathring{o}\nu o\mu\acute{\iota}\alpha\varsigma$, $\mu\acute{o}\nu o\nu$ o $\varkappa\alpha\tau\acute{\varepsilon}\chi\omega\nu$, $\mathring{\alpha}\varrho\tau\iota$ $\mathring{\varepsilon}\omega\varsigma$ $\mathring{\varepsilon}\varkappa$ $\mu\acute{\varepsilon}\sigma o\upsilon$ $\gamma\acute{\varepsilon}\nu\eta\tau\alpha\iota$. IV. Esra 5 3 et erit incomposito vestigio, quam nunc vides regnare regionem et videbunt eam desertam. si autem tibi dederit

---

1) vgl. IV. Esra 5 5, Lactanz VII, 15, Ps.-Ephraem Kap. 1, $\beta\iota\beta\lambda$. $K\lambda\eta\mu$. etc.

2) diese drei Quellen stehen in einem erkennbaren litterarischen Zusammenhang.

altissimus vivere et videbis (quae) post tertiam turbatam (Hilgenfeld) [1]).

Iren. V, 26 weiss in Anlehnung an Dan 2 und Apok. 17 zu berichten, dass das römische Reich am Ende der Welt in zehn Königreiche zerfallen werde, und dann der Antichrist, der als fremder Herrscher gedacht wird, kommen werde. An Irenaeus lehnt sich Hippolyt in de antichristo Kap. 25 und 54 an [2]). Irenaeus und Hippolyt haben ihr Wissen von der Zukunft nicht durch einfache Exegese von Daniel und Apokalypse gewonnen.

Besonders kommen dann folgende Stellen in Betracht: Tertullian Apologet. 32: est et alia major necessitas nobis orandi pro imperatoribus etiam pro omni statu imperii rebusque Romanis, qui vim maximam universo orbi imminentem ipsamque clausulam saeculi acerbitates horrendas comminantem Romani imperii commeatu scimus retardari, itaque nolumus experiri et dum precamur differri, Romanae diuturnitati favemus; ad Scapulam 2: Christianus nullius est hostis, nedum imperatoris, quem ... salvum velit cum toto Romano imperio, quousque saeculum stabit. tamdiu enim stabit. (vgl. die Auslegung von II. Thess. 2 resurr. carnis. 24) [3])

Lact. VII, 15 (634 18) Sibyllae tamen aperte interituram esse Romam loquuntur .. Hystaspes quoque, qui fuit Medorum rex antiquissimus .. sublatuiri ex orbe imperium nomenque Romanum multo ante praefatus est. 16 (635 1) quomodo autem id futurum sit ostendam . in primis multiplicabitur regnum et summa rerum potestas per plurimos dissipata et concisa minuetur .... donec reges decem pariter existant, ... hi ... disperdent omnia et comminuent et vorabunt. VII, 25 (664 18) etiam res ipsa declarat lapsum ruinamque rerum brevi fore, nisi quod incolumi urbe Roma nihil istius videtur esse metuendum. At vero cum caput illud orbis occiderit et $\dot{\rho}\acute{v}\mu\eta$ esse [4]) coeperit, quod Sibyllae fore

---

1) τὴν μετὰ τὴν τρίτην θορυβουμένην, der Ausdruck ist auf das vierte Reich, das Römerreich zu beziehen.

2) dazu vergl. Hieronymus zu Dan 7 8 (ergo dicamus, quod omnes scriptores ecclesiastici tradiderunt — folgt dieselbe Auslegung).

3) ebenso des Hieronymus Auslegung zu derselben Stelle cf. ep. ad Algasiam und den Jeremiaskommentar (zu 25 26), ferner die Auslegung im Ambrosiaster des Chrysostomus Pelagius (bei Hieronymus) Sedulius Primasius Theophylact Oecumenius.

4) Sibyll III, 364. VIII, 165.

aiunt, quis dubitet venisse jam finem . . . . .? illa est civitas, quae adhuc sustentat omnia, precandusque nobis et adorandus est deus caeli, si tamen statuta eius et placita differri possunt, ne citius quam putamus Tyrannus ille abominandus veniat.

Ps.-Ephr. 1: . et cum coeperit regnum Romanorum gladio consummari adest adventus mali . in expletione enim Romani regni necesse est saeculum consummari . . . 5: et jam regnum Romanorum tollitur de medio et Christianorum imperium traditur Deo et patri, et tunc veniet consummatio cum coeperit consummari Romanorum regnum.

Cyrill 15 11: ἄνθρωπον μάγον . . . ἁρπάζοντα μὲν ἑαυτῷ τῆς Ῥωμαίων βασιλείας τὴν ἐξουσίαν . . . ἔρχεται δὲ ὁ προειρημένος ἀντίχριστος οὗτος, ὅταν πληρωθᾶσιν οἱ καιροὶ τῆς Ῥωμαίων βασιλείας.

In den Werken des Ephraem I, 192 finden wir unter dem Namen des Jacob von Edessa eine Auslegung der Weissagung Gen. 49 16 über Dan. Hier werden die Worte: »qui mordet equum in ungula ut dejiciet retrorsum ascensorem«, auf den Antichrist bezogen; welcher das römische Reich vernichten werde. Jam illud imperium ad eos pertinere, qui Latini dicuntur, spiritus . . . declaravit et docuit per Hippolytum in eo libro, quo Johannis Theologi apocalypsin interpretatur. Hier sind dann ferner die oben (S. 29 f.) citierten Stellen aus Adso, dem Sibyll. Beda und Usinger, Ps.-Methodius, ferner die Ausführungen bei Ps.-Methodius, p. 95 heranzuziehen.

Diese weitgehende Übereinstimmung wird nun ausserordentlich auffallend, wenn man folgendes überlegt. In der Apokalypse des Johannes wird doch deutlich genug das römische Reich als die letzte antichristliche Macht gezeichnet, man sollte meinen, dass jene gewaltigen Bilder voll glühenden Hasses und mächtiger Phantasie für immer das römische Reich mit dem Stempel der widerchristlichen Macht, die sich wider Gott erhebt, gezeichnet hätten. Die mit der Weissagung der Offenbarung verknüpfte Sage vom Nero redivivus ist lange noch lebendig gewesen, die unheimlich dämonische Gestalt desselben beherrscht die gesammte sibyllinische Litteratur, noch dem Victorin waren die Beziehungen der Apokalypse auf Nero geläufig. — Wie war es möglich, so fragen wir hier noch einmal (s. oben S. 16), dass dem Einfluss der Apokalypse gegenüber, in direktem Gegensatz zu ihr diese

Anschauung aufkommen konnte? Das römische Reich gab den Christen doch wahrlich genug Veranlassung, in ihm die letzte antichristliche Macht, in einem seiner Herrscher den Antichrist, die Inkarnation des Teufels zu sehen. Wie ist es gekommen, dass demgegenüber sich die gerade entgegengesetzte Meinung in unumschränkter Geltung erhielt: das römische Reich ist nicht die antichristliche Macht, es hält das Kommen derselben sogar auf, der Antichrist wird ein nichtrömischer Herrscher sein? Wie war es möglich, dass selbst da, wo die Sage von Nero noch nachwirkte, bei Lactanz, Commodian, Martin von Tours diese Auffassung die andere nicht verdrängte, sondern selbst hier Nero redivivus, der letzte römische Kaiser, nunmehr als der Vorläufer des Antichrist gilt? Hippolyt weiss ganz genau, dass in der ersten Hälfte von Apok. 13 das römische Reich gemeint sei. Aber erst in dem zweiten Tier, das aus dem Lande aufsteigt, sieht er die nach dem römischen Reich zu erwartende Herrschaft des Antichrist[1]). Die beiden Hörner des Tieres muss er dann auf den falschen Propheten beziehen, denn ein solcher musste ja nach der Apok. neben dem Antichrist stehen. Die Schilderung des zweiten Tieres, als des Dieners des ersten, deutet er dann so um, dass er annimmt, das zweite Tier werde in der Weise des ersten ($\kappa\alpha\tau\grave{\alpha}\ \tau\grave{o}\nu\ A\mathring{v}\gamma o\acute{v}\sigma\tau o\nu\ \nu\acute{o}\mu o\nu$) die Welt beherrschen. Woher stammt die fortwährende Vergewaltigung des klaren Sinnes der Apokalypse?

Man kann darauf hinweisen, dass in der Eschatologie der Kirchenväter namentlich II. Thess. 2 nachgewirkt habe. Aber es ist von vornherein nicht wahrscheinlich, dass diese kurze Andeutung des Paulus mächtiger nachgewirkt haben sollte, als die gesammte Apokalypse, welche wenigstens in der früheren Zeit (Irenaeus, Hippolyt, Tertullian, Victorin) in unbestrittener Geltung stand. Dann aber erheben sich neue Probleme; woher hat denn Paulus oder der Verfasser des Thessalonieherbriefes selbst diese Anschauung? und wie kommt es, dass die höchst rätselhaften Andeutungen des Briefes mit solcher Sicherheit, Bestimmtheit und Einhelligkeit von sämtlichen Kirchenvätern gedeutet wurden[2]).

---

1) vgl. Kap. 49.
2) nur Augustin de civitate dei XX, 19 scheint zu schwanken. quidam putant hoc de imperio dictum fuisse Romano, eine andere Auslegung erwähnt auch Chrysostomus.

Man vergleiche mit dieser Sicherheit nur einmal das Herumraten moderner Exegeten. Auch wird bei der Erklärung von II. Thess. 2 gar nicht bewiesen und deduciert. Man weiss sogar noch, dass Paulus aus Scheu, offen über den Untergang des römischen Reiches zu sprechen, hier so geheimnisvoll geredet habe (vgl. Hieronymus ep. ad Algasiam; Augustin und Chrysostomus a. a. O. u. a.).

Endlich hilft auch ein Hinweis auf den Einfluss von Daniel 7 nicht. Es bleibt immer unerklärt, wie man auf Grund von Dan 7, nachdem man das letzte Tier mit den zehn Hörnern auf das römische Reich gedeutet hatte, nun auf den Einfall hätte kommen sollen, das kleine (eilfte) Horn als einen fremden nichtrömischen Herrscher aufzufassen. — Auch aus Apok. 17 konnte man dies nicht so ohne weiteres entnehmen. Dort zieht zwar der Antichrist Nero mit den zehn Königen gegen Rom zu Felde, aber zu deutlich ist er hier doch als römischer Kaiser gezeichnet, und die endlose Verwirrung, welche sich in der Deutung von Apok. 17 bei den Kirchenvätern zeigt, beweist, dass man dorther nicht seine apokalyptischen Ideen bezog, sondern vielmehr diese in jenes Kapitel eintrug.

Die vorliegenden Probleme können nur durch eine Annahme gelöst werden: Es gab vor der Abfassung der Apokalypse schon eine fest ausgebildete Tradition vom Antichrist. Diese entstand wohl in Anlehnung an Daniel, — aber doch auch wieder unabhängig von ihm. In ihr fehlte noch die politische Deutung und Beziehung der Erscheinung des Antichrist auf das Römerreich, den Nero redivivus oder irgend einen römischen Herrscher. Ja, das römische Reich wird in ihr als diejenige Macht aufgefasst, welche durch ihr Bestehen die furchtbare Zeit des Weltuntergangs noch aufhält. Und zugleich wird es sehr wahrscheinlich, dass diese Beurteilung des Römerreichs geraume Zeit vor dem Untergang Jerusalems entstanden sein muss.

Weit hinab reichen die Wurzeln dieser Überlieferung. Paulus schon war abhängig von ihr, und dass wir hier keine genuin christliche Eschatologie haben, zeigen auch die Berührungen mit IV. Esra. Es wird weiter unten bewiesen werden, dass namentlich IV. Esra 51 ff. hier direkt als Quelle für die Antichristsage zu benutzen ist. — Deutlich zeigen nun auch Paulus und IV. Esra die rätselhafte nur andeutende Weise der Geheimtradition, welche wir eben gerade für diesen eschatologischen Sagenkreis vermuteten [1]).

Selbst die Apokalypse ist nicht imstande gewesen, dieser Tradition eine andere Richtung zu geben. Es schien im zweiten Jahrhundert einmal, als sollte das gespensterhafte Bild des Nero redivivus die ältere Gestalt des Antichrist verdrängen [2]). Aber dass die Nachwirkung der Johannesapokalypse und der Nerosage so bald verschwand, rührt auch wesentlich daher, dass die alte geheiligte Überlieferung die neuere politische Wendung der Sage vom Antichrist sehr bald wieder verdrängte. Die Gestalt des Nero redivivus erhält sich höchstens noch als Nebenfigur in dem apokalyptischen Gemälde, oder sie wird identificiert mit dem älteren Bilde des nicht von den Römern stammenden Antichrist (Victorin).

Eine mächtige politische Wirkung hat die Überlieferung vom Antichrist gerade in dieser ihrer nicht gegen das Römerreich gewendeten Form gehabt. Es war doch sehr bedeutungsvoll, dass man in den Kreisen der Christen weit und breit überzeugt war, dass das römische Imperium nicht die antichristliche Macht sei, dass die Zeit des Antichrist noch viel furchtbarer und entsetzlicher sein werde; man betete für das römische Imperium und den römischen Kaiser, weil man in diesen das letzte Bollwerk gegen die nahende Herrschaft des Antichrist sah, wie dies aus den oben beigebrachten Citaten aus Tertullian und Lactanz zu ersehen ist [3]).

Es ist dann oben weiter nachgewiesen, wie in der Zeit, da das römische Reich christlich wurde, die Sage eine neue Wandlung durchmachte. Man konnte es nun nicht mehr fassen, dass das heilige römische Reich untergehen sollte. Nun heisst es, dass der letzte römische Kaiser freiwillig seine Krone Gott zu-

---

1) Gunkel 224 vermutet, dass in dem κατέχων bei Paulus noch eine ältere mythologische Überlieferung enthalten sei. Dass Paulus selbst unter dem κατέχων das römische Reich verstanden hat, ist mir nach den bis in seine Zeit hinabreichenden Parallelen nicht zweifelhaft. Was unter κατέχων ursprünglich verstanden wurde, ist für das Verständnis des neuen Testaments verhältnismässig irrelevant.

2) vgl. die Sibyllinenlitteratur.

3) Zezschwitz urteilt also sehr mit Unrecht (p. 34), dass in dieser Beurteilung des römischen Reiches Tertullian schöpferisch gewesen sei.

rückgeben werde. Diese Wandlung liegt wahrscheinlich schon bei Ps.-Ephraem vor. Kap. 5: »et Christianorum imperium traditur Deo et Patri«[1]). Das würde zu der Annahme stimmen, dass dieselbe sich schon in der ersten Hälfte des IV. Jh. vollzog. So ist die Sage weiter gewandert; als Rom fiel und in die Herrschaft der Barbaren kam, ging die Erwartung über auf Neu-Rom und die byzantinischen Kaiser (vgl. die Danielapokal., s. o. S. 41 ff. und Ps.-Methodius). Und dann entstand ein heiliges römisches Reich deutscher Nation, und die Sage wanderte wieder hinüber nach Westen. So finden wir sie bei Adso. Und es kam die Zeit der Kreuzzüge, der Gedanke an Jerusalem wurde wieder lebendig, es wurde von neuem möglich, daran zu denken, dass ein letzter römischer Kaiser seine Krone in Jerusalem Gott zurückgeben werde. Und wieder erwachte die Sage zu neuem Leben, und so liegt sie dem ludus de antichristo des zwölften Jahrhunderts noch in allen einzelnen Zügen frisch und lebendig zu Grunde. — Und als es endlich galt, der gefährlichen Auslegung der Apokalypse von Seiten der Protestanten, der Deutung der antichristlichen Macht auf Rom und das Papsttum, entgegenzutreten, da griffen die katholischen Gelehrten auf die alte unpolitische Überlieferung vom Antichrist zurück, und sammelten die Spuren derselben in Werken voll Riesenfleisses, — ich nenne nur die Kommentare von Ribeira und Alcassar, die Werke von Bellarmin und Malvenda, — aus denen für uns moderne noch sehr viel zu lernen ist. Und so wurde der erste Grund zu einer wissenschaftlichen Erforschung der Apokalypse gelegt. — Die Wege und Wandlungen solcher apokalyptischen und mythologischen Überlieferungen sind wunderbar, und ihre Lebensdauer wie der Gang ihrer Entwickelung kann nur mit dem Mass von Jahrhunderten gemessen werden.

---

1) zu diesem an I. Kor. 15,24 sich anlehnenden Worte vgl. die oben citierten Stellen bei Adso und Ps.-Methodius und den Sib. bei Beda und Usinger. Auch die bei Wetstein, Nov. Test. II, 167,24, aus Abarbanel und Pirke Elieser beigebrachten Parallelen (Zezschwitz, p. 167).

II.
Die jüdische Herkunft des Antichrist.

Hier soll nur das wichtigste hervorgehoben werden, auf Vollständigkeit machen die Notizen keinen Anspruch. Genaueres folgt übrigens weiter unten in den Abschnitten, welche von der Geburt des Antichrist aus dem Stamme Dan und seinem Sitzen im Tempel von Jerusalem handeln.

Schon nach Paulus wird sich der Mensch der Ungerechtigkeit im Tempel Gottes niederlassen. »Sein Kommen wird in der Kraftwirkung des Satan sein, mit jeglicher Machtthat, mit Wundern und lügenhaften Zeichen und in lauter unrechtmässigem Betrug für die, welche verloren gehen, dafür, dass sie für die Liebe zur Wahrheit nicht empfänglich waren zu ihrem Heil. Und deshalb sendet ihnen Gott wirkungskräftigen Betrug, dass sie der Lüge glauben, damit alle, die nicht der Wahrheit glaubten, sondern am Unrecht Wohlgefallen hatten, ihr Gericht empfingen«. An die ungläubigen Juden, welche den wahren Messias von sich gestossen haben und dafür von Gott den falschen empfangen, denkt hier Paulus; daran kann kaum ein Zweifel sein. — Eine direkte Parallele bietet Johannes 5 43. Ich bin im Namen meines Vaters gekommen und ihr nehmt mich nicht auf, wenn ein anderer in seinem eignen Namen kommt, den werdet ihr aufnehmen[1]). — So kommen wir nun auch der Lösung des Rätsels näher, wie es kommt, dass das Tier aus dem Abgrund Apok. 11 in Jerusalem auftritt. Im Laufe der Untersuchung werden sich auch sichere Beweise dafür ergeben, dass die gräuliche Verwüstung, welche an heiliger Stätte, oder an dem Ort, wo sie nicht stehen sollte, steht, der Antichrist ist. — Immer wieder tritt uns dies Bild entgegen: ein Antichrist, der in Jerusalem auftritt, eine gottfeindliche Macht, die sich am Ende der Tage im heiligen Volke selbst erhebt, ein falscher Messias ausgerüstet mit Zeichen und Wundern.

Nun wissen wir auch, woher Hippolyt wusste (Kap. 6):

---

1) ieh wüsste nicht, wer anders als der Antichrist hier gemeint sein könnte. Es ist hier von einer ganz bestimmten einzelnen Person die Rede, an Bar-Cochba wird man doch nicht denken wollen.

ἐν περιτομῇ ὁ σωτὴρ ἦλθεν εἰς τὸν κόσμον, καὶ αὐτὸς ὁμοίως ἐλεύσεται. Es wird auch klar, wie Victorin auf den Einfall kommen konnte, von Nero zu sagen: hunc ergo suscitatum Deus mittet regem dignum dignis et Christum qualem meruerunt Judaei . et quoniam aliud nomen allaturus est, aliam etiam vitam instituturus, ut sic eum tamquam Christum excipiant Judaei, ait (enim) Daniel (XI, 37): desideria mulierum non cognoscet, cum prius fuerit impurissimus et nullum Deum patrum cognoscet[1] . non enim seducere populum poterit circumcisionis nisi legis vindicator. — Die Übereinstimmung ist hier eine so allgemeine, dass ich nur noch ein Zeugnis anführe, Hieronymus in Daniel. XI, 21. nostri autem et melius interpretantur et rectius, quod in fine mundi haec sit facturus Antichristus, qui consurgere habet de modica gente i. e. de populo Judaeorum.

Nur bei Lactanz VII, 17. 638,14 heisst es alter rex orietur ex Syria. Aber auch bei Lactanz wird dieser fremde König als Pseudomessias geschildert. Auch bei Commodian heisst es V, 891 f.: exsurget iterum . . . rex ab orientem[2] (sic). Aber 933 wird er als Pseudomessias geschildert: Nobis Nero factus antichristus, ille Judaeis[3]. In der Lactanz und Commodian zu Grunde liegenden jüdischen Quelle ist aus dem Pseudomessias also wieder ein feindlicher Herrcher geworden, aber so, dass das ursprüngliche Bild deutlich durchschaut.

Deutlicher und klarer erhebt sich nun das Gesamtbild jener apokalyptischen Tradition: Es wird ein Antichrist erwartet, aber nicht aus dem römischen Reich, — dieses ist vielmehr die Gewalt, welche das Auftreten des Antichrist noch hemmt; in Jerusalem unter Israel selbst wird die gottfeindliche Macht, ein falscher Messias, der göttliche Verehrung verlangt, sich erheben.

Aber ist in dieser Form überhaupt die Weissagung auf jüdischem Boden denkbar? Wie kam man zu dieser Idee? Liegt nicht vielleicht hier ein vom Hass gegen die Juden eingegebener

---

1) über diese merkwürdige Auffassung der Danielsstelle (s. unten).

2) es ist doch wohl gegen den neuesten Herausgeber »ab« jedenfalls beizubehalten und nicht ad einzusetzen. Der König kommt thatsächlich von Osten, vgl. 905 ff.

3) auch zieht der Herrscher, nachdem er Nero getötet hat, nach Judaea, das offenbar als der Sitz seiner Herrschaft gedacht wird. (V, 927.)

apokalyptischer Traum des jungen Christentums vor? Auf jeden Fall hätten wir hier eine sehr frühe, in den ersten Jahrzehnten des Christentums entstandene, dem Paulus schon fixiert vorliegende Weissagung, welche in ihren Ursprüngen durchaus unpolitisch, weder aus der Zeit Caligulas noch Neros stammt. — Auch werden sich uns noch manche Spuren der Sage in jüdischen Quellen zeigen, und im Laufe der weiteren Untersuchung werden wir auch das vorliegende Rätsel lösen und den Untergrund der Sage kennen lernen.

III.
Der Name des Antichrist.

Der Name des Antichrist I. Joh. 2 18 u. ö. II. Joh. 7 ist nicht älter als das neue Testament. Von Paulus wird er ganz allgemein als (II. Thess. 2 3) ὁ ἄνθρωπος τῆς ἀνομίας, ὁ υἱὸς τῆς ἀπωλείας bezeichnet. Doch scheint Paulus schon einen Eigennamen desselben zu kennen, wie folgende Parallelen zeigen:

II. Kor. 6 15: τίς δὲ συμφώνησις Χριστοῦ πρὸς Βελίαρ; [1]).

Testam. Patr. Dan 5: καὶ ἀνατελεῖ ὑμῖν ἐκ τῆς φυλῆς Ἰούδα καὶ Λευὶ τὸ σωτήριον κυρίου καὶ αὐτὸς ποιήσει πρὸς τὸν Βελίαρ πόλεμον [2]).

Sibyll. II, 67: καὶ Βελίαρ θ᾽ ἥξει καὶ σήματα πολλὰ ποιήσει ἀνθρώποις.

III, 63: ἐκ δὲ Σεβαστηνῶν ἥξει Βελίαρ μετοπίσθεν (cf. III, 73).

Ascensio Jesaiae IV, 2: descendet Beliar angelus magnus rex huius mundi .... in specie hominis (vgl. 4 4 ff. 14) [3]).

Also Paulus kannte schon einen bestimmten Namen für den Antichrist »Beliar« (= Belial etwa = ἄνθρωπος τῆς ἀνομίας). Es ist sehr bemerkenswert, dass dieser Name gerade in jüdischen

---

1) die Zusammenstellung des Beliar mit Christus ist bedeutsam.

2) ich citiere nur diese Stelle als hierhier gehörig. Beliar kommt sonst in anderer Bedeutung in den Testamenten vor.

3) der Name Belial findet sich noch in der Dioptra. In dem Sepher Serubabel (Eisenmenger II, 709) ist Belial der Vater des Antichrist und dazu ist wieder der Andreaskommentar 92 2 zu vergleichen.

Schriften verbreitet ist. Das Stück in Sib. III, 63—92 ist sicher jüdisch (vgl. V. 69), in II, 151 ff. ist jedenfalls eine jüdische Grundschrift erhalten (II, 170 ff.). Ebenso scheint mir das Stück aus dem Testament des Dan zum jüdischen Grundbestand des Buches zu gehören. Auch in der Ascensio Jesaiae 3 u. 4 liegt wahrscheinlich eine kleine jüdische Apokalypse zu Grunde (vgl. 3 27), und noch in einer späten jüdischen Quelle hat sich der Name Belial mit Beziehung auf den Antichrist erhalten. Über die ursprüngliche Bedeutnng des Belial wird noch weiter unten die Rede sein.

Wegen ihrer litterarischen Berührungen citiere ich noch folgende Schilderungen des Antichrist:

Iren. V. 25: ille .... veniet ... quasi apostata et iniquus et homicida; quasi latro.

Ps.-Ephr. 5: tunc apparebit ille nequissimus et abominabilis draco, ille quem appellavit Moyses in Deuteronomio dicens: Dan catulus leonis accubans et exiliens ex Basan . accubat enim, ut rapiat et perdat et mactet . catulus leonis vero non sicut leo de tribu Dan sed propter iram rugiens ut devoret[1]) (vgl. Hipp. de antichr. Kap. 14).

Ephr. gr. II, 225 ff.:

ἐπειδὴ γὰρ ὁ κλέπτης   καὶ ἀλάστωρ καὶ ἀπηνὴς.
πρῶτος μέλλει ἔρχεσθαι   ἐν τοῖς ἰδίοις καιροῖς
βουλόμενος κλέψαι καὶ   θῦσαι καὶ ἀπολέσαι.

J.-A. Kap. 6: τότε φανήσεται ὁ ἀρνητὴς καὶ ἐξορισμένος ἐν τῇ σκοτίᾳ ὁ λεγόμενος ἀντίχριστος.

D.-A. gr. 104: καὶ κρατήσει ὁ τρισκαταρότατος δαίμων.

Bemerkenswert sind auch noch folgende Parallelen:

IV. Esra V, 6: et regnabit quem non sperant qui inhabitant super terram.

Irenaeus V, 30 2: qui de improviso advenerit regnum sibi vindicans.

D.-A. arm. 239 1: nach der Ankunft dessen, welchen sie nicht verlangten und nicht hofften.

Vielleicht lässt sich auf Grund dieser Parallelen auch eine Stelle in der ascensio Jesaiae wiederherstellen:

V. 13: et multi fideles et sancti, quum viderunt eum quem

---

1) vgl. die Schilderung bei Ps.-M. und Adso 1292 B.

ipsi + non"sperabant, [suspensum Jesum Dominum Christum, postquam ego Jesaias vidi eum qui suspensus est et accendit, et credentes quoque in eum, ex iis pauci in illis diebus reliqui erunt servi eius][1] fugient[es] ex eremo in eremum praestolantes eius (domini) adventum. — Die Erwähnung des Kreuzestodes des Herrn mitten in der Schilderung der Zeit des Antichrist ist völlig sinnlos, nach Streichung des Zusatzes bleibt das rätselhafte quem sperabant, das nach den Parallelen in »quem non sperabant« umzuwandeln wäre. Dann ist nur noch für das letzte »eius« etwa ein domini einzusetzen.

Nach diesen Praeliminarien wenden wir uns in unserer Untersuchung zu einem besonders wichtigen Abschnitt.

IV.
Der Teufel und der Antichrist.

Über die Beziehung zwischen dem Satan und dem Antichrist herrscht in der Überlieferung die grösste Uneinheitlichkeit. Aber gerade diesen Differenzen und widerstreitenden Phantasieen nachzugehen ist von allergrösstem Interesse. Denn dies Gewirre von widerstreitenden Meinungen setzt uns in den Stand, hinter die Anfänge unsrer eschatologischen Tradition zurückzugehen und diese in ihrem Werden und ihrem Ursprung zu verfolgen.

Die in der Exegese einflussreich gewordenen Kirchenväter reden sehr deutlich und bestimmt. Vor allem kommt Hieronymus in Dan. 7 8 in Betracht: ne eum (antichristum) putemus ... diabolum esse vel daemonem sed unum de hominibus in quo totus Satanas habitaturus sit corporaliter. Ganz ähnlich lautet die Erklärung des Chrysostomus ad Thessal. II, 2. Hom. 2: $\tau\acute{\iota}\varsigma\ \delta\grave{\epsilon}\ o\breve{\upsilon}\tau\acute{\iota}\varsigma\ \grave{\epsilon}\sigma\tau\iota\nu;\ \mathring{a}\rho a\ \grave{o}\ \sigma a\tau a\nu\tilde{a}\varsigma;\ o\mathring{\upsilon}\delta a\mu\tilde{\omega}\varsigma\cdot\ \mathring{a}\lambda\lambda'\ \mathring{a}\nu\vartheta\rho\omega\pi\acute{o}\varsigma\ \tau\iota\varsigma\ \pi\tilde{a}\sigma a\nu\ a\mathring{\upsilon}\tau o\tilde{\upsilon}\ \delta\epsilon\chi\acute{o}\mu\epsilon\nu o\varsigma\ \tau\grave{\eta}\nu\ \grave{\epsilon}\nu\acute{\epsilon}\rho\gamma\epsilon\iota a\nu$. Ähnliches hat schon Irenaeus V, 25 1 omnem

---

[1] ein ähnlicher Satz wie der hier ausgeschiedene findet sich Kap. XI innerhalb einer nachweisbaren Interpolation: XI, 20 Hierosolymis igitur vidi (sc. Jesaias) eum suspendi in ligno nec non post tertium diem resurgere.

suscipiens diaboli virtutem .... diabolicam apostasiam in se recapitulans. Es ist ja auch klar, dass dies und nur dies die neutestamentliche Anschauung vom Antichrist ist. Den Einfluss des Hieronymus kann man in der abendländischen Kirche (vgl. z. B. Haymo v. Halberstadt zu II. Thess. 2), den des Chrysostomus in der morgenländischen Kirche (vgl. Johannes Damascenus ἔκθεσις τῆς ὀρθοδόξου πίστεως Veron. 1531 p. 135, die Kommentare des Oecumenius und Theophylact zu der betreffenden Stelle von II. Thess.) deutlich spüren. Die Behauptung, dass der Antichrist der Satan selbst sei, ist in der kirchlichen Überlieferung seitdem so gut wie verschwunden.

Doch setzen gerade die Ausführungen des Hieron. und Chrysost. voraus, dass eine ältere Überlieferung existierte, derzufolge der Satan mit dem Antichrist identificiert oder doch in ein viel näheres Verhältnis zu ihm gebracht wurde, als dies bei der Annahme eines von satanischer Energie erfüllten Menschen der Fall ist.

Um mit dem ältesten Zeugnis zu beginnen: schon bei Hippolyt liegen die Dinge lange nicht so klar. Dort heisst es vom Antichrist (Kap. 6): ἐν σχήματι ἀνθρώπου ἐφάνη ὁ σωτὴρ καὶ αὐτὸς ἐν σχήματι ἀνθρώπου ἐλεύσεται. Das lässt auf eine ganz andre Vorstellung schliessen. Weiter unten heisst es — bei dem Nachweis der Geburt des Antichrist aus dem Stamm Dan (Kap. 14) — „γενηθήτω Δὰν ὄφις" ..... ὄφις οὖν τίς ἀλλ᾽ ἢ ὁ ἀπ᾽ ἀρχῆς πλάνος[1]) ὁ ἐν τῇ γενέσει εἰρημένος ὁ πλανήσας τὴν Εὖαν καὶ πτερνίσας τὸν Ἀδάμ; im folgenden wird wie es scheint der Antichrist υἱὸς τοῦ διαβόλου genannt. Eine eigentliche Identifikation liegt freilich nicht vor. Aber doch ist dem Hipp. jedenfalls der Antichrist der inkorporierte Satan. — Bei Firmicus Maternus finden wir aber ganz deutlich die Identifikation (liber de error. Kap. 22) »diabolus ipse antichristus est«. Ganz deutlich spricht auch die Stelle Ps.-Hipp. 22, 105 21 ἐπειδὴ ὁ σωτὴρ τοῦ κόσμου βουλόμενος τὸ γένος τῶν ἀνθρώπων σῶσαι, ἐκ τῆς ἀχράντου καὶ παρθένου Μαρίας ἐτέχθη καὶ ἐν σχήματι σαρκὸς τὸν ἐχθρὸν κατεπάτησεν ἐν ἰδίᾳ δυνάμει τῆς αὐτοῦ θεότητος, τὸν αὐτὸν τρόπον καὶ ὁ διάβολος ἐκ μιαρᾶς γυ-

---

1) nach einer gütigen Mitteilung meines Kollegen Achelis lesen so die Jerusalemer Handschrift und die slavische Version.

ναικὸς ἐξελεύσεται ἐπὶ τῆς γῆς, τίκτεται δὲ ἐν πλάνῃ ἐκ παρθένου. ὁ γὰρ θεὸς ἡμῶν σαρκικῶς ἡμῖν ἐπεδέμησε ... ὁ δὲ διάβολος εἰ καὶ σάρκα ἀναλάβοι ἀλλὰ ταῦτα ἐν δοκήσει. Die Stelle weist zurück auf Ps.-Hipp. Quelle, auf Ephr. gr.[1] III, 137 C:

διδαχθῶμεν ὦ φίλοι, ὁποίῳ τῷ σχήματι
ἐλεύσεται ἐπὶ γῆς ὁ ἀναίσχυντος ὄφις.
ἐπειδήπερ ὁ σωτὴρ τοῦ σῶσαι βουλόμενος
τὸ γένος τῶν ἀνθρώπων ἐκ παρθένου ἐτέχθη
καὶ σχήματι ἀνθρώπου ἐπάτησε τὸν ἐχθρὸν
ἐν ἁγίᾳ δυνάμει τῆς αὐτοῦ θεότητος·
137 E:
μαθὼν τοῦτο ὁ ἐχθρὸς, ὅτι πάλιν ἔρχεται
ἐξ οὐρανοῦ (ὁ) κύριος ἐν δόξῃ θεότητος,
ἐλογίσατο οὕτως ἀναλαβεῖν τὸ σχῆμα
τῆς αὐτοῦ παρουσίας καὶ ἀπατῆσαι πάντας.

Einige Zeilen weiter:
τίκτεται δὲ ἀκριβῶς ἐκ γυναικὸς μιαρᾶς
τὸ ἐκείνου ὄργανον. οὐκ αὐτὸς δὲ σαρκοῦται.

Obwohl hier alles auf den Gedanken angelegt ist, dass der Satan in Nachahmung der Geburt des Herrn in dem Antichrist persönlich erscheint, so wird zum Schluss diesem Gedanken die Spitze abgebogen, indem nun doch der Antichrist nur als ὄργανον des Satans erscheint. Sonderbar ist, dass der von Ephr. abhängige Ps.-H. hier einen ganz straffen Gedankenzusammenhang zeigt. Sollte ihm doch Ephraem noch in einer andern Recension vorgelegen haben? Es kommt hinzu, dass auch sonst, wie sich weiter unten zeigen wird, in der Homilie des Ephr. gr.[2] der Antichrist durchweg als dämonische übermenschliche Gestalt gezeichnet wird. Aber auch so wie der Text des Ephr. gr. nun einmal lautet, wird doch das Verhältnis zwischen dem Satan und Antichrist hier anders aufgefasst, als bei Hieron. und Chrys. Das zeigt schon die hier durchgeführte, bei Hippolyt schon an-

---

[1] ähnlich sind die Ausführungen bei Philippus Solitarius Dioptra III, 10. p. 815D: itaque nascetur ex muliere libidinosa opinione quidem incarnatus sed non etiam re ipsa. (etwas anders III, 11).

[2] an Ephr. gr. klingt Cyrill 1514 an: ὁ σατανᾶς ὀργάνῳ κέχρηται ἐκείνῳ αὐτοπροσώπως δι' αὐτοῦ ἐνεργῶν.

gedeutete Parallele zwischen der Erscheinung des Satan auf Erden im Antichrist und der wunderbaren Geburt des Christus. In ähnlicher Weise findet sich die Parallele im Ambrosiaster zu II. Thess. 2 3: sicut filius dei divinitatem suam homo natus . . . . . demonstravit, ita et Satanas in homine apparebit. Auch Theodoret bringt den Vergleich in etwas abgeschwächter Form (zu II. Tess. 2 3)[1]) μιμεῖται γὰρ ὁ τῶν ἀνϑρώπων ἀλάστωρ τοῦ ϑεοῦ καὶ σωτῆρος ἡμῶν τὴν ἐνανϑρώπησιν, καὶ ὥσπερ αὐτὸς ἀνϑρωπείαν φύσιν ἀναλαβὼν τὴν ἡμετέραν ἐπραγματεύσατο σωτηρίαν, οὕτως ἐκεῖνος ἄνϑρωπον ἐκλεξάμενος πᾶσαν αὐτοῦ δέξασϑαι δυνάμενον τὴν ἐνέργειαν . . . ἀνϑρώπους πειράσεται. Durch die letzte Wendung nähert sich ja Theodoret freilich der Auffassung des Hieron. und Chrys., aber er geht doch offenbar über diese hinaus.

Eine andere Parallele findet sich in dem unter dem Namen des Prosper Aquitanus gehenden Werk: de promissis et praedictionibus dei IV, 8. Hier erscheint der Antichrist in einem Menschen »sicut e contrario angelus sanctus in Tobiae libro speciem et similitudinem . . . Azariae suscepit. Wieder etwas anders erscheint das Verhältnis bei Lactanz VII, 17 (I, 638 14) (malo spiritu genitus) und Martin v. Tours (Sulpic. Sev. Dial. II, 14: malo spiritu conceptus)[2]).

Man sieht, die Überlieferung schwankt zwischen der Auffassung des Antichrist als eines vom Teufel regierten Menschen und seiner Identifikation mit dem Satan. Deutlich aber zeigt sich, dass die Auffassung desselben als einer übermenschlich gespenstisch-dämonischen Erscheinung weit verbreitet, uralt — vielleicht die ältere ist und so immer wieder hervorbricht.

Daneben zeigt sich bei späteren Schriftstellern noch eine charakteristische Vermittelung. Diesen stand eben fest, dass der Antichrist in natürlicher Weise durch Vater und Mutter in die Welt komme, aber nun musste der Satan wenigstens bei seiner Empfängnis mitgewirkt haben.

---

1) diese ganze Parallele wird deutlich abgewiesen bei Joh. Damascenus: οὐκ αὐτὸς τοίνυν ὁ διάβολος γίνεται ἄνϑρωπος κατὰ τὴν τοῦ κυρίου ἐνανϑρώπησιν.

2) vgl. auch noch Andreas, der (50 13) eine ἀγγελικὴ οὐσία im Antichrist annimmt (vgl. 51 45 ὁ ἐν τῷ ἀντιχρίστῳ ἐνεργῶν διάβολος).

Ps.-Ephr. 6 ex semine viri et ex immunda vel turpissima virgine malo spiritu vel nequissimo mixto concipitur.

Adso 1292 B nascetur autem ex patris et matris copulatione, sicut et alii homines, non ut quidam fabulantur de sola virgine. .... in ipso vero .. germinationis suae primordio diabolus simul intrabit in uterum matris suae.

Ein Anklang auch bei Jacob Edess. Ephr. syr. I, 192 D coluber antichristus Danitica matre nascetur patre Latino, qui clam nec amore legitimo quasi lubricus anguis ad ejus feminae concubitum prorepet [1]).

Elucidarium: de meretrice generis Dan nascetur . in matris utero diabolo replebitur.

Birgitta Revel. VI, 67 antichristus nascetur de maledicta femina et de maledicto homine, de quorum seminibus diabolus formabit corpus suum (dazu vgl. die ekelhaften Phantasieen der heiligen Hildegard Scivias III, 11) [2]).

Wie erklären sich diese Schwankungen in der Auffassung des Antichrist? Wie ich glaube nur durch einen Blick auf die Entstehung der Antichristsage. — Woher stammt überhaupt jene Idee vom Antichrist, dieses Bild einer feindlichen pseudo-messianischen Persönlichkeit, die sich im Gottesvolk selbst erhebt, wie sie schon bei Paulus, Mtth. 24, Apok. 11 und hier doch deutlich auf Grund jüdischer Traditionen vorliegt? Gunkel p. 221 ff. stellt mit vollem Recht die Behauptung auf, dass die Erwartung des Antichrist nicht irgendwie aus einer bestimmten politischen Situation entstanden sei, und dass alle zeitgeschichtliche Erklärung, mag sie nun in die Zeit Caligulas oder Neros gehen, verfehlt sei. In solchen Zeiten politischer Erregung entstehen neue eschatologische Erwartungen nicht, ihr Wachsen und Werden ist ein viel langsameres, mit Jahrhunderten zu messendes. Wohl werden alte Erwartungen zeitgeschichtlich bezogen, aber es finden keine Neubildungen statt. Gunkel will die Tradition vom Antichrist als ein jüdisches Dogma verstanden wissen, das

---

1) damit sind die oben erwähnten jüdischen Phantasieen zu vergleichen.

2) hier wären endlich noch die in sämtlichen späteren jüdischen Apokalypsen sich findenden bizarren Sagen von der Geburt des Armillus (dessen Vater, der Teufel, ihn aus einem Marmorstein erzeugt haben soll) zu vergleichen (s. o. S. 68).

aus Bildern wie Dan 7 (und ähnlichen) durch eine Spiritualisierung einer Tradition von ursprünglich politischem Charakter entstanden sei. Es scheint mir nun aber doch ein weiter Weg zu sein, der von Dan 7 zu II. Thess. 2 führt. Wie ist aus der Schilderung fremder, sich gegen Gott empörender Herrschermächte die Idee einer gottfeindlichen Macht geworden, die im Volke Gottes selbst sich wider Gott empört, die nicht mit feindlicher Gewalt wirkt, sondern durch trügerische Kunst und Verführung? Hier liegt m. E. ein Problem. Auch ist der Zug, dass der Antichrist sich im Tempel zu Jerusalem niederlässt, so konkret und lebendig, dass es schwer fällt, ihn aus der danielischen Weissagung von der gräulichen Verwüstung des Heiligtums entstanden zu denken. G. hatte eigentlich mit der Erkenntnis, dass auch die Weissagung des Daniel nicht zu dem bestimmten Zweck gemacht ist, sondern auf einer älteren Tradition ruht, die Fäden zu einer richtigen Lösung des Problems in der Hand. Ich glaube es giebt hier nur eine Erklärung. Hinter dieser Sage vom Antichrist liegt ein älterer Mythos. In der alttestamentlichen und hier und da noch der neutestamentlichen Litteratur finden wir, wie Gunkel in Schöpfung und Chaos in überzeugendem Zusammenhang nachgewiesen hat, sehr zahlreiche Spuren eines uralten Schöpfungsmythos, der sich dann später in eine eschatologische Erwartung umgewandelt hat. Es existierte, noch in der Apokalypse erkennbar, in dem jüdischen Volksglauben die Erwartung einer Revolution des alten Meerungeheuers, mit dem Gott bei der Schöpfung gekämpft, am Ende der Tage, und seines himmelstürmenden Kampfes mit Gott. Nicht irgend ein feindlicher Herrscher und die Vergewaltigung Israels durch ihn und seine Heere wird erwartet, sondern zunächst direkt der Kampf des Satans mit Gott, des Drachen mit dem im Himmel thronenden Allmächtigen. Eine einfache Vermenschlichung jenes alten Drachenmythos scheint mir nun die Sage vom Antichrist zu sein. Auch sie hat so zunächst nichts mit bestimmten politischen Ereignissen und Mächten zu thun. An Stelle des Drachen tritt der mit Wunderkräften ausgerüstete Mensch, der sich Gott gleich stellt, — für die Juden konnte das kein anderer als der falsche Messias sein.

Aber die Tradition vom Antichrist kann doch ihren Ursprung aus einer viel wilderen phantastischeren Welt von Gedanken und

Stimmungen nicht ganz verbergen. Ihr ist von dieser ein unvertilgbarer Stempel aufgedrückt. Und immer wieder in der weiteren Überlieferung erhebt sich hinter dem Antichrist die wildere Gestalt des gottfeindlichen Dämon, des Satans, und sucht jenen zu verdrängen. Die Geschichte der Tradition der Sage drückt das Siegel auf unsere Vermutung über ihre Entstehung. Wir werden das im folgenden noch deutlicher sehen.

Ich beginne mit dem Nachweis, dass der Antichrist noch häufig als Drache, als Dämon bezeichnet wird. Namentlich ist dies der Fall bei Ephraem gr. Dieser beginnt gleich seine Homilie mit der Ankündigung, dass er „καὶ περὶ τοῦ δράκοντος τοῦ ἀναιδεστάτου[1] καὶ δεινοῦ τοῦ μέλλοντος ταράσσειν πᾶσαν τὴν ὑπούρανον" reden wolle. Der Name Drache kehrt hier häufig wieder. Die Boten und Gehülfen des Drachen sind hier wie bei Ephr. syr. Dämonen[2] (s. die Stellen unter Nr. VIII). Ps.-Ephr. 5 heisst es: Tunc apparebit ille nequissimus et abominabilis draco (vgl. Kap. 8). Auch als nequissimus serpens wird der Antichrist bezeichnet (Kap. 7 vgl. das signum serpentinum Kap. 8, über dieses s. unten). D.-A. gr. 116 35 (cf. 39 121 24) findet sich der charakteristische Ausdruck ἐγερθήσεται ὁ ὄφις ὁ κοιμάμενος. Der Antichrist heisst ὁ τρισκαταρότατος δαίμων (119 105). Cyrill 15 15 δεινὸν τὸ θηρίον δράκων μέγας ἀνθρώποις ἀκαταγώνιστος. Philippus Sol. Dioptra III, 10. 815 B draconi natura doloso et callido ... eum comparat (in Anlehnung an Gen. 49 36).

Ich begnüge mich mit diesen Stellen und vermeide namentlich andre anzuführen, in denen das Drachenbild etwa durch Einfluss von Apok. XII her entstanden sein könnte, und wende mich nun zu einigen hochinteressanten und neuen Aufschluss gebenden Ausführungen.

In Ephr. gr. findet sich im Prooemium seiner Ausführungen folgende — nachher nicht wieder aufgenommene Schilderung vom Antichrist:

μέγας ἀγὼν ἀδελφοὶ
ἐπὶ πᾶσιν ἀνθρώποις
ὅτ᾽ ἂν ἐπιτελοῦνται

ἐν τοῖς καιροῖς ἐκείνοις
μάλιστα δὲ (τοῖς) πιστοῖς,
σημεῖα καὶ τέρατα

---

[1] ἀναιδοῦς? W. Meyer.
[2] ähnliches schon bei Iren. V, 29 s. o.

ὑπ' αὐτοῦ τοῦ δράκοντος ἐν πολλῇ ἐξουσίᾳ[1])
ὅτ' ἂν πάλιν ἑαυτὸν δείκνυσιν ὥσπερ θεὸν
ἐν φαντάσμασι φοβεροῖς ἀέρει ἱπτάμενος
καὶ πάντας τοὺς δαίμονας ἐν σχήματι ἀγγέλων
ἱπταμένους ἐν φόβῳ ἔμπροσθεν τοῦ τυράννου,
βοᾷ γὰρ ἐν ἰσχύι ἀλλάσσων καὶ τὰς μορφὰς
ἐκφοβῆσαι ἀμέτρως ἅπαντας τοὺς ἀνθρώπους.

Ps.-H. 29. 111 10 bringt eine direkt hieran sich anlehnende Ausführung: τοὺς γὰρ δαίμονας αὐτοῦ ἀποδείξει ὡς ἀγγέλους φωτεινοὺς καὶ στρατιὰς ἀσωμάτων παρεισάξει, ὧν οὐκ ἔστιν ἀριθμός, καὶ ἔμπροσθεν πάντων ἀναδεικνύει αὐτὸν εἰς τὸν οὐρανὸν ἀναλαμβανόμενον μετὰ σαλπίγγων καὶ ἤχων καὶ κραυγῆς ἰσχυρᾶς εὐφημούντων αὐτὸν ἀδιηγήτοις ὕμνοις, καὶ ἐκλάμπων ὥσπερ φῶς ὁ τῆς σκοτίας κληρονόμος, καί ποτε μὲν εἰς οὐρανοὺς ἀνιπτάμενος, ποτὲ δὲ ἐπὶ τῆς γῆς κατερχόμενος ἐν δόξῃ μεγάλῃ, ποτὲ δὲ καὶ ὡς ἀγγέλους τοὺς δαίμονας ἐπιτάσσων τοῦ ποιεῖν τὰ θελήματα αὐτοῦ μετὰ πολλοῦ φόβου καὶ τρόμου.

Ein Nachklang findet sich bei Philippus Solitarius Dioptra III. 10 816 C: in sublime volans ut angelus (imo ut daemon) et terrores ac prodigia ad deceptionem effingens.

Vielleicht klären übrigens diese Stellen einen rätselhaften Satz in der alten Baruchapokalypse auf; es heisst dort Kap. 27, dass in der achten Zeit des messianischen Endes multitudo phantasiarum et occursus scidae kommen werden. Es liegt vielleicht schon hier eine Parallele zu jenen späteren Ausführungen vor.

Aber sind jene sonderbaren und gänzlich einzigartigen Schilderungen nun wirklich nichts mehr als phantastische Ausführungen über die Wunderwerke des Antichrist? Schon der Umstand, dass hier offenbar jener hinter der Sage vom Antichrist liegende Drachenmythos zum Vorschein kommt, mahnt zur Aufmerksamkeit. — Und es wird in der That sehr wahrscheinlich, dass dieses Schauwunder des Antichrist, dass er mit seinen Engeln umgeben in die Luft fliegt, ursprünglich einen viel ernsteren Sinn hatte.

Weiter führt uns hier die Beobachtung, dass die Sage vom Antichrist ganz entschieden mit einem andern Sagenkreis zusam-

---

1) φαντασμοῖς? W. Meyer.

menhängt, nämlich demjenigen, der sich um die Person des Magiers Simon[1]) von Samaria gewoben hat. Es wird in den folgenden Ausführungen bewiesen werden, dass die weitere Ausbildung der Geschichte des Simon Magus in den apokryphen Apostellegenden unter dem Einfluss der Sage vom Antichrist erfolgt ist.

Betrachten wir die Sage vom Simon Magus unter diesem Gesichtspunkt, so fällt an diesem Punkte sofort eine Parallele ins Auge. In der bis ins zweite Jahrhundert und vielleicht weiter zurückgehenden sagenhaften Erzählung wird ja das Ende des Magiers dadurch herbeigeführt, dass er, nachdem er verheissen hat, vor versammeltem Volk zum Himmel aufzufahren, und sich so als Gott zu erweisen, von Dämonen getragen sich in die Luft erhebt, aber auf des Petrus Gebot herabstürzt und jämmerlich umkommt[2]). — Hier sieht die Sage vom Himmelsflug schon ernsthafter aus, bei Simon ist dieser geradezu ein Versuch seine Gottheit zu beweisen: eine Himmelfahrt. Es wird auch erzählt, dass das Volk, als es ihn auffahren sieht, ihn als Gott zu preisen beginnt. Es ist eine Revolution direkt gegen Gott, die hier erzählt wird[3]).

Sehr bedeutsam ist es nun, wenn in der Scivias der heiligen Hildegard dasselbe Ende vom Antichrist erzählt wird. Es heisst dort (III, 11): nam cum omnem voluntatem seductoris diaboli compleverit, ita quod justo judicio Dei amplius tantam potestatem iniquitatis et crudelitatis suae habere omnino non permittetur, omnem cohortem suam congregabit et sibi credentibus dicet, quia ad coelos ire velit. — et ecce velut ictus tonitrui repente veniens

---

1) vgl. Acta apostolorum ed. Lipsius u. Bonnet. I, 1891. Actus Petri cum Simone Kap. 31—32. Martyrium Petri et Pauli ib. 118 ff. Kap. 53—56. Acta Petri et Pauli 178 ff. Passio Petri et Pauli 223 ff. Arnobius adv. gentes II, 12. Cyrill. catechesis VI, 15. Sulpicius Severus sacr. hist. II, 28. Theodoret Haeretic. fabularum I, 1. Augustin de haeresibus 1. Constit. apost. VI, 9.

2) einen besonders originellen Bericht hat Arnobius II, 12: viderant enim (Romani) cursum Simonis magi et quadrigas igneas Petri ore difflatas et nominato Christo evanuisse. viderant ... fidentem diis falsis et ab eisdem metuentibus proditum pondere praecipitatum suo.

3) vgl. auch noch Actus Petri cum Simone Kap. 4, wo Simon im Fluge in Rom erscheint und Martyrium P. et P. 11, wo unter den Wundern des Simon aufgezählt wird, dass er in der Luft habe erscheinen können.

caput ipsum tanta fortitudine percutit, quod et de monte illo dejicitur et quod spiritum suum in mortem emittit.

Von vornherein ist jede Vermutung ausgeschlossen, als hätte die heilige Hildegard diese Phantasieen selbst erfunden, sie muss noch uralte Überlieferungen gekannt haben, an die sie ihre Weissagungen anlehnte. Auch ist diese Schilderung vom Ende des Antichrist nicht aus der Simon-Magus-Sage entlehnt. Man darf sich ja nur fragen, ob diese Idee der unternommenen — oder hier nur geplanten — Himmelfahrt besser auf den Antichrist oder auf den Simon Magus passt. Wir schliessen vielmehr: In den Visionen der Hildegard ist uns eine Variante der Sage vom Antichrist aufbewahrt, welche schon von der Simon-Magus-Sage vorausgesetzt wird.

Der Antichrist findet sein Ende, indem er es unternimmt, zum Himmel aufzufahren und sich als Gott zu erweisen[1]), und dabei von Gott herabgeschmettert wird. Wer kann nun noch den tieferen Sinn der Sage und ihren Zusammenhang an diesem Punkt mit dem älteren Mythos vom Drachen verkennen! Der Gedanke, dass der Drache den Himmel erstürmt, und bei diesem Sturm gegen den Thron Gottes geworfen wird, findet sich ja ganz deutlich im neuen Testament. Das 12. Kapitel der Apokalypse ist sicher auf Grund dieses Mythos entstanden. Auch ist Apok. 13 6 »die Lästerung wider das Zelt Gottes und die darin wohnenden« (?) ein Nachklang desselben. Auch das Herrenwort: Ich sah den Satan wie einen Blitz vom Himmel fallen, ist hier zu erwähnen.

In jener Variante der Antichristsage und in der Simon-Magus-sage haben wir den Nachklang jenes uralten Mythos. Auch Ephraem scheint ihn zu kennen, nur dass bei ihm die Himmelfahrt des Antichrist ein Schauwunder geworden ist.

Bei Ephraem (s. oben S. 94) wird ferner erzählt, dass der Drache im Fluge seine Gestalt verändert. Dazu ist zu vergleichen Martyrium Petri et Pauli Kap. 14: ὁ δὲ (Simon) . . . . ἤρξατο αἰφνιδίως μορφὰς ἐναλάσσειν ὥστε γενέσθαι αὐτὸν ἐξαίφνης

---

1) vgl. z. B. Constit. VI, 9, 165 11: λέγων εἰς οὐρανοὺς ἀνιέναι κἀκεῖθεν αὐτοῖς τὰ ἀγαθὰ ἐπιχορηγεῖν (diese Notiz findet sich oft, z. B. sagt Simon Mart. Petr. et Paul. 53 zu Nero: πέμψω τοὺς ἀγγέλους μου πρός σε καὶ ποιήσω σε ἐλθεῖν πρός με).

παιδίον καὶ μετ᾽ ὀλίγον γέροντα ἄλλοτε δὲ καὶ νεανίσκον ....
καὶ ἐβάκχευεν ὑπουργον ἔχων τὸν διάβολον[1]). Dann
heisst es wieder in der Dioptra des Philippus vom Antichrist: Quin et figurarum et colorum conversionibus omnino instar Protei alius ex alio . in sublime volans ut angelus (imo ut daemon) et terrores ac prodigia ad deceptionem effingens.
Auch Apokalypse Esdras, p. 29, heisst es vom Antichrist: καὶ παιδίον γίνεται καὶ γέρων, καὶ μηδεὶς αὐτῷ πιστεύει, ὅτι ἐστὶν ὁ υἱός μου ὁ ἀγαπητός.

Apok. Zeph. 123: Er wird sich vor denen, die ihn betrachten, verwandeln, er wird sich einmal verjüngen und ein anderes Mal altern.

Deutlich sieht man hier, wie die beiden Sagenkreise sich berühren.

In politischer Tendenz ist die Sage vom Antichrist ja ebenfalls schon in neutestamentlicher Zeit auf Nero umgedeutet. Als nun die Gestalt des von den Parthern wiederkehrenden Nero [2]), nachdem ein Menschenalter vergangen war, sich allmählich ins dämonische und gespensterhafte verzerrte, da dringen auch in dieses Bild des von der Unterwelt wiederkehrenden Nero die Züge des alten Drachenmythos ein. Belege liefern uns die Sibyllinen in Hülle und Fülle.

V. 214: μύρεο καὶ σύ Κόρινθε τὸν ἐν σοὶ λυγρὸν ὄλεθρον,
ἡνίκα γὰρ στρεπταῖσι μίτοις Μοῖραι τριάδελφοι
κλωσάμεναι φεύγοντα δόλῳ ἰσθμοῖο παρ᾽ ὀμφὴν
ἄξουσιν μετέωρον, ἕως ἐσίδωσιν ἅπαντες

Deutlich liegt das Drachenbild vor:

VIII 88: πυρφόρος ὄσσε δράκων ὁπότ᾽ ἂν ἐπὶ κύμασιν ἔλθῃ
γαστέρι πλῆθος ἔχων καὶ θλίψῃ σεῖο τὰ τέκνα
ἐσσομένου λιμοῦ τε καὶ ἐμφίλου πολέμοιο,
ἐγγὺς μὲν κόσμοιο τέλος καὶ ἔσχατον ἦμαρ.

VIII, 154: κωμάζει (?) βουλῇσι τὸν ἐγκρυφίῃσι λοχείαις·
Ἀσίδος ἐκ γαίης ἐπὶ Τρωικὸν ἅρμ᾽ ἐπιβάντα
θυμὸν ἔχοντ᾽ αἴθωνος [3]) · ὅτ᾽ ἂν δ᾽ ἰσθμὸν διακόψῃ

---

1) vgl. dazu Kap. 22: εἰς τοῦτον δὲ τὸν Σίμωνα δύο οὐσίαι εἰσὶν ἀνθρώπου καὶ διαβόλου.

2) vgl. Zahn, apokalyptische Studien, Z. K. W. K. L. 1887, 337 ff.

3) in der Parallelstelle XI, 180 heisst es: θυμὸν ἔχων θηρός, sollte vielleicht zu lesen sein θυμὸν ἔχων πυθῶνος? Die Handschriften lesen

παπταίνων ἐπὶ πάντας ἰὼν πέλαγος διαμείψας,
καὶ τότε θῆρα μέγαν μετελεύσεται αἷμα κελαινόν

V. 28: πεντήκοντα δ' ὅ τις κεραίην λάχε, κοίρανος ἔσται
δεινὸς ὄφις φυσᾶν πόλεμον βαρὺν ...
32: καὶ τμήξει τὸ δίκυμον ὄρος λύθρῳ τε παλάξει,
ἀλλ' ἔσται καὶ ἄιστος ὁ λοίγιος. εἶτ' ἀνακάμψει
ἰσάζων θεῷ αὐτὸν, ἐλέγξει δ' οὔ μιν ἐόντα [1]).

Hier ist dann endlich noch eine Notiz bei Ephraem zu erwähnen. Nach Ephraem syrus 7 kommt der Antichrist ܐܒܕܢ
Lamy übersetzt hier e perditione. Es ist jedoch wahrscheinlich aus der Unterwelt zu übersetzen: aus dem אבדון (das hebräische Wort wird im alten Testament durch jenes syrische wiedergegeben). Andreas, der in seinem Kommentar manche Anklänge an Ephraem zeigt, kommentiert zu Apok. XI, 7: ὁ ἀντίχριστος ὁ ἐκ τῶν σκοτεινῶν καὶ βυθίου τῆς γῆς χωρίων ἐξιών, ἐν οἷς ὁ διάβολος καταδεδίκασται. Hier wäre dann wieder der Ἀβαδδών Apok. 9,11 zu vergleichen [2]), auch der Ausdruck υἱὸς τῆς ἀπωλείας II. Thess. 2,3.

Anhang I: Belial.

Den Namen Belial für den Antichristen kennt, wie oben bemerkt, schon Paulus (II. Kor. 6,15), vielleicht ist das griechische ἄνθρωπος τῆς ἀνομίας (II. Thess. 2,3) eine Übersetzung von בליעל. Wir kommen somit auf sicher jüdische Tradition. Wer ist Belial? Die beste Aufklärung darüber giebt uns ascensio Jesaiae IV, 2.

... et postquam consummatum est, descendet Berial angelus magnus rex huius mundi [3]), cui dominatur ex quo exstat, et descendet e firmamento suo [in specie hominis regis iniquitatis matricidae . hic est rex huius mundi] .... hic angelus Berial [in specie istius regni] veniet, et venient cum eo omnes potestates huius mundi [4]) et audient eum in omnibus quae voluerit.

ἔχων. Das dann folgende scheint aus einem hinter dem Drachenmythus liegenden Naturmythus zu stammen, vgl. XI, 155 ff.

1) Parallele in X, 78 ff.
2) Apok. Esdras 27: αὐτὸς ἀναβήσεται γὰρ ὁ ἀντικείμενος τοῖς ἀνθρώποις ἀπὸ τῶν ταρτάρων καὶ ἐνδείξεται πολλὰ τοῖς ἀνθρώποις, vgl. noch Commodian 939: de Persida homo immortalem esse se dicit. Unsterblichkeit behauptete auch Simon Magus von sich (ὁ ἑστηκώς).
3) ὁ κοσμοκράτωρ τοῦ αἰῶνος τούτου.
4) δυνάμεις τοῦ αἰῶνος τούτου.

Selbst wenn hier, wie es doch sehr wahrscheinlich ist, die Beziehung auf Nero (s. die eingeklammerten Stellen) nicht erst eingebracht wäre, so sieht man doch deutlich, dass der Belial ursprünglich mit Nero nichts zu thun hat, sondern ein böser Engel ist, welcher Beherrscher dieser Welt genannt wird, seinen Wohnsitz in der Luft hat, und dem andere Engel, die δυνάμεις τοῦ κόσμου τούτου untergeben sind. Von diesem Belial wird ausgesagt, dass er sein Regiment am Ende der Welt errichten werde.

Ebenso äusserlich wird Belial in den Sibyll. III, 63 ff. — auch hier als Herrscher der letzten Zeit geschildert — mit Nero in Beziehung gesetzt (ἐκ δὲ Σεβαστηνῶν ἥξει Βελίαρ). Sibyll. II, 167 fehlt diese Beziehung gänzlich. Im Testamentum XII Patriarch. ist Belial (Βελίαρ) ebenfalls ein böser Geist, wohl der Satan, der Teufel selbst, auch hier ist von πνεύματα τοῦ Βελιὰρ die Rede. Im Testament Dan 5 heisst es nun vom Messias: καὶ αὐτὸς ποιήσει πρὸς τὸν Βελίαρ πόλεμον καὶ τὴν ἐκδίκησιν τοῦ νίκους δώσει πέρασιν ὑμῶν [1]). Also auch hier wieder ist Belial der Feind der Endzeit.

Von hier aus erhält nun noch eine Stelle in der ascensio Jesaiae, VII, 9 ihr Licht: et ascendimus in firmamentum, ego et ille, et ibi vidi Sammaelem eiusque potestates, et erat magna pugna in eo et sermones Satanici, et alius cum alio rixabatur .... et dixi(t) angelo: quae est haec rixa? et dixit mihi: ita est, ex quo hic mundus existit, usque nunc, et haec pugna donec veniet is, quem tu visurus es, eumque delebit. — Wie sich Sammael zu Belial verhält, ist nicht klar. Vielleicht stand hier ursprünglich gar nicht Sammael [2]). Jedenfalls ist auch hier von einem bösen

---

1) im folgenden sind vielleicht einzelne Ausdrücke im christlichen Sinn überarbeitet. Das ist noch handschriftlich nachzuweisen, wenn R. ἐπὶ τῆς βασιλείας Ἱερουσαλήμ, die übrigen Codices ἐπὶ τῆς νέας I. lesen.

2) der lateinische Text, Dillmann 77, weicht stark ab, aber die äthiop. Übers. wird durch das lat. Fragment, p. 85, bestätigt. Doch bleibt die Möglichkeit, dass der lat. Text I gegenüber den beiden andern Zeugen das ursprüngliche bewahrt hat. Er kennt vor allem den Sammael noch nicht. In der vom aeth. und lat. II vertretenen Recension werden Sammael und Belial in künstliche Beziehung zu einander gesetzt. p. 84 (III, 13): fuit enim Beliac bilem habens in Esaiam propter quod in se ostenderit Samael.

Geist die Rede, dessen Herrscherbereich die Luft (das Firmament) ist, und der am Ende der Dinge besiegt werden wird.

Wie ist die Gestalt des Belial zu erklären? Jedenfalls ist es eine — nach Namen und Tradition — auf jüdischem Boden entstandene Gestalt, und wir haben wohl in ihr eine Vorstufe der Tradition vom Antichrist zu erkennen. Aus dem Drachenungeheuer, das sich gegen Gott empört, ist hier ein böser Engel, der Beherrscher des Luftreichs, der Fürst dieser Welt geworden. Der erste Schritt in der Abstreifung der babylonischen Mythologie ist vollzogen. —

Schon Paulus kennt die Gestalt des Belial, und er kennt sie als den Gegner des Messias am Ende der Tage. Was für eine Gemeinschaft haben Christus und Belial?! Bei ihm aber ist Belial nun schon kein Engel oder Dämon mehr, sondern der $\mathring{α}νθρωπος\ τῆς\ \mathring{α}νομίας$.

Diese Erkenntnis ist ungemein wichtig. Selbst wenn die Idee von dem im Tempel sich niederlassenden Antichrist erst eine specifisch christliche, vom Gegensatz gegen das Judentum eingegebene wäre, so wurzelte sie doch im Judentum, d. h. in der entschieden jüdischen Erwartung der Empörung des Luftengels Belial und mit dieser wieder im babylonischen Drachenmythus.

Anhang II.

In diesem Zusammenhang mag noch erwähnt werden, dass sich sehr weit verbreitet eine Schilderung des Antichrist als eines menschlichen Ungeheuers findet. Diese Variante der Antichristsage, die in ihrem eigentlichen Zusammenhang, wie wir unten sehen werden, keinen Platz hat, findet sich in der Apokal. des Esdras. Hier heisst es (bei Tischendorf apocal. apocryphae 29): τὸ εἶδος τοῦ προσώπου αὐτοῦ ὡσεὶ ἀγροῦ. ὁ ὀφθαλμὸς αὐτοῦ ὁ δεξιὸς ὡς ἀστὴρ τὸ πρωῒ ἀνατέλλων καὶ ὁ ἕτερος ἀσάλευτος, τὸ στόμα αὐτοῦ πῆχυς μία, οἱ ὀδόντες αὐτοῦ σπιθαμιαῖοι, οἱ δάκτυλοι αὐτοῦ ὡς δρέπανα, τὸ ἴχνος τῶν ποδῶν αὐτοῦ σπιθαμῶν δύο καὶ εἰς τὸ μέτωπον αὐτοῦ ἡ γραφὴ ἀντίχριστος. Ähnlich findet sich die Schilderung in einigen Handschriften der Ps.-Joh.-A. Kap. 7. Ferner findet sich Dan.-A. armen. (239 11) eine andersartige Schilderung im ähnlichen Stil, ebenso im Βιβλ. κλήμ. 83 19 (vgl. auch das lateinisch überlieferte Stück desselben). Dann taucht in den spätjüdischen Apokalypsen dieselbe Phantasie bei der Schilderung des Armillus auf. So in der Eliasapokal. (hier noch nicht mit Beziehung auf Armillus) — und zwar bemerkenswerter Weise unter Berufung auf eine Vision Daniels. In dem Midrasch vajoscha heisst es[1]): »er wird ein Kahlkopf sein und ein kleines und ein grosses Auge haben, sein rechter Arm wird eine Handbreit lang sein, der linke aber zwei und eine halbe Elle; auf seiner Stirn wird Aussatz sein, sein rechtes Ohr ist verstopft, das andre aber offen«. Ähnliches ist zu lesen in den Geheimnissen des Simon ben Jochai, in dem Sepher Serubabel, in den Zeichen des Messias, in der persischen Geschichte Daniels[2]).

Es ist nun sehr bemerkenswert, dass eine gerade mit dieser specifisch jüdischen Überlieferung sich deckende Schilderung sich noch in der Apok. des Zeph. p. 125 findet. Es spricht dies für den ursprünglich jüdischen Charakter dieses Werks.

Damit vergleiche man die in dem Fragment des Papias[3]) sich findende wilde Schilderung des Aussehens des Judas Ischarioth. Wir kennen nunmehr ihre Quelle[4]).

V.
Die ersten Siege des Antichrist.

Auf Grund einer Kombination von Dan 11₄₃ mit 7₈ entsteht die Anschauung, dass der Antichrist im Anfang seines Regiments von den zehn letzten Königen des römischen Reiches drei, die Könige von Ägypten, Libyen und Äthiopien besiegen werde. Diese rabbinische Ausdeutung scheint in der Antichristsage verwandt zu sein. Die Tradition ist bereits Irenaeus V, 26₁ und Hippolyt 51. 27₇ bekannt[5]). Sie deuten danach auch die Apokalypse und suchen ganz gegen den Sinn derselben die sieben Häupter und zehn Hörner des Tieres so zu vereinen, dass sie

---

1) Wünsche 119.
2) vgl. noch Quaestiones ad Antiochum 109 (Migne 28) καὶ σημεῖόν τι ἐν τῇ χειρὶ τῇ μιᾷ καὶ ἐν τῷ ὀφθαλμῷ τῷ ἑνὶ κέκτηται.
3) Patres apost. I. 94.
4) s. den Vergleich des Antichrist mit Judas bei Ps.-Meth. p. 99.
5) vgl. auch Hieronymus zu Dan 11₄₃ und nach ihm sehr viele Exegeten der Apokal. und des Daniel.

annehmen, dass beide Symbole die römischen Könige der letzten Zeit bedeuten, von denen der Antichrist drei töten und die übrigen sieben sich unterwerfen werde.

Bei Ephraem gr. finden wir diese Phantasie in die Sage vom Antichrist verwoben III, 138 D:

ἀνορθοῦται δὲ εὐθὺς   ἐκείνου βασιλεία,
καὶ πατάξει ἐν θυμῷ   τρεῖς βασιλεῖς μεγάλους[1]).

Dieser Zug gehört so sehr zum festen Bestand der Sage, dass Commodian seinem Nero, dem Vorläufer des Antichrist, nach den geschichtlichen Vorgängen seiner Zeit noch zwei Cäsaren zugesellt, damit der Antichrist dann über drei Könige den Sieg davontrage (911 f.):

 et ibunt illi tres Caesares resistere contra;
 quos ille mactatos volucribus donat in escam.

Es ist also so verkehrt wie nur möglich, den Commodian an diesem Punkt zeitgeschichtlich deuten zu wollen. Es liegt eine einfache eschatologische Phantasie vor.

Eine weitere Parallele bietet Sib. V, 222:

πρῶτα μὲν ἐκ τρισσῶν κεφαλῶν σὺν πληγάδι ῥίζας
σχισσάμενος μεγάλως δώσει ἑτεροῖσι πάσασθαι,
ὥστε φαγεῖν σάρκας γονέων βασιλῆας ἀνάγνους.

Die Beharrlichkeit, mit der diese eschatologische Phantasie sich fortgepflanzt hat, trotzdem die Apokalypse nichts von ihr weiss, zeigt uns wieder, dass eben nicht diese Schrift, sondern unsre eschatologische Überlieferung die Folgezeit beherrscht hat.

Zu der aus Dan 11,41 stammenden Phantasie eines Bündnisses des Antichrist mit Moab und Ammon vgl. Hipp. 51. 27,1, Ephr. gr. III, 138 C, Ps.-Ephr. Kap. 7.

Es ist übrigens möglich, dass diese auf Grund einer Ausdeutung des Daniel entstandenen Züge erst später in die Tradition hineingekommen sind. Im ganzen verhält sich, wie wir bereits gesehen haben, die Apokalypse vom Antichrist selbständig gegen das Daniel-Buch. Das schliesst natürlich nicht aus, dass sie nicht von vornherein im einzelnen unter der Beeinflussung desselben gestanden hätte. Bei den mannigfaltigen Berührungen, die wir im einzelnen mit dem Danielbuche finden, gewinnen übrigens die oben (S. 44) gemachten Beobachtungen in

---

1) nach ihm Ps.-Hipp, 25. 107,23.

Bezug auf die frühe Existenz einer apokryphen Danielapokalypse (des kleinen Daniels, der Geschichte Daniels, des letzten Gesichts Daniels) von neuem an Bedeutung.

VI.
Das Sitzen im Tempel.

Nach jenem Siege über die drei Könige wird sich der Antichrist im Tempel von Jerusalem niederlassen.

Dieser schon II. Thess. 2 4 vorkommende charakteristische Zug ist ausserordentlich weit verbreitet. Dass der Antichrist sich im Tempel Gottes niederlässt und göttliche Verehrung verlangt, wird schon sehr oft von Irenaeus erwähnt V, 30 4: cum autem vastaverit antichristus hic omnia in hoc mundo .... sedebit in templo Hierosolymis. V, 25 1: et idola quidem seponens ad suadendum quod ipse sit Deus, se autem extollens unum idolum (V, 25 2.3. V, 28 2). Ferner Hippolyt 52, 27 12 (53, 27 19): ἄρξει ὑψοῦσϑαι τῇ καρδίᾳ καὶ ἐπαίρεσϑαι κατὰ τοῦ ϑεοῦ πάσης τῆς οἰκουμένης κρατῶν. Sib. XII (X) 86 ἰσάζων ϑεῷ αὐτὸν, ἐλέγξει δ' οὔ μιν ἐόντα. Ps.-Ephr. 7: qui ingressus in eo (templo) sedebit ut Deus et jubet se adorari ab omnibus gentibus. J.-A. 6 cod. E: καὶ παραδεικνύει αὐτὸν ὡς ϑεὸν καὶ στήσει τὸν τόπον αὐτοῦ εἰς τὸν τόπον τοῦ κρανίου.

Sonderbarer Weise findet sich die Notiz nicht bei Ephraem Graec. und Ps.-Hipp., auch bei Philippus Solitarius nur ganz kurz.

Dagegen wird das Sitzen im Tempel noch erwähnt bei Hilarius in Matth. 15, Ephraem Syrus 8, Ps.-Meth. 99, Joh. Damascenus, Hieronymus zu Dan 7 25. 11 30 u. ö., Adso, Sib.-Beda.

Eine besondere Variante, die ebenfalls ziemlich weit zurückreicht, liegt vor:

Ascensio Jesaiae IV, 6 et dicet ego sum Deus O. M. et ante me non fuit quisquam. IV, 11: et statuet simulacrum suum ante faciem suam in omnibus urbibus.

Victorin zu Apok. 13 15: faciet etiam, ut imago aurea antichristo in templo Hierosolymis ponatur, et intret angelus refuga et inde voces et sortes reddat.

P.-A. aeth.: Und sein Bild wird in den Kirchen und vor allem in Jerusalen, der heiligen Stadt des grossen Königs, stehen.

Sollte diese Variante in der Überlieferung vielleicht aus der Zeit Caligulas stammen, aus der man ja auch II. Thess. 2 und Apok. 13 hat erklären wollen?

Soll der Antichrist sich im Tempel zu Jerusalem niederlassen, so muss dieser vorhanden sein, — also nach der Zerstörung Jerusalems wieder aufgebaut werden. Auch dieser natürlich dem ursprünglichen Bestand nicht angehörige Zug der Tradition findet sich sehr frühe:

Hipp. c. 6. 5 11: ἀνέστησεν ὁ σωτὴρ καὶ ἔδειξεν τὴν ἁγίαν σάρκα ὡς ναὸν καὶ αὐτός ἀναστήσει ἐν Ἱεροσολύμοις τὸν λίθινον ναόν (ebenso Ps.-Hipp. Kap. 20. 104 3 [1]).

Martin v. Tours: ab illo urbem et templum esse reparandum.

Ephr. syr. 8: aedificabit atque constituet Sion et Deum se faciet.

Ephr. gr. III, 138 C.

ὅθεν καὶ ὡς προτιμῶν   τὸν τόπον καὶ τὸν ναὸν
δείκνυσιν πᾶσιν αὐτοῖς   πρόνοιαν ποιούμενος [2]).

Ps.-E. Kap. 7: jubet sibi reaedificari templum Dei, quod est in Hierusalem.

Cyrill. 15 15: ἵνα αὐτοὺς (sc. Ἰουδαίους) μειζόνως ἀπατήσῃ περισπούδαστον ποιεῖται τὸν ναὸν ὑποψίαν διδούς, ὅτι αὐτός ἐστιν ὁ ἐκ γένους Δαβίδ.

J.-A. 7, cod. E.: ὅθεν καὶ ὡς πρότιμον (!) δείκνυσιν αὐτὸν τοῦ τόπου καὶ τοῦ ναοῦ πρόνοιαν ποιούμενος [3]).

D.-A. gr. 101: καὶ μεγαλυνεῖ τοὺς Ἰουδαίους καὶ τὸν κατεσκαμμένον ναὸν κατοικήσει.

Andreas 95 42: ἐν τῷ ναῷ καθεδεῖσθαι ... ὑπ᾽ αὐτοῦ ἀνορθοῦσθαι προσδοκωμένῳ τοῖς θεομάχοις Ἰουδαίοις [4]).

Adso 1293 C: templum etiam destructum, quod Salomon Deo paravit, aedificabit et in statum suum restaurabit.

Haymo II. Thess. 2 4: et reaedificabunt templum, quod est destitutum a Romanis, sedebitque ibi.

Elucidarium: antichristus antiquam Jerusalem reaedificabit, in qua se ut Deum coli jubebit.

Eine höchst bemerkenswerte Variante zeigt endlich Lactanz

---

1) vgl. Origenes in Matth. L. IV, 275 ed. Lomm.
2) vgl. Ps.-Hipp. 25. 107 25.
3) beachte die Parallele mit Ephr. gr.
4) vgl. noch Isidor Etymologia 8 11.

VII, 16. 639 7 (oder vielmehr dessen jüdische Quelle): tunc eruere templum Dei conabitur et justum populum persequetur. Commodian, bei dem man ähnliches erwarten könnte, bringt diesen Zug der Sage gar nicht.

Gerade diese letzte Stelle giebt zu einigen Reflexionen Anlass. Ist nicht die Idee von einer Gott widerstreitenden feindlichen Macht, die aus dem Judentum kommt, in Jerusalem den Sitz der Herrschaft hat, die sich im Tempel von Jerusalem niederlässt, specifisch christlichen und nicht jüdischen vorneutestamentlichen Ursprungs, so dass Lactanz hier etwa den alten Typus der Sage erhalten hätte? Ja wenn noch von einem falschen Messias die Rede wäre, wie Paulus die Gestalt des $\overset{\text{\'{}}}{\alpha}\nu\vartheta\varrho\omega\pi o\varsigma$ $\tau\tilde{\eta}\varsigma$ $\mathring{\alpha}\nu o\mu\acute{\iota}\alpha\varsigma$ ja teilweise aufgefasst hat! Aber zu der Idee eines jüdischen Pseudomessias passt doch dieser Zug wildester Empörung gegen Gott, das Sitzen im Tempel zu Jerusalem, nicht.

Sind wir überhaupt imstande, diesen merkwürdigen Zug der Antichristsage aufzuhellen? Es hängt nicht wenig an diesem einen Punkt. Jedenfalls müssen wir, wenn wir auf den richtigen Weg kommen wollen, zunächst auf alle zeitgeschichtliche Deutung rundweg verzichten. Wir folgen dabei dem oben aufgestellten Grundsatz: In der Erregung grosser geschichtlich-bedeutender Momente erfindet der Apokalyptiker — im grossen und ganzen — keine neuen Bilder, er wendet alte an. Aus den Wirren der Caligulazeit kann man Apok. 13, II. Thess 2, Mtth. 24 nicht erklären. Wie sollte man denn auch auf Grund des bekannten Vorgehens des Caligula auf die Idee gekommen sein, der Antichrist werde sich selbst im Tempel von Jerusalem niederlassen! Ja wenn uns noch dieser Zug nur in der Variante, die wir oben in der Ascensio Jesaiae, Victorin und P.-A. aeth. fanden, erhalten worden wäre: Wie die Sachen liegen, müssen wir umgekehrt urteilen: auf Grund einer älteren Vorstellung, wie sie II. Thess. 2 vorliegt, ist vielleicht in der erregten Caligulazeit jene Variante der Sage entstanden. Damals lebte man allerdings in dem Glauben, dass mit Caligulas Drohungen, seine Statue im Tempel von Jerusalem aufzustellen, sich jene alte Weissagung: »der Beliar wird thronen im Tempel zu Jerusalem«, erfüllen werde.

Aber wo sollten wir dann suchen? Jedenfalls müssen wir

uns die Frage stellen: ob diese Idee nicht doch irgendwie als ein Glaube des Spätjudentums sich denkbar machen lässt. Denn mit zu grosser Sicherheit zeigt sich dieselbe schon an den verschiedensten Stellen im neuen Testament, und solche eschatologischen Ideen wachsen sehr langsam. — Unwillkürlich wendet sich unser Blick suchend zum Drachenmythos, sollten wir hier nicht Aufklärung finden? Wir haben bereits gesehen, dass der ἄνθρωπος τῆς ἀνομίας nichts weiter als eine Vermenschlichung des alten Gottesfeindes, des dämonischen Drachen ist. — Nun, der Drache erstürmt den Himmel, die himmlische Behausung Gottes. Ein deutlicher Nachhall dieser alten Vorstellung findet sich noch Apok. 13₆: und er öffnete seinen Mund zu Lästerungen gegen Gott und er lästerte seinen Namen und seine Wohnung und die im Himmel wohnenden (das Engelheer). Der Drache stürmt (lästert) die Wohnung Gottes im Himmel, der Antichrist verdrängt Gott aus seinem Heiligtum auf Erden, lässt sich im Tempel von Jerusalem nieder. — Vielleicht dürfte das die Lösung der seltsam rätselhaften Phantasie sein. Dann wenigstens begreifen wir, wie eine solche Idee im Judentum entstehen und sich verbreiten konnte. Sie mag nicht weit verbreitet gewesen sein, das junge Christentum hat dieselbe mit besonderer Vorliebe — wie das ja nur natürlich ist — weiter gebildet. So hat denn Paulus vor allem diese Idee übernommen. So nahm man eine kleine jüdische Apokalypse, die von den Zeiten des Antichrist, der gräulichen Verwüstung im Tempel, handelte, sogar unter die Herrenworte auf. Denn dass Matth. 24₁₅—₃₁ eine solche Apokalypse vom Antichrist war, wird immer deutlicher werden. Ebenso lässt der Verfasser von Kap. 11 der Johannesapokalypse das Tier, das aus dem Abyssos kommt, ganz selbstverständlich in Jerusalem auftreten. Im späteren Judentum ist dann freilich dieser Zug ganz verschwunden (vgl. Lactanz). Dieses hat seit dem ersten Jahrhundert den Antichrist in Beziehung zum römischen Herrscher und zum römischen Reich gesetzt. Aber die Sage vom Antichrist ist älter als der specifische Hass des Juden gegen den Römer, der ihm Jerusalem zerstört hatte.

Und es bleibt diese Vorstellung mit ihrem dem Drachenmythos entlehnten dualistischen Zug ein exotisches Gewächs auf dem Boden des Judentums. Die Idee einer gottfeindlichen, Gott aus seinem Tempel verdrängenden dämonischen Macht

wird sehr bald zu der Erwartung eines einfachen Pseudomessias
herabgestimmt.

VII.
Der Antichrist der Pseudomessias der Juden.

Für Paulus ist der Antichrist der Pseudomessias, der in
Kraft des Satan durch Zeichen und Wunder wirkt, der falsche
Messias, welchen Gott vor allem den Juden schickt, weil sie dem
wahren den Glauben verweigern. Auch ist schon auf eine interessante Parallele Joh. 5,43 hingewiesen: »Ich bin im Namen meines
Vaters gekommen und ihr nehmt mich nicht auf. Wenn ein
anderer kommt in seinem eignen Namen, den werdet ihr aufnehmen«. — Der Andre, der kommen wird in seinem eignen
Namen, ist der Antichrist. So legen fast alle Kirchenväter die
Stelle aus und von diesen hat man eben auf diesem Gebiet zu
lernen. (vgl. Malvenda de antichr. I, 599. die Kommentare zu
Joh. 5,43 von Chrysostomus, Cyrill Alexandrinus, Euthymius,
Beda, ferner schon Irenaeus V, 25,3, Cyrill cateches. XII 2, Aretas
zu Apokalypse 11,7, Ambrosius in Psalmum 43,19, Prosper dimidium Temp. 9, Rufinus expositio Symboli 34, Hieronymus ad Algasiam, in Abdiam v. 18, Adso 1296 A, Hugo Eterianus Kap. 23.)
Beide eben besprochenen Stellen stellen eine Reihe von Kirchenvätern zur Charakterisierung des Antichrist zusammen, vgl. die
Kommentare zu II. Thess. 2 des Ambrosiaster, Theodoret, Theophylact, Oecumenius, ferner Hieronymus ad Algasiam 11, Theodoret haeret. fabul. V, 23, Joh. Damascenus a. a. O., Altercatio
Synagogae et ecclesiae Kap. 14.

So wird denn überall in unsern Quellen der Antichrist als
ein unter den Juden auftretender Pseudomessias geschildert.
Schon Hippolyt Kap. 6 zieht die Parallele συνήγαγε τὰ διασκορπισμένα πρόβατα ὁ σωτήρ, καὶ αὐτὸς ὁμοίως ἐπισυνάξει τὸν
διεσκορπισμένον λαόν. Ferner Hipp. 53. 27,30 αὐτὸς γὰρ προσκαλέσεται πάντα τὸν λαὸν πρὸς ἑαυτὸν ἐκ πάσης χώρας τῆς
διασπορᾶς ἰδιοποιούμενος ὡς τέκνα ἴδια ἐπαγγελόμενος ἀποκαταστήσειν τὴν χώραν καὶ ἀναστήσειν αὐτῶν τὴν βασιλείαν.

Ja schon bei Irenaeus finden sich charakteristische Ausführführungen. Er legt das Gleichnis vom ungerechten Richter und
der Witwe Luk. 18,1ff. mit Bezug auf den Antichrist aus V, 25,3:

ad quem fugit vidua oblita Dei i. e. terrena Hierusalem ad ulciscendum de inimico [1]). Dazu ist V, 30 3 zu vergleichen et ostentationem quandam continet ultionis et vindictam inferentis, quod ille simulat se male tractatos vindicare. Auch Victorin sagt in seinem Kommentar (zu Kap. 13), obwohl er den Antichrist auf Nero deutet: hunc ergo suscitatum Deus mittet regem dignum dignis et Christum, qualem meruerunt Judaei.

Bei Commodian heisst es 927 ff.:

> inde tamen pergit victor in terra Judaea,
> ... multa signa facit ut illi credere possint,
> ad seducendos eos quoniam est missus iniquus.
> ... nobis Nero factus antichristus, ille Judaeis.

Auch der ganze Kreis der Litteratur, die sich um Ephraems Namen sammelt, ist von diesem Gedanken beherrscht.

Ephraem syr. 8: gloriabuntur autem in eo Judaei et accingent se, ut veniant ad eum. ille vero blasphemabit dicens: ego sum pater et filius etc.

Ephraem gr. III, 238 A:

τιμῶν μετ᾽ ὑπερβολῆς   τὸ γένος τῶν Ἰουδαίων.
αὐτοὶ γὰρ προσδοκῶσι   τὴν ἐκείνου ἔλευσιν.
238 C: πλείονα δὲ ὁ δῆμος   ὁ φονευτὴς (τῶν) Ἰουδαίων
τιμῶσι καὶ χαίρονται   τῇ αὐτοῦ βασιλείᾳ.

Nach dieser Stelle bringt Ps.-Hipp. 24. 107 12 eine etwas ausführlichere Darstellung.

Cyrill XV, 10: καὶ διὰ μὲν τῆς τοῦ Χριστοῦ προσηγορίας Ἰουδαίους τοὺς τὸν Ἠλειμμένον προσδοκῶντας ἀπατῶντα.

Ps.-Ephraem 7: tunc gratulabuntur (ei) Judaei ei, quod eis reddiderit usum prioris testamenti.

J.-A. 6 cod. E: καὶ συναχθήσονται ἄγνωστοι καὶ ἀγραμμάτιστοι λέγοντες πρὸς ἀλλήλους· μὴ ἄρα εὑρίσκομεν αὐτὸν δίκαιον; ἔστιν ἐπιστηρίζων (?) ὁ δῆμος τῶν φονευτῶν Ἰουδαίων [2]).

D.-A. gr.: καὶ πράξει θαυμαστὰ καὶ παράδοξα πράγματα καὶ μεγαλυνεῖ τοὺς Ἰουδαίους.

Hieronymus kann daher, was die Verbreitung der Tradition

---

1) dieselbe Auslegung auch Hipp. 56. 28 27.
2) ebenda Cod. B: ποιῶν ψευδοφαντασίαν καὶ ἀγαπήσει πλεῖστα τῶν Ἑβραίων γένος.

anbetrifft, mit Recht sagen [1]) zu Dan 11,23: nostri autem et melius interpretantur et rectius, quod in fine mundi haec sit facturus antichristus, qui consurgere habet de »modica gente« i. e. de populo Judaeorum.

Zu vergleichen sind ferner noch:

P.-A. aeth.: in jenen Tagen wird ein König kommen, bösgesinnt und übelthäterisch, jenes Tages wird Zabulon sich erheben und Naphthali den Hals hochrecken und Kapernaum sich rühmen ..... weil sie jenen Mann für Christus halten werden.

Adso 1296 A: tunc ad eum concurrent (omnes Judaei) et existimantes se recipere Christum recipient diabolum [2]).

Der Antichrist wird daher sich auch beschneiden lassen. So schon

Hipp. Kap. 5: ἐν περιτομῇ ὁ σωτὴρ ἦλθεν εἰς τὸν κόσμον, καὶ αὐτὸς ὁμοίως ἐλεύσεται.

Victorin (in Apok. 13) sagt daher von dem wiederkehrenden Nero: et quoniam aliud nomen allaturus est, aliam etiam vitam instituturus, ut sic eum tamquam Christum excipiant Judaei, ait (enim) Daniel: »desideria mulierum non cognoscet, cum prius fuerit impurissimus et nullum Deum patrum cognoscet«, non enim seducere populum poterit circumcisionis nisi legis vindicator.

Dieselbe seltsame falsche Übersetzung der Danielstelle, deren Verbreitung und Ursprung man einmal nachgehen könnte, zeigt Ps.-Ephr. 7: tum complebitur illud eloquium Danielis prophetae: et deum patrum suorum nescibit neque desideria mulierum cognoscet.

Dieselbe Relation wie Victorin muss übrigens auch Lactanz vor Augen gehabt haben, bei ihm ist jedoch der alte Zusammenhang nicht mehr erkennbar (s. o. S. 85).

Lact. VII, 16. 635,15: nova consilia in pectore suo volutabit

---

1) vgl. noch Victorin 1247 D »synagogae sunt satanae quoniam ab antichristo colliguntur«.

2) vgl. Haymo II. Thess. 2: tunc confluent ad eum omnes Judaei. Elucidarium: hunc Judei ex toto orbe venientes summo voto suscipient. Selbst in der arabischen Überlieferung ist der Antichrist ein König der Juden (s. o. S. 74),

ut ..... denique immutato nomine [1]) atque imperii sede translata confusio ac perturbatio humani generis persequetur.

Ferner sind folgende Stellen zu vergleichen:

Ambrosiaster II. Thess. 2: ex circumcisione aut circumcisum illum venire sperandum est, ut sit Judaeis credendi illi fiducia.

Adso 1293 C et circumcidet se et filium Dei omnipotentis se esse mentietur; an andrer Stelle 1296 A: Hierusalem veniens circumcidet se dicens Judaeis: ego sum Christus vobis repromissus, qui ad salutem vestram veni, ut vos qui dispersi estis congregem et defendam.

Haymo in II. Thessal. 2: et cum venerit Hierosolymam, circumcidet se dicens Judaeis: ego sum Christus vobis promissus.

Oder es wird berichtet, dass der Antichrist zur Beschneidung zwingen wird:

Victorin: denique et sanctos non ad idola colenda revocaturus est, sed ad circumcisionem colendam, et si quos potuerit seducere, ita demum faciet, ut Christus ab eis appelletur.

Ps.-Ephraem .7: proponet namque edictum, ut circumcidantur homines secundum ritum legis antiquae.

Martin v. Tours: omnes secundum legem circumcidi jubet.

Beatus 444: antichristus enim cum venerit legem priscam et circumcisionem annuntiabit. 445 unten: ipse enim antichristus, cum impurissimus sit, castitatem et sobrietatem praedicaturus est; quia neque potator vini erit neque ullum genus mulierum ad eum accessum — habebit.

Wieder ist hier eine bemerkenswerte Parallele zur Simon-Magus-Sage zu notieren. Martyrium Petri et Pauli 43: Νερῶν εἶπεν· οὐκοῦν καὶ Σιμὼν περιετμήθη; Πέτρος εἶπεν· οὐδὲ γὰρ ἄλλως ἠδύνατο ἀπατῆσαι ψυχάς, εἰ μὴ 'Ιουδαῖον εἶναι ἑαυτὸν ὑπεκρίνετο καὶ τὸν τοῦ θεοῦ νόμον διδάξαι ἐπεδείκνυτο.

Weiter ist diese Idee von dem Auftreten des Antichrist als des falschen Messias ausgeführt in dem Kreis der von Ephraem abhängigen Schriften [2]).

Ephraem gr. II, 137:

ἐν σχήματι δὲ τούτου   ἥξει ὁ παμμιαρὸς

---

1) vgl. Victorin nomine mutato et actu immutato.
2) vgl. hierzu II. Kor. 11 14 αὐτὸς γὰρ ὁ σατανᾶς μετασχηματίζεται εἰς ἄγγελον φωτός.

ὡς κλέπτης ψευδευλαβής, ἀπατῆσαι σύμπαντα,
ταπεινὸς καὶ ἥσυχος, μισῶν φησιν ἀδίκων,
ἀποστρέφων εἴδωλα, προτιμῶν εὐσέβειαν,
ἀγαθὸς φιλόπτωχος, εὐειδὴς ὑπερβολῇ,
πάνυ εὐκατάστατος, ἱλαρὸς πρὸς ἅπαντας.

Eine genaue Parallele haben wir Ps.-Hipp. 23. 106 18. Ferner:

Pseudo-Ephraem Kap. 6: sed nefandus ille corruptor potius animarum quam corporum, dumque adulescens subdolus draco sub specie justitiae videtur versari, antequam sumat imperium.

J.-A. 6 cod. E: καὶ ἄρχεται τὸ κρῖναι μετὰ πραότητος καὶ ἐλεημοσύνης πολλῆς καὶ συγχωρήσεως ἁμαρτωλῶν καὶ ὥς φησι συγχωρεῖ ἁμαρτήματα.

Cyrill 15 10: τὰ πρῶτα μὲν ἐπιεικείαν ὡσανεὶ λόγιος τὶς καὶ συνετὸς σωφροσύνην τε καὶ φιλανθρωπίαν ὑποκρίνεται (cf. 15 15). [1])

Joh. Damascenus: καὶ ἐν προοιμίοις τῆς βασιλείας αὐτοῦ ὑποκρίνεται ἀγαθοσύνην

P. A. aeth.: all sein Thun ist Menschengefälligkeit.

Anhang. Die Geburt des Antichrist aus Dan.

Damit hängt zusammen, dass man den Antichrist aus dem Stamm Dan erwartete. Es ist dies ein Beweis, dass die vorliegende apokalyptische Tradition unter dem Einfluss der jüdischen Haggada entstanden ist. Denn dieser Glaube ist entstanden auf Grund rabbinischer Auslegung alttestamentlicher Stellen: Dt. 33 22, Gen. 49 17, Jerem. 8 16, und wird überall bei den Kirchenvätern mit Berufung auf diese Stellen vorgetragen [2]).

Die Anschauung wird schon vertreten von Irenaeus V, 30 2 (nach Jer. 8 16); ferner von Hippolyt Kap. 14 u. 15 (nach ihm Ps.-Hipp. Kap. 18 u. 19), Ambrosius de benedict. Patriarcharum 7, in Psalm 40, Eucherius in Genesim III,p. 188; Augustin in Josuam quaestio XXII, Jacob v. Edessa (bei Ephraem I, 192 f.), Ps.-Ephraem Kap. 6, Theodoret in Genesim quaest. 110, Prosper Aquit. dimid. Temp. 9, Gregor Moralia XXXI. 24, Ps.-Methodius, Anastasius Sinaita in Hexaemeron Lib. X, 1018B, Adso 1292B, Sib.-Beda, Hugo Eterianus; zu Apok. 11 7 bringen auch die Kommentare des Primasius und Ambros. Ansbertus diese Bemerkung.

---

1) vgl. auch Philippus Solitarius 816 A.
2) vgl. Malvenda I, 140. Caspari 217, Anm. 22.

Diese Vorstellung reicht wahrscheinlich weit zurück. Irenaeus V, 30,2 behauptet wenigstens: et propter hoc non annumeratur tribus haec in Apocalypsi cum his quae salvantur. Dieselbe Bemerkung bringen zu Apok. 7,5 ff. Andreas, Arethas, Beda (von späteren Haymo, Anselmus, Strabo, Rupertus, Richard von S. Victor) und das Elucidarium [1]).

Mir scheint diese Auslegung, zumal da sie jetzt nur als ein Glied in der Kette eines grösseren Zusammenhangs erscheint, die einzige, die einen bestimmten Grad von Wahrscheinlichkeit hat, dann hätte also schon der Verfasser von Apokalypse VII diesen Zug der Antichristsage gekannt.

Damit hängt zusammen, dass man in späteren Quellen bestimmter annahm, dass der Antichrist von Babylon kommen werde, denn dort im Osten dachte man sich den Stamm Dan wohnend. Hier scheint der Einfluss des Hieronymus nachgewirkt haben, der zu Dan 11,37 [2]) bemerkt: nostri autem secundum superiorem sensum interpretantur omnia de antichristo, qui nasciturus est de populo Judaeorum et de Babylone venturus. — Dieselbe Notiz haben zu Kap. 9,14 der Apok. Andreas, Arethas; zu Apok. 17 Beda; zu II. Thess. 2 Haymo, Strabo. Sie findet sich ferner bei Adso und im Elucidarium; zu Apok. 13 bei Rupertus Tuitiensis; zu Dan. 11,37 bei Anselmus Laudunensis.

Am deutlichsten zeigt den oben angedeuteten Zusammenhang die Ausführung des Andreas zu Apok. 16,12; 72,15: εἰκὸς δὲ καὶ τὸν Ἀντίχριστον ἐκ τῶν ἀνατολικῶν μερῶν τῆς Περσικῆς γῆς, ἔνϑα ἡ φυλὴ τοῦ Δὰν, ἐκ ῥίζης Ἑβραίων ἐξερχόμενον.

Diese Anschauung, dass der Antichrist von Osten kommen werde, lässt sich nun — freilich noch nicht in Verbindung mit der Anschauung, dass er aus dem Stamm Dan komme — noch weiter zurückverfolgen.

Lactanz VII, 17: alter rex orietur ex Syria.

Wichtiger noch ist die Stelle bei Commodian 932: De Persida homo immortalem esse se dicit.

Dagegen findet sich bei Ps.-Methodius eine andre Tradition: οὗτος γεννᾶται ἐν Χωραζῆ, διότι διέτριψεν ἐν αὐτοῖς ὁ κύριος, καὶ Βηϑσαϊδὰ (?), διότι ἐν αὐτῇ ἀνετράφη. Ebenso heisst es in

---

1) Malvenda I, 155.
2) Malvenda I, 163.

den Quaestiones ad Antiochum (Migne 28) 109: ἐκ τῆς Γαλιλαίας, ὅθεν ὁ Χριστὸς ἐξῆλθεν, ἐξέρχεται. Von dieser Tradition zeigen sich Adso 1293 B und das Elucidarium abhängig, insofern hier behauptet wird, dass der Antichrist in diesen Gegenden aufwachse. Der Ursprung dieser Phantasie ist klar.

Bezeichnend ist übrigens, dass die Anschauung von der Geburt des Antichrist aus dem Stamm Dan bei Ephraem und dem von ihm direkt abhängigen Quellen sich nicht findet. Es scheint mir das wieder ein Beweis zu sein, wie altertümlich die Vorstellungen vom Antichrist sind, die sich gerade hier finden.

Doch können wir andrerseits die Meinung vom Ursprung des Antichrist aus dem Stamm Dan auch in einer wahrscheinlich jüdischen Quelle nachweisen, nämlich im Testamentum XII. Patriarcharum Dan Kap. 6. Leider ist hier der Text so verderbt, dass sich bestimmte Behauptungen nicht aufstellen lassen. Jedenfalls wird gerade in der Weissagung, welche den Söhnen Dans zu Teil wird, Beliar als Antichrist geschildert Kap. 5: καὶ ἀνατελεῖ ὑμῖν ἐκ τῆς φυλῆς Ἰούδα καὶ τοῦ Λευὶ τὸ σωτήριον κυρίου. καὶ αὐτὸς ποιήσει πρὸς τὸν Βελίαρ πόλεμον. Dieser Beliar scheint aber nun in bestimmter Beziehung zu den Söhnen Dans zu stehen. Es heisst dort: ἀνέγνων γὰρ ἐν βίβλῳ Ἑνὼχ τοῦ δικαίου, ὅτι ὁ ἄρχων ὑμῶν ἐστιν ὁ Σατανᾶς, καὶ ὅτι πάντα τὰ πνεύματα τῆς πορνείας καὶ ὑπερηφανίας τῷ Λευὶ ὑπακούσονται, τοῦ παρεδρεύειν τοῖς υἱοῖς Λευί, τοῦ ποιεῖν αὐτοὺς ἐξαμαρτάνειν ἐνώπιον κυρίου. So wie der Satz dasteht, ist er allerdings sinnlos. Was soll das heissen, sie werden dem Levi gehorchen, um den Söhnen Levis nachzustellen? Weiter hilft uns cod. R., in dem das τῷ Λευί fehlt; streichen wir die Worte, so steht ὑπακούσονται ohne Beziehung. Es ist aber zu vermuten, dass der Fehler in dem Wort ὑπακούσονται liegt, eine Handschrift der lateinischen Version übersetzt sese applicabit (sc. omnis spiritus). Vielleicht wäre ὑποδύσονται zu lesen: Alle bösen Geister werden sich bemühen, den Söhnen Levis nachzustellen. Dann haben wir den vermuteten Gedanken: die Söhne Dans im Bunde mit Beliar und seinen Engeln gegen Levi. Im folgenden ist dann freilich der Gedanke wieder verwischt, indem hier vor allem auch die Sündhaftigknit der Söhne Levis und Judas betont wird. Es wäre dringend zu wünschen, dass möglichst bald der gesammte Textapparat zum Testamentum uns zur Verfügung stünde.

Immerhin bleibt es bedeutsam, dass wir gerade im Testamentum Dan, wo wir eine solche Ausführung vermuteten, in der That die Idee eines Bündnisses des Satans mit den Söhnen Dans angedeutet finden. Von der Geburt aus dem Stamm Dan war hier freilich noch nicht die Rede. Beliar ist im Testamentum ja eben noch nicht als Mensch, sondern als böser Dämon aufgefasst, aber zugleich als der Dämon, der sich am Ende der Tage gegen Gott empören wird.

VIII.
Die Wunder des Antichrist.

Vor allem sind es Wunder und Zeichen am Himmel, welche die Quellen vom Antichrist berichten. Bei diesen wie bei allen andern wird übrigens jedesmal betont, dass es nur lügenhafte und magische Scheinwunder seien, die er vollbringe.

Sibyll. III, 64:

καὶ στήσει ὀρέων ὕψος, στήσει δὲ θάλασσαν,
Ἥλιον πυρόεντα μέγαν λαμπράν τε σελήνην.

Ascensio Jesaiae IV, 5: et eius verbo orietur sol noctu, et luna quoque ut sexta hora appareat, efficiat.

Von hier aus wird wieder klar, dass IV. Esra V. 1 ff. von der Antichristsage abhängig ist. V. 4 heisst es: et relucescet subito sol noctu et luna interdiu. Hierher gehört auch Apok. 13 13, wie später nachgewiesen werden wird. Zu diesem direkt jüdischen Überlieferungskreis ist dann noch Lactanz[1]) hinzuzurechnen VII, 17. 639 4: jubebit ignem descendere a coelo et solem a suis cursibus stare (mit Anklang an die Apokalypse).

Ferner sind zu vergleichen: Apok. Zeph. 124: Er wird zur Sonne sprechen: falle, und sie fällt. Er wird sprechen: leuchte, und sie thuts. Er wird zum Monde sagen: sei blutig, und er wird es. Er wird sie vom Himmel verschwinden lassen.

Ephr. syr. 9: tunc incipiet ostendere signa mendacia in coelo et in terra, in mari et in arida, advocabit pluviam et illa descendet.

Ps.-M. 93 B: μεταστρέψει τὸν ἥλιον εἰς σκότος καὶ τὴν σελήνην εἰς αἷμα [2]).

P.-A. aeth.: und wird die Sonne im Westen aufgehen lassen und den Mond gegen Aelam zu.

---
1) vgl Commodian 927.
2) vgl. Adso 1293 D.

Ps.-Hipp. 26. 108 28: ποιήσει τὴν ἡμέραν σκότος καὶ τὴν νύκτα ἡμέραν, τὸν ἥλιον μεταστρέψει ὅπου βούλεται, καὶ ἁπαξαπλῶς πάντα τὰ στοιχεῖα τῆς γῆς καὶ τῆς θαλάσσης ἐν δυνάμει τῆς φαντασίας αὐτοῦ ἐνώπιον τῶν θεωρούντων ἀναδείξει ὑπήκοα.

Ausserdem werden besonders Heilungswunder hervorgehoben, aber dabei wieder betont, dass alle Wunder des Antichrist nur Scheinwunder sind.

Sib. III, 66 ff.:
καὶ νέκυας στήσει καὶ σήματα πολλὰ ποιήσει
ἀνθρώποις · ἀλλὰ οὐχὶ τελεσφόρα ἔσσετ᾽ ἐν αὐτῷ,
ἀλλὰ πλάνα, καὶ δὴ μέροπας πολλούς τε πλανήσει.

Ps.-Hipp. 23. 106 14: μετὰ δὲ τούτων ἁπάντων σημεῖα ἐπιτελέσει . . . . ἀλλ᾽ οὐκ ἀληθῆ, ἀλλ᾽ ἐν πλάνῃ, ὅπως πλανήσῃ τοὺς ὁμοίους αὐτῷ ἀσεβεῖς. 24: λεπροὺς καθαρίζων, παραλύτους ἐγείρων, δαίμονας ἀπελαύνων . . . . νεκροὺς ἀνιστῶν.

Apok. Zeph. 125: Er wird die Lahmen gehen, die Tauben hören, die Stummen reden, die Blinden sehen machen, die Aussätzigen wird er reinigen, die Kranken heilen, den Besessenen die Geister austreiben.

Ephr. syr.: increpabit leprosos et purificabuntur, caecos et videbunt lumen, vocabit surdos et audient, mutos et loquentur.

Ps.-M. 99: τυφλοὶ ἀναβλέψουσιν, χωλοὶ περιπατήσουσι, δαίμονες ἰαθήσονται . . . καὶ ἐν τοῖς αὐτοῦ ψευδοσημείοις καὶ φαντασιώδεσι τέρασιν . . .

J.-A. Kap. 7: ποιῶν ψευδοφανατασίας.

Andreas 56 27: δι᾽ οὗ (sc. τοῦ διαβόλου) καὶ νεκροὺς ἐγείρειν καὶ σημεῖα ἐπιτελεῖν τοῖς πεπηρωμένοις τὰ τῆς διανοίας ὄμματα φανήσεται.

D.-A. arm. 239 15: aus den Steinen Brod schaffend, die Blinden sehend, die Lahmen gehend machend.

Elucidarium: faciet enim tam stupenda miracula, ut jubeat ignem de coelo descendere . . . et mortuos resurgere.

Das trügerische der Wunderzeichen des Antichrist betonen noch Iren. V, 28 2, Cyrill 15 10, Hieronymus ad Algasiam 11, Chrysostomus II. Thess. 2, Joh. Damascenus, Sib. Beda.

Ausdrücklich aber wird in dieser wohl an Matth. 11 2 sich anlehnenden — also später in die Tradition hineingekommenen —

stereotypen Schilderung vielfach bemerkt, dass dem Antichrist es nicht gelingt, Tote zu erwecken.

Apok. Zephanja 125: Er wird die Dinge thun, die der Christ thun wird, bis auf das Erwecken der Toten allein. Daran werdet ihr erkennen, dass er der Sohn der Gesetzlosigkeit sei, dass er keine Macht über die Seele hat.

Ephr. syr. 9: faciet nempe omnia signa, quae fecit Dominus noster in mundo, defunctos autem non suscitabit, quia non habet potestatem in spiritus [1]).

J.-A. Kap. 7 Cod. E: νεκροὺς οὐκ ἐγείρει (die Konjektur Tischendorfs ist also überflüssig).

Diemer, deutsche Gedichte des 11. u. 12. Jh. 280:
> aver diu zeichen, diu er tut,
> diu ne sint niemen gut;
> er ne kuchet niht den toten.

Quaestiones ad Antioch. ducem 109: λέγουσί τινες, ὅτι οἱ δύναται ὁ ἀντίχριστος νεκρὸν ἄνθρωπον ἀναστῆσαι, ἐπεὶ πάντα τὰ λοιπὰ σημεῖα ποιεῖ [2]).

Etwas anders ist die Tradition bei:

Cyrill 15 14: ὁ γὰρ πατὴρ τοῦ ψεύδους τὰ τοῦ ψεύδους ἔργα φαντασιοσκοπεῖ, ἵνα τὰ πλήθη νομίσῃ θεωρεῖν νεκρὸν ἐγειρόμενον τὸν μὴ ἐγειρόμενον [3]).

Adso 1293 D: mortuos scilicet in conspectu hominum resuscitari . . . . [sed et mendacia erunt et a veritate aliena] (vgl. Haymo in Thess. II, 2).

Elucidarium: suscitabit mortuos non vere, sed diabolus...corpus alicuius intrabit...et in illo loquetur, ut quasi vivum videatur.

Auch in der spätjüdischen Geschichte Daniels wird hervorgehoben, dass es dem Antichrist gelingt, alle von ihm geforderten Zeichen zu erfüllen, während die Totenerweckung ihm nicht gelingt. Bei Ephraem syr. Kap. 11 sagen Elias und

---

1) Diese direkte Berührung zwischen Ephr. syr. und Apok. Zeph. ist bemerkenswert (vgl. auch das vorhergehende). Sie beweist einen litterarischen Zusammenhang. Eine direkte Beziehung zwischen den beiden Quellen wird freilich nicht anzunehmen sein.

2) vgl. auch das folgende: νεκρὸν δείκνυσιν ἐγειρόμενον οὐκ ἐν ἀληθείᾳ ἀλλ᾿ ἐν φαντασίᾳ.

3) auch in der jüngeren Recension des Victorin-Kommentars zur Apok. (nicht in der älteren) findet sich (Migne V, 339 C) dieser Gedanke.

Henoch (über diese s. unten) zum Antichrist: si tu es Deus, voca defunctos et resurgent . scriptum est enim in libris prophetarum et etiam ab apostolis, quod Christus quando apparebit, mortuos a sepulcturis suscitabit.

Eine ganz besondere Tradition vertritt hier wiederum Ephraem graec. III, 138 E:

μεγαλύνων σημεῖα
ψεῦδος καὶ οὐκ ἀλήθειαν
τοιούτῳ δὲ τρόπῳ
τὰ ὄρη, φαντάζει (δε?)
τῶν πληθῶν παρεστώτων
καὶ εὐφημούντων αὐτὸν

πληθύνων τὰ φόβητρα,
ταῦτα ἐνδεικνύμενος.
μεθιστᾷ ὁ τύραννος
ψευδῶς καὶ οὐκ ἀληθείᾳ
λαῶν πολλῶν καὶ δήμων
διὰ τὰς φαντασίας [1]).

Es folgt eine ausführliche Schilderung, wie der Antichrist trügerisch und nur zum Augenschein Berge versetzt. Dann heisst es weiter 139 C:

πάλιν αὐτὸς ὁ δράκων
καὶ συνάγει τὸ πλῆθος [2])
ὁμοίως δ' ἐπιβαίνει
καὶ ὥσπερ ἐπὶ ξηρᾷ
φαντάζει τὰ σύμπαντα.

ὑφαπλώννει τὰς χεῖρας
ἑρπετῶν καὶ πετεινῶν
ἐπάνω τῆς ἀβύσσου
περιπατεῖ ἐπ' αὐτῇ.

Eine genaue Parallele zu der ersten Hälfte dieser Ausführungen findet sich bei Ps.-H. 26. 108 19 ff.

Von diesen Ausführungen ist endlich auch J.-A. Kap. 7 cod. E abhängig: ὄρη καὶ βούνους μετακινήσει καὶ διανεύσει τῆς μεμιαμένης χειρὸς αὐτοῦ · δεῦτε πρός με πάντες καὶ δι' φαντάσματα καὶ πλάνης (!) συνάγονται ἐν τῷ ἰδίῳ τόπῳ.

Dazu kommt noch eine sehr bemerkenswerte Parallele der Apok. Zeph. 125: Er wird auf dem Meer und auf den Flüssen wie auf dem Trockenen gehen.

Sehr bedeutsam ist es nun, dass wir in der Simon-Magus-Sage und ihren Wundererzählungen sehr verwandte Züge finden. In den actus Petri cum Simone 28 ff. wird z. B. ausführlich geschildert, wie Simon-Magus einen Toten nur zum Schein lebendig machen kann, und der Zauber verschwindet, sobald er von der

---

1) Philippus Solit. 816 C: terrores ac prodigia ad deceptionem effingens, ut inconsideratis mentibus montes transferre videatur.

2) dazu vgl. Philippus Solitarius 818 A, wo die Menschen den Belial anflehen, die Drachen von ihnen zu entfernen; auch Apok. Zeph., p. 123.

Leiche zurücktritt, während dann Petrus ihn wirklich auferweckt; und die ganze Darstellung des Streites zwischen Simon und Petrus gipfelt in den verschiedenen Quellen darin, dass Simon die Auferweckung eines Toten nicht gelingt, während Petrus sie vollbringt. In den Recognitionen III, 47 werden die Wunder des Simon Magus aufgezählt: ego per aerem volavi, igni commixtus unum corpus effectus sum, statuas moveri feci, animavi exanima, lapides panes feci, de monte in montem volavi, transmeavi manibus angelorum sustentatus, ad terras descendi (vgl. eine andere Aufzählung II, 9). Ebenso Homilie 2 32: ἀνδριάντας ποιεῖ περιπατεῖν καὶ ἐπὶ πῦρ κυλιόμενος οὐ καίεται, ἐνίοτε δὲ καὶ πέταται, καὶ ἐκ λίθων ἄρτους ποιεῖ, ὄφις γίνεται, εἰς αἶγα μεταμορφοῦται, διπρόσωπος γίνεται. 33: ποιοῦντα θαυμάσια πρὸς κατάπληξιν καὶ ἀπάτην, οὐ σημεῖα ἰατικὰ πρὸς ἐπιστροφὴν καὶ σωτηρίαν.

Auf die Parallele sind denn auch die Kirchenväter des öfteren aufmerksam geworden. Andreas weist in seinem Kommentar Kap. 37. 58 39 ff. darauf hin, wie Simon beinahe in Gegenwart des Petrus einen Toten auferweckt habe und meint, in ähnlicher Weise werde auch der Vorläufer des Antichrist (Apok. 13 11 ff.) seine Wunder und Zeichen verrichten. Ebenso deutet er Apok. 13 3 auf eine wunderbare Totenerweckung, welche der Antichrist vollbringen werde, und macht auch hier wieder (56 13) auf das Vorbild des Simon Magus aufmerksam.

Eterianus de regressu animarum 23: magica enim arte homines eludet et phantasia, ut Simon Magus fecisse credendus est, qui quod non faciebat, facere videbatur.

Apok. 13 3 deutet man später darauf, dass der Antichrist, um sich vollständig Christus gleichzustellen den Tod erleiden, und sich selbst auferwecken würde. Ich finde die Deutung zuerst bei Primasius zur betreffenden Stelle der Apokalypse, ferner bei Gregor epist. XIII, 1; von Primasius entlehnen Beda, Ps.-Ambrosius, Ansbertus, Haymo die Phantasie, auch die heilige Hildegard kennt dieselbe (vgl. Malvenda II, 125 f.).

Hier macht Adso wieder auf die Parallele mit der Simon-Magus-Sage aufmerksam: per magicam artem et phantasiam deludet homines, sicut et Simon Magus illusit illum, qui putans occidere eum arietem occidit pro eo. (diese Sage wird ausführlich Martyrium Petri et Pauli (bei Lipsius u. Bonnet 118 ff.) Kap. 31

erzählt, wie auch an andern Stellen). — Man sieht, wie hier beide Sagenkreise sich in einander verschlingen. Man weiss kaum, auf welcher Seite die Priorität liegt. Wahrscheinlich nach Adso bringt den Vergleich auch Haymo II. Thess. 2.

Ja es findet sich endlich noch eine viel frühere interessante Stelle, welche diejenige Anschauung uns zeigt, aus welcher die Vermischung der beiden Sagenkreise hervorgegangen ist.

Hom. 2 17 sagt Petrus: οὕτως δή, ὡς ὁ ἀληθὴς ἡμῖν προφήτης εἴρηκεν, πρῶτον ψευδὲς δεῖ ἐλθεῖν εὐαγγέλιον ὑπὸ πλάνου τινός (sc. Simon) καὶ εἶθ᾽ οὕτως μετὰ καθαίρεσιν τοῦ ἁγίου τόπου εὐαγγέλιον ἀληθὲς κρύφα διαπεμφθῆναι . . . . καὶ μετὰ ταῦτα πρὸς τῷ τέλει πάλιν πρῶτον ἀντίχριστον ἐλθεῖν δεῖ, καὶ τότε τὸν ὄντως Χριστὸν ἡμῶν Ἰησοῦν ἀναφανῆναι, καὶ μετὰ τοῦτο αἰωνίου φωτὸς ἀνατείλαντος πάντα τὰ τοῦ σκότους ἀφανῆ γενέσθαι[1]).

Es wird sich hier verlohnen, einmal die gewonnenen Ergebnisse zusammenfassen. In der gesamten christlichen Tradition ist die antichristliche Macht nicht das römische Reich, sondern dieses wird — trotz der Apokalypse und der Geschichte des jungen Christentums — als der κατέχων aufgefasst. Der Antichrist ist der unter den Juden in Jerusalem auftretende Pseudomessias, der in der Kraft des Satans Wunder und Zeichen wirkt und sich im Tempel Gottes niederlässt. Als der Herrscher der Juden wird er von diesen freudig begrüsst. Er ist kein friedlicher Imperator, keine politische, sondern eine durchaus und rein eschatologische Gestalt. — So liegt die Idee schon im neuen Testament vor. Nach Paulus ist der ἄνθρωπος τῆς ἀνομίας der Pseudomessias, welcher den Juden zur Strafe dafür gesandt wird, dass sie den wahren Messias nicht angenommen haben. Ein ähnlicher Gedanke liegt Joh. 5 43 vor. — Das in Mtth. 24

---

1) dazu vgl. auch Rec. II, 60. Hier werden die Wunder des Simon mit denen verglichen, welche der Böse am Ende der Tage zu vollbringen Macht haben wird. Simon Magus vollbringt nur nutzlose Wunder, während am Ende der Welt von der bösen Macht auch Heilwunder (Totenerweckung wird nicht genannt) vollbracht werden (dextera signa). So liegt auch hier hinter der Simon-Magus-Sage schon die Tradition vom Antichrist. — In diesem Zusammenhang sei noch erwähnt, dass auch das, was von der wunderbaren Geburt des Magiers berichtet wird (Rec. II, 14), an die Tradition vom Antichrist anklingt.

eingesprengte Stück stammt ebenfalls aus derselben apokalyptischen Tradition. Derjenige Apokalyptiker, der Apokalypse XI koncipierte, konnte das Tier aus dem Abgrund ohne weiteres in Jerusalem auftreten lassen.

Wenn wir weiter in der Apokalypse suchen, wo wir etwa noch Spuren derselben eschatologischen Überlieferung begegnen, so ist hier vor allem noch auf 13 11 ff. aufmerksam zu machen. Dem Tier, das hier aus dem Land aufsteigt, liegt ursprünglich die Idee des Antichrist zu Grunde. Es ist keine feindliche, fremde, politische Macht, sondern kommt in Lammesgestalt, es ist nach der Meinung des Apokalyptikers der Pseudoprophet, — vom Pseudomessias nicht weit verschieden. Es redet wie ein Drache, — wieder ein neues Überbleibsel — ein Zeugnis für die Herkunft der Gestalt des Antichrist aus dem Drachenmythos. Es thut Zeichen und Wunder, welche eine gewisse Ähnlichkeit mit den eben zusammengestellten Wundern des Antichrist haben. Ein besonders charakteristischer Zug, das Geben des Zeichens auf Stirn und Hand und das Kaufen und Verkaufen auf Grund dieses Zeichens, wird weiter unten in der Antichristsage seine Erklärung finden. — Das Tier kommt vom Lande, es tritt im Lande Palästina[1]) auf, während das erste Tier, das römische Reich oder einer seiner Imperatoren natürlich aus dem Meere aufsteigt, übers Meer kommt. Der Apokalyptiker, für den die römische Weltmacht die antichristliche Erscheinung geworden ist, und der in dem wiederkehrenden Nero den Antichrist erwartete, hat mit der alten unpolitischen rein eschatologischen Gestalt des Antichrist nichts anders anzufangen gewusst, als dass er sie zum Diener des ersten Tieres degradierte. Dabei sind natürlich eine Reihe von Zügen in das ältere Bild hineingezeichnet, alle diejenigen, durch welche das zweite Tier mit dem ersten in Verbindung gesetzt ist, also V. 12. V. 14. V. 15 b. (während V. 15 a aus der alten Sage stammt) V. 17 b. V. 18.

Nun wird auch klar, wie es kommt, dass Hippolyt, trotzdem so in die Auslegung die grösste Verwirrung kommt, behaupten konnte, dass das zweite Tier der nach dem Untergang des ersten

---

1) ich glaube, dass diese Erklärung näher liegt, als diejenige Gunkels, der die beiden Tiere in Kap. 13 auf den alten Mythos von zwei das Meer und das Trockene beherrschenden Urungeheuern zurückführt.

Tieres (des römischen Reiches) erscheinende Antichrist sei. Er kannte die alte Sage und erkannte noch deutlich in der zweiten Hälfte von Kap. 13 die alte Gestalt des Antichrist wieder.

Wir stehen hier vor einem entscheidenden Einblick in Werden und Entwickelung des ganzen Mythos, der uns interessiert. Aus dem alten Drachenmythos wurde um die Zeit des neuen Testaments die Sage vom Antichrist. Diese ist dann wieder politisch umgedeutet auf das römische Reich und den wiederkehrenden Nero. Denn dass in Apok. Kap. 13 und 17 das Bild des Nero redivivus im Vordergrund steht, kann nur kritische Gewaltthätigkeit leugnen. Und zwar ist es so unlösbar mit dem ganzen der Darstellung verbunden, dass eine Ablösung dieser Gestalt von dem Ganzen der Ausführungen mir unmöglich erscheint.

Namentlich in jüdischen Kreisen ist diese politische Anwendung der Sage vom Antichrist lebendig geblieben. — Sie beherrscht die sibyllinische Litteratur gerade in ihren direkt jüdischen Bestandteilen. Als mit der Verzögerung der Wiederkehr des Nero über ein Menschenalter hinaus, die einfache Erwartung des mit den Parthern wiederkehrenden Herrschers, sich zu dem phantastischen Glauben an einen Nero redivivus umwandelte, da drangen nun — so wunderbar verschlingen sich die Sagenkreise — die Züge des alten Drachenmythos in die Nerosage ein. So liegt dieselbe schon Apok. 13 und 17 vor, noch deutlicher aber in den Sibyllinen. Hier ist Nero zum Python geworden, zum wutschnaubenden Drachen, zu einem unheimlichen, gespenstisch dämonischen Wesen, welches die Parzen durch die Lüfte herbeiführen. Ja, es scheint mir nicht ganz unmöglich, dass das dunkle Rätselwort, Apok. 17 8, wie Gunkel will, ursprünglich der alten Schlange galt, welche einst schon im Kampf von Gott besiegt, am Ende der Tage wieder anstürmen wird gegen Gott und seinen Himmel: »Sie war und ist nicht, und wird wieder aufsteigen aus dem Abyssos und in die Verdammnis gehen«. Der Schreiber von Apok. 17 hätte dann dieses dunkle, ihm wohl kaum mehr verständliche Wort auf Nero angewandt. Die schlummernde Schlange wird erwachen, heisst es sogar noch in der späten Dan-Apok. gr.

Im Judentum hat sich diese Wendung der Sage gegen das Römerreich erhalten, und die ursprüngliche Form derselben gänzlich verdrängt. Der Hass gegen das vom Sammael beherrschte

Edom blieb lebendig. Erst im siebenten und achten Jahrhundert taucht die alte Antichristsage wieder auf. Doch zeigt sich noch in dem Namen des Trägers dieser sich erneuernden Sage, Armillus (= Romulus), der unauslöschbare Hass gegen Rom, auch gegen das christliche Rom. Aber Armillus ist doch kein römischer Herrscher, sondern einer, der nach der Herrschaft des götttlichen Reichs (Byzanz) kommt.

Im jungen Christentum — der Hass gegen das Judentum mag auch wohl dazu beigetragen haben — wich die Stimmung der Apokalypse sehr bald — der andern gemässigten, dem Römerreich günstigen, wie wir sie schon bei Tertullian finden. Der Antichrist kommt aus dem Judentum, in erster Linie eine satanische pseudomessianische Gestalt, das war die allgemeine Überzeugung. — Bei einigen wenigen Schriftstellern, bei denen die Wendung gegen das römische Reich sich unter dem Einfluss jüdischer Sibyllistik gehalten hat, zeigt die alte Figur des Antichrist doch eine solche Dauerhaftigkeit und Stärke, dass eine Verdoppelung der Antichrist-Gestalt das Resultat ist. — Lactanz, Commodian, Martin v. Tours kommen hier in Betracht. Bei allen dreien ist der zunächst auftretende Vorläufer der Antichrist — der am Ende des römischen Imperiums kommt — mehr oder minder deutlich als Nero redivivus gezeichnet, während die zweite eigentlich antichristliche Erscheinung, durch welche Nero besiegt und getötet wird, die allbekannten Züge des Antichrist trägt, der, wenn er hier auch nicht als von den Juden herstammend gedacht wird, doch seine Herrschaft in Jerusalem errichtet, von den Juden als Messias begrüsst wird, Zeichen und Wunder verrichtet u. s. w. Es ist das ein seltsames Schauspiel, die Sage nimmt im Laufe der Zeit eine doppelte, ja dreifache Gestalt an. Aber diese einzelnen Gestaltungen derselben werden nun wieder mit einander kombiniert. Gerade die Beobachtung, die wir bei Lactanz, Commodian, Martin v. Tours machten, bestätigt in ausgezeichneter Weise die oben zu Apok. 13 gegebene Erklärung der beiden Tiere. Hier wie dort eine Kombination der beiden Sagenkreise, nur wird die alte Gestalt des Antichrist in der Apok. ihrem eigenen Schatten, ihrer politischen Umdeutung unter- bei jenen Schriftstellern übergeordnet.

So kommt es denn auch, dass die alte und so klare Beziehung der Apokalypse auf Nero redivivus so bald aus der Tradition der Kirchenväter verschwunden ist [1]). Der einzige, der sie bewahrt hat, Victorin, hat doch eine wunderliche Kombination des jüdischen Pseudomessias und des Nero redivivus geliefert, in welcher der wiederkehrende Nero eben nun zugleich als jüdischer Messias erscheint. Man deutet die Apokalypse nach der älteren eschatologischen Tradition. Und im ganzen hat sich denn auch an diese und nicht an jene die weitere Entwickelung der eschatologischen Vorstellungen des nächsten Jahrtausends angeknüpft. Geht man nur dem Einfluss und der Auslegung der Apokalypse bei .den Kirchenvätern nach, so bekommt man fast den Eindruck, als hätten diese keine lebendige eschatologische Phantasie gehabt, und begänne diese erst wieder mit dem Mittelalter.

So ist die hier uns interessierende Sage eine fortwährend sich wandelnde, und in ihren Verwandlungen sich gar verdoppelnde Proteusgestalt. Als lebendiges Sinnbild derselben können wir Apok. 12. 13 gelten lassen. In Apok. 12 der alte Drachenmythos, in. 13 B die Sage vom Antichrist, in 13 A ihre politische Umdeutung. Die drei wechselnden Gestalten der Sage sind drei neben einander stehende Figure in einem grossen eschatologischen Bilde geworden: der Drache, das Tier, der Pseudoprophet!

IX.
Die Diener des Antichrist.

Der Antichrist hat eine Schaar von besonders ihm ergebenen Dienern unter sich.

Schon Hipp. Kap. 6 weiss zu berichten: ἀπέστειλεν ὁ κύριος ἀποστόλους εἰς πάντα τὰ ἔθνη καὶ αὐτὸς ὁμοίως πέμψει ψευδαποστόλους (von ihm entlehnt Ps.-H. die Notiz 22. 106 12). Auch noch bei Adso 1293 C findet sich die Notiz: deinde per universum mundum nuntios mittet et praedicatores suos. Von hier aus ist diese Idee dann in das Drama vom Antichrist (W. Meyer 27) übergegangen.

---

1) Hieronymus in Daniel 11 29 und Augustin de civitate XX, 19 führen diese Auslegung noch an, aber verwerfen sie. In der Beziehung des μυστήριον τῆς ἀνομίας II. Thess 2 auf Nero hat sich die Sage noch länger gehalten. (Bei Chrysostomus u. dessen Nachfolgern Pelagius etc.)

Und es finden sich noch interessantere Parallelen. Zunächst im Prooemium der Homilie von Ephr. gr.:

λαβὼν γὰρ ὁ ἀναιδὴς   τότε τὴν ἐξουσίαν
δαίμονας ἀποστέλλει   εἰς πάντα τὰ πέρατα,
ὥστε κηρύξαι πᾶσιν,   ὅτι βασιλεὺς μέγας
ἐφάνη μετὰ δόξης.   δεῦτε καὶ θεάσασθε.

Ähnlich heisst es bei Ephraem syrus 9: fulgura ministri eius erunt et signum dabunt adventus eius. daemones constituent eius copias et principes daemoniorum erunt eius discipuli; mittet duces agminum suorum in regiones procul dissitas et dabunt virtutes ac sanitatem [1]). — Auch mit dieser Variante ist Adso vertraut 1293B: et maligni spiritus erunt duces eius et socii semper et comites indivisi. — Und nach rückwärts werfen diese Notizen ein helles Licht auf einen Satz bei Irenaeus V, 28 2: et non est mirandum si daemoniis et apostaticis spiritibus ministrantibus ei per eos faciat signa, in quibus seducat habitantes super terram.

Wieder hebt sich hinter der Gestalt des Antichrist mit seinen falschen Aposteln die gewaltigere eines gottfeindlichen übermenschlichen bösen Geistes, dessen Boten Dämonen und böse Geister sind. Und so reicht die Sage wieder bis zurück in die neutestamentliche Zeit, und erklärt Apok, 16 13: καὶ ἴδον ἐκ τοῦ στόματος τοῦ δράκοντος ... πνεύματα τρία ἀκάθαρτα ὡς βάτραχοι . εἰσὶν γὰρ πνεύματα δαιμονίων ποιοῦντα σημεῖα, ἃ ἐκπορεύονται ἐπὶ τοὺς βασιλεῖς τῆς οἰκουμένης ὅλης συναγαγεῖν αὐτοὺς εἰς τὸν πόλεμον. — Und dazu ist die Exegese des Ambrosiaster zu dieser Stelle zu vergleichen: spiritus tres immundi discipulos designant antichristi, qui eum per universum orbem praedicaturi sunt. qui quamvis homines sint futuri, spiritus immundi et spiritus daemoniorum vocantur, quia daemones in ipsis habitabunt et per ora eorum loquentur.

---

[1]) ferner vgl. Philippus Solitarius 816B: daemonas utique se praedicatum et commendatum per orbem terrarum mittet. surrexit, dicent, magnus rex Hierosolymis .... omnes ad eum accedite.

X.
Die Weltherrschaft des Antichrist.

Der Antichrist wird also nicht nur die Juden verführen, sondern die Völker aus allen Gegenden zu sich sammeln. Ausführlich wird dies in Ephraem gr. II, 138 B beschrieben:

ἀρέσαι δὲ ἅπασι τεχνάζεται δολίως,
ὅπως ἂν ἀγαπηθῇ ἐν τάχει ὑπὸ λαῶν,
δῶρα δὲ οὐ λήμψεται, μετ᾽ ὀργῆς οὐ λαλήσει,
κατειφὴς οὐ δείκνυται, ἀλλὰ[1]) ἱλαρὸς ἀεί.
ἐν ἅπασι δὲ τούτοις σχήμασιν εὐταξίας
ἐξαπατᾷ τὸν κόσμον, ἕως οὗ βασιλεύσει.
ὅταν γὰρ θεάσονται λαοὶ πολλοὶ καὶ δῆμοι
τηλικαύτας ἀρετὰς κάλλη τε καὶ δυνάμεις[2]),
πάντες ἐπὶ τὸ αὐτὸ μιᾷ γνώμῃ γίνονται,
καὶ ἐν χαρᾷ μεγίστῃ βασιλεύουσιν αὐτὸν
λέγοντες πρὸς ἀλλήλους· μὴ ἄρα εὑρίσκεται
τηλικοῦτος ἄνθρωπος ἀγαθὸς καὶ δίκαιος.

Eine fast wörtliche Parallele findet sich Ps.-Hipp. Kap. 23 und 24.

Ps.-Ephraem 6: erit enim omnibus subdole placidus, munera non suscipiens, personam non praeponens, amabilis omnibus, quietus universis, xenia non appetens, affabilis apparens in proximos, ita ut beatificent eum homines dicentes: justus homo hic est. Kap. 7: tunc confluent ad eum in civitatem Hierusalem undique omnes.

Schon Hippol. 56. 28,24 sagt: οὗτος οὖν ἐπισυνάξας πρὸς ἑαυτὸν τὸν πάντοτε ἀπειθῆ λαὸν γεγεννημένον. — Er vergleicht in Anlehnung an Jer. 17,11 den Antichrist mit dem Rebhuhn, das mit trügerischer Stimme die junge Brut, die ihm nicht gehört, anlockt. Ein Anklang hieran findet sich Ps.-Ephraem 5: qui sicut perdix colliget sibi filios confusionis .... et vocat quos non genuit (vgl. Caspari a. a. O. 215, Anm. 7).

---

1) cod. ἀλλ᾽.
2) Ebenso sagt Cyrill 15,11: τοὺς ἐξ ἐθνῶν δὲ ταῖς μαγικαῖς φαντασίαις ὑπαγόμενον, vgl. auch Ephr. gr. Prooemium:

ἢ τίς ὑπομένῃ θλῖψιν τὴν ἀπόρρητον,
ὅταν ἴδῃ σύγχυσιν τῶν λαῶν ἐρχομένων
ἀπὸ περάτων τῆς γῆς εἰς θέαν τοῦ τυράννου.

Bei Ephraem syrus 10 heisst es: congregabuntur populi et venient, ut videant Deum et [adhaerebunt ei turbae populorum, et omnes Deum suum negabunt, et cuncti socios vocabunt, ut laudent filium perditionis, et cadent unus super alterum et gladiis se invicem destruent [1]).

Noch wichtiger sind folgende Stellen, weil sie auf eine viel ältere Tradition zurückgehen.

Hipp. 15. 8 8: λέγει δὲ καὶ ἕτερος προφήτης· ξυνάξει πᾶσαν δύναμιν αὐτοῦ ἀφ᾽ ἡλίου ἀνατολῶν ἄχρις ἡλίου δυσμῶν· οὓς κεκλήκοι καὶ οὓς οὐ κεκλήκοι πορευθήσονται μετ᾽ αὐτοῦ. λευκανεῖ τὴν θάλασσαν ἀπὸ τῶν ἱστίων τῶν πλοίων καὶ μελανεῖ τὸ πεδίον ἀπὸ τῶν θυρεῶν τῶν ὅπλων, καὶ πᾶς ὃς ἂν συναντήσῃ αὐτῷ ἐν πολέμῳ μαχαίρᾳ πεσεῖται (Kap. 54. 27 30 ff. bezieht Hipp. diesen selben Spruch falsch auf die Versammlung der διασπορά Israels durch den Antichrist).

Commod. 891 ff.: exsurget iterum in istius clade Neronis
rex ab orientem cum quattuor gentibus inde,
invitatque sibi quam multas gentes ad urbem,
quae ferunt auxilium, licet sit fortissimus ipse:
implebitque mare navibus cum milia multa,
et si quis occurrerit illi mactabitur ense.

Es ist schon oben darauf hingewiesen, dass diese beiden Stellen auf eine gemeinsame Quelle zurückführen, welche schon von Hipp. als προφήτης citiert wird. Diese anzunehmende Quelle zeigt freilich mit Daniel grosse Verwandtschaft. Man darf aber noch nicht sagen, dass dieselbe von Daniel abhängig sei. Eher wäre zu vermuten, dass in dem jeder historischen Deutung spottenden Schluss von Daniel XI, der Schilderung des für ihn noch zukünftigen Endschicksals des Antiochus, Daniel schon von einer älteren apokalyptischen Tradition abhängig ist [2]).

Mit den oben citierten Stellen vergleiche man IV. Esra 13 5: et vidi post haec, et ecce congregabatur multitudo hominum, quorum non erat numerus, de quatuor ventis coeli, ut debellarent hominem, qui ascenderat de mari.

---

1) derselbe Zug ist auch in der Apok. Zeph. vorausgesetzt, wenn auch hier nicht erwähnt (vgl. die Schilderungen p. 128).

2) hier sind ausserdem noch die oben S. 40 beigebrachten Stellen, die von den Verführungskünsten des Antichrist handeln, heranzuziehen.

Im elften Kapitel der Apokal. blieb bis jetzt eines vollkommen rätselhaft, wie die λαοὶ φυλαὶ γλῶσσαι ἔθνη der ganzen Erde in die Umgegend von Jerusalem kommen, und an der dort spielenden Scene teilnehmen können. Die römischen Legionen können doch nicht gut damit gemeint sein; was geht diese schliesslich die Besiegung der beiden Zeugen durch den Antichrist an? Es sind vielmehr ursprünglich die Scharen, welche dem Antichrist zugezogen sind aus allen Ländern und sich um ihn versammelt haben. Der Schreiber von Apok. XI hat erst dadurch, dass er die alte Sage vom Antichrist mit einer Weissagung über die Einnahme Jerusalems durch das anrückende Römerheer (11 1—2) verband, die grosse Verwirrung in der Scenerie angerichtet.

So hat noch Andreas die Stelle Apok. 11 7. 46 56 verstanden. Er sagt von den versammelten Völkern, es seien: οἱ ἅπαξ προκατειλημμένοι τοῖς ψεύδεσι τοῦ ἀντιχρίστου τέρασι καὶ τὸ θεοστυγὲς αὐτοῦ ὄνομα ἀνεξαλείπτως ἐν ταῖς καρδίαις ἐγγράψαντες ἔκ τε Ἰουδαίων ἔκ τε ἐθνῶν.

Auch sonst zeigt die Apokalypse Bekanntschaft mit diesem Zug der Sage. Die Versammlung der Könige und Völker nach Harmaggedon klingt wieder daran an.

Mit dieser Versammlung der Völker um den Antichrist hängt nun die Erwartung der Ankunft der Völker Gog und Magog zusammen. Gewöhnlich geht ihr Erscheinen dem des Antichrist vorauf. So deutet Commodian 809 sie auf die Gothen und lässt diese vor dem Erscheinen des ersten Antichrist auftreten. (Auf die Gothen deutet auch Ambrosius de fide ad Gratianum 2 16, vgl. Hieronymus Prooemium in Ezech. XI. Malvenda I, 555.) So liegt dieser Zug der Sage auch vor: Ephraem syr. 6 (hier auf die Hunnen gedeutet), Ps.-Ephraem 4 (auch Andreas deutet Apok 20 8 auf die Hunnen), ferner bei Ps.-Methodius, Adso 1296, Sib.-Beda und Usinger (?), E.-A. 12. Auch fast in allen jüdischen Antichrist-Apokalypsen sind Gog und Magog die Vorläufer des Armillus, es wird auch berichtet, dass der Messias ben Joseph vor ihnen unterliegt. Genauer ist das letztere schon oben besprochen.

Da das Erscheinen von Gog und Magog so eng in dem ganzen Sagenkreis mit dem des Antichrist zusammenhängt, so lässt sich auch vermuten, dass das specifisch jüdischen Charakter zeigende Stück Apok. 20 7—10 daher entlehnt ist. Nur ist hier der Antichrist in direkte Beziehung zu Gog und Magog gesetzt und die Scene hinter das tausendjährige Reich verlegt.

XI.

Dürre und Hungersnot.

Als Hauptplage zur Zeit des Antichrist wird mit grosser Einstimmigkeit geschildert, wie eine grosse Dürre und damit im Zusammenhang eine Hungersnot eintreten wird.

Im Vordergrund steht hier namentlich wieder der Kreis der um den Namen Ephraems sich gruppierenden Schriften.

Ephraem graec. (I. Stück):

θάλασσα ταράσσεται, (καὶ?) ἡ γῆ ξηραίνεται,
οὐρανοὶ οὐ βρέχουσι, τὰ φυτὰ μαραίνονται.

139 F: [den folgenden Abschnitt bringt die editio aus zwei griechichen Codices (Vatic. 438 und 562) an den mit 139D schliessenden fortlaufenden Text ungeschickt angehängt. Die lateinische Übersetzung hat hier den richtigen Zusammenhang. Im griechischen ist 139 D Absatz bis E 1 γινώσκουσιν zu streichen. Was dort gedruckt ist, ist einfach Doublette zu dem vorhergehenden. Auch in den von W. Meyer kollationierten Münchener Handschriften findet sich der längere Schluss nicht. Das ist aber kein Beweis gegen die Echtheit desselben, welche vielmehr durch die weiter unten folgenden Parallelen aus dem ephraemitischen Schriftenkreis zur Evidenz gebracht wird. Der Text ist leider in den in der editio benutzten Codices so jämmerlich, dass ich verzichten muss, ihn vollständig in Rhythmen zu geben. Die lateinische Version differiert sehr stark.]

τότε οἱ οὐρανοὶ οὐκέτι βρέχουσιν, ἡ γῆ
οὐκέτι καρποφορεῖ,
αἱ πηγαὶ ἐκλείπουσιν,
(οἱ) ποταμοὶ ξηραίνονται,
βοτάνη οὐ(κέτι) φύεται,
χλόη οὐκ(έτι) ἀνατέλλει,
(τὰ) δένδρα ἀπὸ (ῥιζῶν) ψύχονται
καὶ οὐκέτι βλαστάνουσιν.
οἱ ἰχθύες τῆς θαλάσσης
καὶ τὰ κήτη ἐν αὐτῇ

τελευτῶσιν, καὶ οὕτως
[φησιν] δυσωδίαν λιμνὴν
ἀναπέμπει (ἡ) θάλασσα
καὶ ἦχον φοβερὸν ὥστε ἐκλείπειν καὶ ἀποθνήσκειν
(τοὺς) ἀνθρώπους ἀπὸ (τοῦ) φόβου.

Dann folgt in anderem Versmass:

τότε θρηνεῖ δεινῶς ὁμοῦ   πᾶσα ψυχὴ καὶ στενάζει,
ὅτ᾽ ἂν πάντες θεάσονται   θλίψιν ἀπαραμύθητον
τὴν περιέχουσαν[1]) αὐτοὺς   νύκτωρ τε καὶ μεθ᾽ ἡμέραν
καὶ οὐδαμοῦ εὑρίσκοντες   ἐμπλησθῆναι τῶν βρωμάτων.

Genaue Parallelen finden sich Ps.-Hipp. 27. 109 9 ff. 19 ff.

Ps.-Ephraem 8: suspendet coelum rorem suum, pluvia enim super terram non erit .... siccabunt enim universa flumina magna et fontes ... torrentes aridabunt venas suas propter intolerabilem aestum. .... et tabescent filii in sinu matrum suarum et conjuges super genua virorum suorum non habentibus escas ad comedendum . erit enim illis diebus penuria panis et aquae.

J.-A. 6. Cod. E: θεωρῶν ὁ θεὸς τὴν ἀδικίαν αὐτοῦ ἀποστέλλει ἄγγελον ἐξ οὐρανοῦ τὸν Βαυριὴλ λέγων · ἀπέλθατε σαλπίσατε (ἀέρος ἃς?) κρατήσουσιν τὸν ὑετόν . καὶ ἡ γῆ ξηρανθήσεται, καὶ αἱ βοτάναι ψυγήσονται, καὶ ποιήσει τὸν οὐρανὸν χαλκοῦν, ἵνα δρόσον μὴ δώσῃ ἐπὶ τὴν γῆν, καὶ κρύψῃ τὰς νεφέλας εἰς τὰ ἔγκατα τῆς γῆς καὶ καταστείλῃ κέρας τῶν ἀνέμων, ἵνα μὴ ἄνεμος συστῇ ἐπὶ προσώπου πάσης τῆς γῆς (vgl. den etwa verkürzten Wortlaut im Text).

Apok. Zeph. 128: an jenem Tage wird die Erde in Unruhe geraten, die Vögel werden tot auf die Erde fallen, die Erde wird dürre werden, die Gewässer des Meeres werden austrocknen.

Auch bei Ephraem syrus 12 findet sich ein kurzer Anklang. Hier ist der Passus allerdings unter die Schilderung des Endgerichts geraten: increpabit mare et desiccabitur, piscesque morientur in medio ejus.

Hier sei aber sogleich eine viel ältere Parallele aus IV. Esra 5 6 beigebracht. Dort werden als Zeichen der Zeit des Antichrist aufgezählt: mare Sodomiticum pisces rejiciet et dabit vocem noctu, quam non noverant multi, omnes autem audient vocem eius.

---

1) cod. περὶ ἔχουσαν.

Ferner ist zu vergleichen Lactanz VII, 15. 635 23: aer enim vitiabitur et corruptus ac pestilens fiet modo importunis imbribus, modo inutili siccitate . . . nec terra homini dabit fructum . . . fontes quoque cum fluminibus arescent .... propter haec deficient et in terra quadrupedes et in aere volucres et in mari pisces.

Victorin bemerkt 1252 E zu Apok. 6 5: proprie autem extenditur verbum usque ad antichristi tempora, quoniam magna fames est futura quaque omnes laedentur.

Ambrosius in Luk. X, 18: tunc pseudoprophetae tunc fames . . . et invenies . . . tunc ariditatem terrae . . . denique justus in deserto, iniquus in regno est.

D.-A. arm. 239 21: Dann wird eine grosse Hungersnot sein. Der Himmel wird keinen Regen herablassen, und die Erde wird nichts grünes wachsen lassen.

D.-A. gr. 103: καὶ τὰ ὕδατα ἀποφρύξουσι, καὶ ὑετὸς ἐπὶ γῆς οὐ δοθήσεται.

P.-A. aeth.: jenes Tages wird der Herr Gott den Regen vom Himmel her hemmen, und wird Haus des Winters werden, und die Erde wird ohne Tau und Nebel bleiben . . . und die Wasserquellen werden kein quellendes Wasser geben, und das Meer wird vertrocknen.

Βιβλ. Κλημ. 82 30: καὶ πᾶν τὸ κτῆμα αὐτοῦ ἀπολεῖται ἀπὸ πολλῶν, καὶ ἀπορία καρπῶν ἔσται μεγάλη, καὶ χειμὼν ἐπιταθήσεται κρατερός.

Eine andere Variante weiss übrigens zu erzählen, dass kurz vor der Zeit des Antichrist eine ungewöhnliche Fruchtbarkeit sein werde. Dieselbe findet sich J.-A. 5, D.-A. gr. 77 ff., Adso 1296 B, Sib.-Beda [1]). Die Schilderung erinnert sehr stark an die bekannte von Papias als Herrenwort überlieferte Ausführung; z. B. J.-A. 5: τότε ὁ στάχυς τοῦ σίτου ἐκφυεῖ ἡμιχοίνικον, καὶ ὁ ἀγκὼν τοῦ κλήματος ἐκφυεῖ χιλίους βότρυας, καὶ ὁ βότρυς ἐκφυεῖ ἡμίσταμνον οἶνον. Sollte vielleicht dies »Herrenwort« seinen ursprünglichen Platz in der Antichristsage gehabt haben?

Eine Parallele zu der oben nachgewiesenen Überlieferung liegt ja nun offenbar in Apok. XI vor. Es wird unten nachgewiesen werden, dass die uns vorliegende ursprünglicher als

---

1) vgl. die sahidische Recension der Zeph.-Apok. a. a. O., p. 124.

jene in Apok. XI ist. Vorläufig sei hier darauf aufmerksam gemacht, dass mit wunderbarer Einhelligkeit die gesamte uns vor Augen liegende Tradition diese über die Welt verhängte Plage ganz ausser Zusammenhang mit dem Auftreten der beiden Zeugen belassen, während in der Apokalypse gerade diese jene Plage verhängen. Das Auftreten der beiden Zeugen bekommt dagegen, wie wir sehen werden, in dieser Tradition eine ganz andere Bedeutung.

Interessant ist immerhin die Parallele aus Bahman Yast II, 48: and a dark cloud makes the whole sky night, and the hot wind and the cold wind arrive ... and it does not rain, and that which rains, also rains more noxious creature than water, and the water of rivers and springs will diminish (vgl. auch die folgende Schilderung der Wirkung des Regenmangels auf die Tierwelt).

XII.

Das Zeichen des Antichrist.

In dieser Not verführt der Antichrist durch seine Untergebenen die Erdbewohner, dass sie sein Zeichen annehmen. Nur unter dieser Bedingung wird ihnen Brot zu kaufen gestattet.

Ephr. gr. 140 B:

δήμαρχοι γὰρ ἀπότομοι   σταθήσονται κατὰ τόπον,
κἄν τις φέρει μεθ᾽ ἑαυτοῦ   τὴν σφραγίδα τοῦ τυράννου
ἀγοράζει βράχυ βρῶμα[1]).

Ps.-Ephraem 8: et nemo potest venundare vel emere de frumento caducitatis, nisi qui serpentinum signum in fronte aut in manu habuerint.

Die Tradition lässt sich nun weiter zurückverfolgen:

Lactanz VII, 17. 639 9: quicunque crediderint atque accesserint ei, signabuntur ab eo tamquam pecudes.

D.-A. arm. 239 18: wehe denjenigen, welche an ihn glauben

---

1) dazu vgl. die Parallele Ps.-Hipp. 28. 1101 und Phil. Solitarius 816 D. Es ist anzumerken, dass beide übereinstimmend hinzufügen, dass, wer mit dem Zeichen des Tieres gezeichnet sei, das des Kreuzes nicht mehr annehmen könne. Dazu vgl. Ephraem gr. III, 143 A.

und sein Zeichen annehmen. Ihre Rechte wird gebunden werden, damit sie nicht zurückkehren zu dem, auf welchen sie früher gehofft haben.

Adso 1297 A: et qui in eum crediderint signum characteris eius in fronte suscipient [1]).

Hier hellt sich nun der letzte noch rätselhaft gebliebene Zug in Apok. 13 B uns auf. Es war oben schon darauf hingewiesen, dass hier gerade ursprünglich die Überlieferung vom Antichrist zu Grunde gelegen hat. Und als einfache Herübernahme aus dieser Sage ist nun Apok. 13 16.17 zu erklären. — Wir haben hier eine parallele und selbständige Tradition, gegenüber Apok. 13 16.17. Denn erstens wird hier die Versiegelung der Gläubigen mit seinem Zeichen von dem Antichrist direkt ausgesagt, während in der Apok. das zweite Tier im Namen des ersten versiegelt, und zweitens steht der Zug, dass nur den Versiegelten das Kaufen (und Verkaufen) verstattet wird, in einem guten und zwanglosen Zusammenhang, während wir bei der Überlieferung der Apok. vor einem völligen Rätsel stehen. Der Apokalyptiker nahm diesen Zug einfach herüber. Er mag dabei an die römische Kaisermünze gedacht haben. Besonders bedeutsam wird nun hiermit die Ausführung bei Ps.-Ephraem, der von einem signum serpentinum redet. Ein Schlangenzeichen ist es, das der Antichrist seinen Anhängern auf Stirn und Hand prägt; wieder wird der Drachenmythos vor unsern Augen lebendig. So wird nun auch verständlich, wie Ephraem III, 143 A das Zeichen des Kreuzes dem Zeichen des Antichrist gegenüberstellt. Wenn der Verfasser der Apok. 13 17 den mühsamen Satz bildet: εἰ μὴ ὁ ἔχων τὸ χάραγμα — τὸ ὄνομα τοῦ θηρίου ἢ τὸν ἀριθμὸν τοῦ ὀνόματος αὐτοῦ, so wird es sehr wahrscheinlich, dass er es war, der die Beziehung auf den Namen des Tieres erst hinzufügte. — Und somit tritt uns nun in Apok. 13 B fast in jedem Zug die ursprüngliche Überlieferung vom Antichrist entgegen.

Im Zusammenhang damit wird dann in Ephr. gr. 141 C, Ps.-Hipp. Kap. 31. 112 3, Phil. Solitarius 818 A ausgemalt, wie den Anhängern des Antichrist das Zeichen desselben bei der zunehmenden Hungersnot nichts nützt, wie sie zu ihm kommen

---

1) vgl. noch J.-A. 7, cod. E: καὶ γράφει αὐτῶν τὰς χεῖρας τὰς δεξιὰς, ἵνα καθέζονται μετ' αὐτοῦ εἰς τὸ πῦρ τὸ αἰώνιον.

und ihm ihre Not klagen, und dieser, selbst hülflos geworden, sie höhnend abweist. Ich erwähne diesen Zug späterer Ausmalung, weil sich zu demselben eine frappante Parallele in der Apok. des Zeph. findet p. 128: Die Sünder werden wehklagen auf Erden und sagen: was hast Du uns gethan Du Sohn der Gesetzlosigkeit, da Du sagtest, ich bin der Christ und bist doch der Teufel; Du vermagst Dich nicht zu erretten, damit Du uns errettest. Du hast Zeichen vor uns gethan, bis dass Du uns dem Christ entfremdet hast. — Da wir auf Dich hörten, siehe so sind wir jetzt voll Elend und Drangsal.

XIII.
Henoch und Elias.

Gewöhnlich vor dem im folgenden Abschnitt zu schildernden Vorgang von der Flucht der Gläubigen in die Wüste, manchmal auch erst nachher, treten diese beiden Zeugen auf, die auch Apok. 11 erwähnt werden. Es sind nach fast einstimmiger Überlieferung Elias und Henoch, und ihr Auftreten hat in der Tradition einen ganz andern und prägnanteren Sinn als in der Überlieferung von Apok. 11.

Ich beginne die Übersicht zunächst mit der Ephraemgruppe.

Ephr. syr. Kap. 11: quum autem in suum propositum filius perditionis attraxerit totum mundum, mittentur Henoch et Elias, ut iniquum coarguant quaestione plena mansuitudinis. Und nun fragen sie ihn: (si tu es Deus — ostende nobis, quod a te petimus) nach ihrem eignen verborgenen Aufenthalt[1]), und dann fordern sie von ihm das Zeichen der Totenerweckung (s. o.). »Irascetur eo momento iniquus contra sanctos et arrepto gladio scelestissimus abscindet colla justorum«. Die Propheten werden dann von Michael und Gabriel auferweckt.

Ps.-Ephr. 9: tunc — aspiciens Deus humanum genus periclitantes et afflatu draconis horribilis fluctuantes mittit eis consolatoriam praedicationem per famulos suos prophetas Enoch et Eliam. — cumque justi apparuerint, illi confundunt quidem ad-

---

1) der galt bei den Kirchenvätern als grosses Geheimnis, s. Malvenda II, 144.

versarium serpentem cum eius calliditate et revocant advocatos
fideles ad Deum, ut ab eius seductione (Lücke). Die resurrectio
prophetarum wird im folgenden noch erwähnt.

Ephr. gr. III, 142:

πρὶν ἢ δὲ ταῦτα γενέσθαι ἀποστέλλει ὁ κύριος
Ἠλίαν (?) τὸν Θεσβίτην καὶ τὸν Ἐνὼχ ὡς εὔσπλαγχνος,
ὅπως αὐτοὶ γνωρίσωσιν εὐσέβειαν γένει βροτῶν,
καὶ κηρύξαι παρρησίᾳ ἅπασι θεογνωσίαν,
μὴ πιστεῦσαι καὶ πειθαρχεῖν φόβου ἕνεκεν τῷ ψεύδει,
κράζοντες (?) καὶ λέγοντες· πλάνος ἔστιν ὢ ἄνθρωποι,
μηδεὶς αὐτῷ πιστεύσειεν.

Einige Zeilen weiter:

πλὴν ὀλίγοι εἰσί τότε οἱ ἔχοντες ὑπακοῦσαι
καὶ πιστεύειν τοῖς ῥήμασιν ἀμφοτέρων τῶν προφητῶν.

Dann wird der Tod der beiden Propheten nicht erwähnt,
sondern sofort die Flucht der Gläubigen erzählt.

Die Parallele Ps.-Hipp. 29. 111₄ schliesst dagegen καὶ διὰ
τοῦτο αὐτοὺς (nicht ὑμᾶς) ἀποκτενεῖ καὶ ἐν ῥομφαίᾳ πατάξει
αὐτούς.

J.-A. 8: καὶ τότε ἀποστελῶ Ἐνὼχ καὶ Ἠλίαν πρὸς ἔλεγχον
αὐτοῦ καὶ ἀποδείξουσιν αὐτὸν ψευστὴν καὶ πλάνον καὶ ἀνελεῖ
αὐτοὺς ἐπὶ τὸ θυσιαστήριον (ausführlicher noch in Cod. B).

Zu vergleichen ist auch noch Philippus Solitarius 816 B.

P.-A. syr. (Beginn des Fragments). Der verfluchte Antichrist.
Und sie werden ihn schelten und für einen Lügner erklären, und
er wird sie kennen (?) an ihren Leibern, und der Sohn des Verderbens wird zu ihnen reden und ihnen sagen: ich bin der erwartete Messias. Aber sie werden ihn der Lüge zeihen und zu
ihm sprechen: Du, ein Lügner bist Du, nicht bist Du der Messias, — dann wird er sich über sie erbosen und wird sie töten
und ihre Leichname werden vier Tage in den Strassen Jerusalems
liegen, und nach diesem werde ich befehlen vermöge meiner Macht,
und Henoch und Elias werden wieder lebendig werden und sich
erheben mit ihren Leibern.

P.-A. aeth.: Danach werden Henoch und Elias herabkommen, werden predigen und jenen tyrannischen Feind der Ge-
rechtigkeit, den Sohn der Lüge zu Schanden machen. Also
bald werden sie enthauptet werden und Michael und Gabriel
werden sie auferwecken.

Ps.-Meth. 99: καὶ ἀποστελεῖ ἐν συντομῇ τοὺς αὐτοῦ θεράποντας τόν τε Ἐνὼχ καὶ τὸν Ἠλίαν καὶ τὸν υἱὸν τῆς βροντῆς Ἰωάννην, οἵτινες ἐνώπιον πάντων τῶν ἐθνῶν ἐλέγξουσιν αὐτοῦ τὴν πλάνην καὶ δείξουσιν αὐτὸν ψευστὴν ἐπὶ παντὸς ἀνθρώπου, καὶ ὅτι δι' ἀπώλειαν καὶ πλάνην τῶν πολλῶν ἐξελήλυθεν. — ὁ δ' ἐκεῖνος ὑπ' αὐτῶν δεινῶς ἐλεγχόμενος καὶ ὑπὸ πάντων περιφρονούμενος ἐν θυμῷ καὶ ὀργῇ ἀνελεῖ τοὺς ἁγίους ἐκείνους.

E.-A. 14: und dann wird der Lügenmessias erscheinen und seine Zerstörung und den Ansturm seiner Bosheit zeigen. Und er wird den Henoch und den Elias auf den Altar schleppen und ihr Blut auf die Erde giessen unter grossem Leid.

Sib. B.: egredientur duo clarissimi viri Enoch et Elias ad annuntiandum adventum Domini, et antichristus occidet eos, et post dies tres a Domino resuscitabuntur.

Adso 1296 C: tunc mittentur in mundum duo magni prophetae Elias et Henoch, qui contra impetum antichristi fideles divinis armis praemunient et instruent eos et confortabunt et praeparabunt ad bellum . . . . postquam vero impleverint praedicationem suam, insurget antichristus in eos et interficiet, ipsi vero occisi post tres dies a Domino suscitabuntur.

Dieselbe von Apok. 11 unabhängige Tradition findet sich noch bei Joh. Damascenus, Ambrosiaster in I. Kor. 4 9, Beda de ratione temporum 69 und im Elucidarium. Das Kennzeichen dieser unabhängigen Tradition ist namentlich dies, dass Henoch und Elias erst nach dem Beginn der Herrschaft des Antichrist auftreten.

Die Anschauung, dass Elias und Henoch die beiden Zeugen der Endzeit sind, ist so weit verbreitet, dass es überflüssig ist, die weiteren Zeugnisse aufzuzählen. Es mag nur erwähnt werden, dass Irenaeus sie bereits kennt (V, 5 1), ebenso Hippolyt 43. 21 8, Tertullian de anima 50 (u. öfter): translatus est Henoch et Elias, nec mors eorum reperta est, dilata scilicet, ceterum morituri reservantur, ut antichristum sanguine suo extinguant; Ps.-Cyprianus: de montibus Sina et Sion 5; Evang. Nicodemi 25; arabische Historia Josephi Kap. 32; Apok. Pauli (Tischendorf p. 50. 68) (andre Stellen bei Malvenda 142. 151. 158. In sämmtlichen nicht von der spiritualisierenden Auslegung des Ticonius beherrschten Kommentaren zur Apokalypse ist diese Deutung die herrschende).

Es genügt, die wenigen Abweichungen in der Tradition beizubringen. Die ursprünglich jüdische Erwartung, wie sie auch noch in den Evangelien vorliegt, ist die der Wiederkunft des Elias allein (Maleachi 4 1). Sie scheint sich in der Sibyllen-Litteratur erhalten zu haben (vgl. Sib. II, 187). Justin weiss nur, dass Elias der zweiten Ankunft des Herrn vorausgehen wird (Dialog. c. Tryph. 49). Seine Abhängigkeit von dieser Überlieferung zeigt auch Lactanz VII, 17, der nur einen Zeugen kennt, und das ist um so seltsamer, als er sonst sich viel genauer als alle übrigen bisher verhörten Zeugen an die Apok. anlehnt. Commodian schwankt, wie wir oben (S. 50) gesehen haben, zwischen der Annahme von einem und der von zwei Zeugen. Nur den einen Zeugen der Endzeit, Elias kennt, wo dieser nicht vom Messias ben Joseph verdrängt ist, die spätere jüdische apokalyptische Litteratur (vgl. z. B. die Geschichte Daniels). Bemerkenswert ist, dass im althochdeutschen Gedicht Muspilli ebenfalls nur von einem Kampf des Elias mit dem Antichrist die Rede ist [1]).

In der Verklärungsgeschichte der Evangelien haben wir bereits die zwei Zeugen, hier auf Elias und Moses gedeutet, wie denn auch der Redaktor von Apok. 11 in dem zweiten Zeugen wahrscheinlich Moses gesehen hat. — Dennoch findet sich, soweit ich sehe, die ausdrückliche Deutung der beiden Zeugen auf Moses und Elias in älteren Quellen nur bei Hilarius in Matthaeum 20 10, wenn auch davon, dass auch Moses den Tod nicht gesehen habe, öfter die Rede ist (Malvenda II, 155). Auch in Victorins Kommentar wird diese Deutung erwähnt. Ganz singulär ist endlich die Deutung, welche Victorin selbst giebt, dass die beiden Zeugen Elias und Jeremias seien.

Die Anschauung, dass neben Elias und Henoch als dritter Zeuge noch Johannes des Täufer komme, findet sich ausser der aus Methodius citierten Stelle in den Kommentaren des Andreas und Arethas (zu Apok. 11 3), bei Ambrosius in Psalm 45 10, Theophylact und Euthymius zu Johannes 21 20, Ps.-Hippolyt 21. 104 13, Simeon Metaphrastes vita Johannis 7 [2]), ist dann vom Abt Joachim in seine Auslegung der Apokalypse übernommen und in viele von ihm abhängige Schriften übergegangen.

---

1) es ist natürlich sehr oft bei den Kirchenvätern nur von der Wiederkunft des Elias die Rede, aber nicht in einer ausführlichen Schilderung der Endzeit (vgl. Malvenda II, 151).

2) Malvenda II, 159.

Vergleichen wir nun die hier in erstaunlicher Kontinuität vorliegende, von Apok. XI abweichende Tradition, wie sie sich in diesem und dem vorhergehenden Abschnitt herausgestellt hat, so ergeben sich folgende Differenzpunkte. 1. Während in der Apok. unter den beiden Zeugen wahrscheinlich Elias und Moses gemeint sind, werden in unserer Tradition beharrlich Elias und Henoch genannt. 2. Elias und Henoch treten nach dem Antichrist auf, ungefähr am Ende seiner Herrschaft, in der Apokalypse kommt das Tier aus dem Abgrund, nachdem die Propheten ihr Zeugnis vollendet haben. 3. Die Plage des völligen Regenmangels, welche in der Apok. die beiden Zeugen herbeiführen, wird hier von Gott zur Bestrafung des Abfalls zum Antichrist verhängt. 4. Die Propheten treten auf, um den Kampf gegen den Antichrist aufzunehmen, die Gläubigen über die wahre Natur desselben aufzuklären und sie zur Empörung gegen den Antichrist aufzurufen. In der Apok. haben die Zeugen keine Beziehung zum Antichrist. 5. Die Zeugen stehen in der Apokalypse nach drei Tagen auf, und werden in den Himmel erhoben. Diese Überlieferung ist nur in wenige Zeugen, die soeben verhört wurden, eingedrungen, sie findet sich bei Sib.-Beda, P.-A. syr., Adso. Schon anders ist die Überlieferung, dass die Zeugen von Michael und Gabriel auferweckt werden (Ephraem syrus, P.-A. aeth., Ps.-Ephraem?). Gar nicht findet sich dieser Zug in (Ephr. gr.) Ps.-Hipp., J.-A. 8, Phil. Solitarius, E.-A., Ps.-Methodius, Elucidarium, (Muspilli?). Da in allen Quellen sofort nach dem Tode der Zeugen das Weltgericht beginnt, so hat dieser Zug auch gar keinen Platz in unsrer Überlieferung.

Es kann nun m. E. kein Zweifel sein, auf welcher Seite der ursprüngliche Bericht sich findet. Es ist oben darauf hingewiesen, dass in Apok. XI alles unklar und fragmentarisch bleibt; man weiss nicht wer die beiden Zeugen sind, weshalb sie die Plagen verhängen, in was für einer Beziehung sie zum Tier stehen, weshalb das Tier sie tötet. Alle diese Rätsel lösen sich uns, wenn wir den Zusammenhang der Sage vom Antichrist überschauen. Auch die schwierige Frage, woher die Völker und Nationen kommen, und weshalb diese sich über den Tod der Zeugen freuen, hat bereits von der Antichristsage aus ihre Lösung gefunden. Und diese dürfte nun nicht mehr zu kühn erscheinen. — Deutlich zeigt sich uns nun die Art, in welcher der

Apokalyptiker bei der Konception von Kap. XI verfahren ist. Die schon auf dem Boden von Jerusalem spielende Erzählung vom Antichrist verlegt er in die Zeit der Bedrohung Jerusalems durch die Römerheere. In diesen mag er die Völker und Nationen wiedergefunden haben. Weshalb er im einzelnen dann abänderte, entzieht sich unsrer Beobachtung; vielleicht war ihm selbst die Tradition nicht mehr rein überliefert. — Aber deutlich ist, dass er den einen Zug von der Auferstehung der Zeugen nach dem dritten Tag eigenhändig hinzufügte, und es geht aus diesem Zug hervor, dass es ein Christ war, und zwar ein Judenchrist, der Kap. XI der Apok. koncipierte.

Eines haben wir damit freilich noch immer nicht erklärt: den Ursprung der Idee von den beiden Zeugen. Ursprünglich jüdisch war sie wohl keinesfalls. Hier erwartet man die Wiederkunft des Elias, allgemeiner verbreitet ist hier auch wohl die Erwartung der beiden Zeugen nie gewesen, wie die spätere jüdische Tradition zeigt. Hippolyt a. a. O., der die Erwartung der Wiederkunft des Elias ausführlich aus dem alten Testament begründet, sagt über den andern Zeugen kein Wort. Die Tradition wird übernommen sein [1]). Gunkel verheisst eine Lösung des Rätsels. Hoffentlich gelingt sie ihm. Zur Aufhellung der Komposition von Apok. 11 reicht meines Erachtens das von mir beigebrachte aus.

XIV.
Die Flucht der Gläubigen.

Vielfach heisst es nun in der weiteren Darstellung, dass auf die Predigt der beiden Zeugen hin sich viele Gläubigen wieder zu Gott kehren und deshalb Verfolgungen zu erleiden haben.

Schon Irenaeus weiss davon, dass während der Herrschaft des Antichrist eine grosse Verfolgung stattfinden wird. V, 29₁. Er verweist dabei auf das Herrenwort Mtth. 24 ₃₁, welches von nun an in der Schilderung dieser letzten Zeit konstant wieder-

---

1) ich verweise im Vorbeigehen auf die beiden im Bahman Yast dem Messias voraufgehenden Zeugen Nêriôsang und Srôsh. In dem apokalyptischen Sammelwerk Onus ecclesiae finde ich Kap. 61 die rätselhafte Bemerkung: Sibylla nuncupat eos (sc. die Zeugen) duo stellas.

kehrt [1]). In einer Auslegung der Parabel Luk. 18 1ff. (V, 25. 3) ist ihm der ungerechte Richter der Antichrist, die um Rache flehende Witwe das irdische Jerusalem. »deinde et tempus tyrannidis eius significat, in quo tempore fugabuntur sancti.« Nach ihm bringt Hippolyt sehr ähnliche Ausführungen Kap. 56f. Er schildert auch noch genauer (58. 30 6): ὃς φυσιωθεὶς ὑπ᾽ αὐτᾶν (sc. Ἰουδαίων) ἄρχεται βίβλους κατὰ τῶν ἁγίων ἐκπέμπειν τοῦ πάντας πανταχοῦ ἀναιρεῖσθαι τοὺς μὴ θέλοντας αὐτὸν σεβάζειν καὶ προσκυνεῖν ὡς θεόν. Ebenso wissen von einer Verfolgung Victorin zu Apok. 12 6, Hieronymus in Dan 11 32, βιβλ. Κλήμ. 80 15. Prosper Dim. Temp. 10, Methodius, Adso [2]) und die meisten Ausleger des 12. Kapitels der Apokalypse (bei Malvenda II, 147 aufgeführt) [3]).

Charakteristischer ist die Schilderung der Flucht der Gläubigen Ephraem gr. 142 C:

πολλοὶ μὲν οὖν τῶν ἁγίων,	ὅσοι τότε εὑρίσκονται,
ἅμα εὐθὺς ἀκούσωσι	τὴν ἔλευσιν τοῦ μιαροῦ,
... καὶ φεύγουσι μετὰ σπουδῆς	τῆς μεγίστης ἐν ἐρήμοις
καὶ κρύβονται ἐν [ἐρήμοις καὶ] ὄρεσι	καὶ σπηλαίοις μετὰ φόβου
καὶ πάσσουσι γῆν καὶ σποδὸν	ἐπὶ τὴν κεφαλὴν αὐτῶν
μετὰ κλαυθμοῦ δεόμενοι	νύκτωρ τε καὶ μεθ᾽ ἡμέραν
ἐν πολλῇ ταπεινώσει.	
καὶ δωρεῖται αὐτοῖς τοῦτο	παρὰ θεοῦ τοῦ ἁγίου,
καὶ ὁδηγεῖ αὐτοὺς ἡ χάρις	εἰς τόπους τοὺς ὡρισμένους.

(damit zu vgl. Ps.-Hipp. Kap. 32. 112 26).

Ephr. syr. 10: fugient autem electi a facie ejus ad vertices montium et collium, fugient aliqui in sepulchra et occultabunt se inter mortuos.

J.-A. 7 cod. B: οἱ δὲ δίκαιοι κρυβήσονται καὶ φύγωσιν ἐν ὄρεσι καὶ σπηλαίοις.

Wieder lassen sich diese Ausführungen weit über den Überlieferungskreis des Ephraem hinüber verfolgen:

---

1) die Stellen bei Malvenda II, 145.
2) Malvenda II, 149.
3) zu vergleichen ist hier noch die Schilderung bei Ephr. gr. III, 138 D; Ps.-H. 25. 108; Cyrill 15 15; Phil. Solitarius 816 B, wie der Antichrist, der zuerst in der Rolle des Verführers aufgetreten ist, seine Maske abwirft und nun als harter und grausamer Tyrann erscheint.

Hippol. 61. 32 21 bemerkt von der ἐκκλησία zu Apok. 12 6: καὶ ἐν ἐρημίᾳ κρυπτομένην ἐν τοῖς ὄρεσιν.

Lact. VII, 17, 639 21: cum haec facta erunt, tum justi et sectatores veritatis segregabunt se a malis et fugient in solitudines.

Commodian 937 ff.:
>displicet interea jam sero Judaeis et ipsis,
>susurrantque simul, quoniam sunt fraude decepti,
>exclamant pariter ad caelum voce deflentes,
>ut deus illis subveniat verus ab alto.

Zeph.-Ap. 126: Sie werden ihr Gold nehmen und nach den Flüssen fliehen und sagen: setzet uns nach der Wüste über (vgl. die folgende Schilderung des Schutzes der Gläubigen in der Wüste und des erneuten Streites mit dem Antichrist und dazu die Parallele in der jüdischen Geschichte Daniels).

Andreas zu Apok. 12 6; 51 51: εἰκὸς δὲ καὶ τὴν αἰσθητὴν ἔρημον σώζειν τοὺς ἐν ὄρεσι καὶ σπηλαίοις καὶ ταῖς ὀπαῖς τῆς γῆς διὰ τὴν τοῦ ἀποστάτου καὶ ψευδοχρίστου ἐπιβουλὴν φεύγοντας.

D.-A. arm. 239 26: Diejenigen aber, die auf den Bergen, in Grotten, in Klüften und Höhlen der Erde wohnen, die allein werden fliehen können, bis zur zweiten Ankunft desjenigen, der von der heiligen Jungfrau geboren wurde.

Ich citiere hier noch einmal den oben wiederhergestellten Text in der Ascensio Jesaiae IV, 13. Hier heisst es zunächst von der Herrschaft des Antichrist: et dominabitur tres annos et septem menses et dies viginti septem. Dann weiter: et multi (quidem erunt) fideles et sancti, quum viderunt, quem ipsi »non« sperabant, erunt fugientes ex eremo in eremum praestolantes eius (dei?) adventum. Die Parallele zu der sonstigen Überlieferung, welche wir so in der Ascensio finden, ist eine neue Bestätigung des Rechtes der vorgenommenen kritischen Operation. Zu diesem wesentlich jüdischen Quellenmaterial (Commodian, Lactanz, Ascensio) kommen nun noch fast alle (oben S. 68) erwähnten späten jüdischen Apokalypsen hinzu, die sämmtlich diesen Zug haben.

Das gesammelte Material ist nun ausserordentlich interessant und giebt zu einer Reihe von Beobachtungen Veranlassung. Zunächst wird es nunmehr klar, dass wie wir vermuteten, Mtth. 24 15 ff. wirklich ein Fragment einer Apokalypse vom Antichrist ist. Das βδέλυγμα τῆς ἐρημώσεως an heiliger Stätte ist der Antichrist. Die darauf geweissagte Flucht in die Berge ist die Flucht vor dem Antichrist. Dass die Deutung des $βδέλυγμα\ τῆς\ ἐρημώσεως$, das an heiliger Stätte steht, auf das römische Heer vor Jerusalem sehr künstlich sei, hat man lange eingesehen. Aber auch mit der jetzt beliebten Deutung auf Caligula kommt man nicht aus (s. o. S. 14). Dagegen erklärt sich alles ungezwungen und einfach, wenn wir uns die Sage vom Antichrist vergegenwärtigen. Auch das Daniel entlehnte Stichwort Mtth. 24 21 erscheint hier von neuem innerhalb der Schilderung der letzten Nöte unter der Herrschaft des Antichrist.

Besonders bedeutsam ist weiter die oben aus Commodian citierte Stelle. Sie zeigt ganz deutlich, dass die in die Wüste fliehenden ursprünglich die Gläubigen des jüdischen Volkes waren, welche den Betrug des Antichrist erkannt haben. Ebenso schildert Lactanz VII, 17 noch deutlich die Verfolgung der Juden: tunc eruere templum Dei conabitur et justum populum persequetur. — idem justos homines obvolvet libris prophetarum atque ita cremabit.

Unvertilgbar aber haftet nun dieser ursprünglich jüdische Zug an der uns interessierenden eschatologischen Tradition. Wir haben hier die Erklärung der sehr weit verbreiteten Anschauung von der Bekehrung der Juden gerade in der letzten antichristlichen Zeit. Das Christentum übernahm eben die Überlieferung in einer Form, in der überhaupt Juden und Gläubige gleichbedeutend gewesen waren.

Victorin bemerkt zu Apok. 12 6: ecclesiam illam catholicam, ex qua in novissimo tempore creditura sunt centum quadraginta quattuor milia hominum Eliae, sed et ceterum populum inveniri in adventu Domini hic dicit. Sic et Dominus in evangelio ait: tunc qui in Judaea sunt etc. Der ganze Zusammenhang und die Zwischenbemerkung haben nur bei der Annahme Sinn, dass Victorin unter den Bekehrten und Fliehenden der Endzeit vor allem die Juden verstand. — Nach Malvenda II, 200 verweise ich ferner auf Hilarius in Matth. X, 14 u. ö., Augustin de civ. Dei XX, 29, Gregor in Ezech. Hom. XII, 7, Chrysostomus in Matth. Hom. 58 1, Theodoret in Danielem XII, 1 in Malachiam IV, 1 [1]), Joh. Damascenus a. a. O., Adso.

---

[1]) an diese Stelle wird die Erwartung natürlich vielfach angeknüpft.

Das Wichtigste aber ist, dass wir von hier aus einsehen, wie Paulus (Röm. 9 26) dazu kommen konnte, von einer Bekehrung Israels am Ende der Tage zu reden. Es war das keine selbsterfundene Hoffnung, mit der er sich tröstete, er nahm dieselbe aus der alten heiligen eschatologischen Tradition seines Volkes. Und somit hellt sich auch die schwierige Stelle Röm. 11 12 auf: εἰ δὲ τὸ παράπτωμα αὐτῶν πλοῦτος κόσμου καὶ τὸ ἥττημα αὐτῶν πλοῦτος ἐθνῶν, πόσῳ μᾶλλον τὸ πλήρωμα αὐτῶν. Der grosse Vorteil, den das bekehrte Israel der heidenchristlichen Kirche bringen wird, ist eben dieser: Israel wird den Widerstand und Kampf gegen den Antichrist aufnehmen.

Auch Apok. 7 1 ff. ist natürlich von hier aus zu verstehen. Die schematische Bestimmung der Zahl 144 000 scheint schon ursprünglich der Sage angehört zu haben. Wenn es heisst, dass 12 000 aus jedem der zwölf Stämme (mit Ausnahme Dans — aus dem oben schon erklärten Grunde) errettet werden, resp. das Siegel Gottes bekommen, so könnte man allerdings daraus schliessen, dass gerade wegen dieser schematischen Aufzählung der nicht mehr vorhandenen zwölf Stämme dieser Zug nicht genuin jüdisch sei. Doch findet er sich eben schon in der Apokalypse und dort in einem Stück, das offenbar als übernommen erscheint. Auch verband sich ja mit der Sage vom Antichrist schon sehr früh die Erwartung der Rückkehr der zehn Stämme (s. oben S. 61). Victorin legt ausdrücklich die Stelle aus: ideo ostendit etiam numerum ex Judaeis crediturum et (7 9 ff.) ex gentibus magnam multitudinem (vgl. zu derselben Stelle Andreas). Die 144 000 mit dem Siegel Gottes treten dann endlich in einen natürlichen Gegensatz zu den vom Antichrist versiegelten, von denen ja mehrfach ausdrücklich versichert wird, dass sie das Siegel (Zeichen) Gottes (Christi) nicht empfangen können, weil sie das Zeichen des Antichrist angenommen haben (s. oben S. 132 f.).

XV.
Die Verkürzung der Tage.

Mtth. 24 22 heisst es: καὶ εἰ μὴ ἐκολοβώθησαν αἱ ἡμέραι ἐκεῖναι, οὐκ ἂν ἐσώθη πᾶσα σάρξ. διὰ δὲ τοὺς ἐκλεκτοὺς κολοβωθήσονται αἱ ἡμέραι ἐκεῖναι.

Eine ausführlichere Tradition hierüber findet sich innerhalb der verschiedensten Zweige der Überlieferung unserer Sage. Schon bei Lact. VII, 16. 636 17 heisst es:

tunc annus breviabitur, et mensis minuetur, et dies in angustum coarctabitur.

Zeph. Apok. 128: Dann wird der Unverschämte . . sprechen: wehe mir selbst. Denn meine Zeit ist mir vorübergegangen. Ich sagte: meine Zeit wird nicht vorübergehen, — und meine Jahre sind wie die Monate geworden. Meine Tage sind verflogen, wie der Staub, der verfliegt.

J.-A. 18: τρία ἔτη ἔσονται οἱ καιροὶ ἐκεῖνοι, καὶ ποιήσω τὰ τρία ἔτη ὡς τρεῖς μῆνας καὶ τοὺς τρεῖς μῆνας ὡς τρεῖς ἑβδομάδας καὶ τὰς τρεῖς ἑβδομάδας ὡς τρεῖς ἡμέρας καὶ τὰς τρεῖς ἡμέρας ὡς τρεῖς ὥρας καὶ τὰς τρεῖς ὥρας ὡς τρεῖς στιγμάς.

Ganz ähnlich wie in J.-A. findet sich dieser Zug bei D.-A. gr. 106, E.-A. 13 u. 14, Sib.-Beda, Adso 1294 C, in der jüdischen Geschichte Daniels. Kürzer bei Ps.-H. 114 13 und P.-A. aeth.[1]).

Auch hier zeigt sich wieder der fragmentarische Charakter der neutestamentlichen Überlieferung. Bei der »Verkürzung der Tage« muss es sich doch um eine bestimmte Zeitfrist handeln. In der Parallelüberlieferung wird diese angegeben. Es ist die Zeit der 3½ Jahre, der Herrschaft des Antichrist, um die es sich hier handelt.

Von litterarischem Interesse ist noch folgende Beobachtung. Bei Ephraem gr. findet sich eine charakteristische Schilderung der Not und der allgemeinen Flucht und Verwirrung zur Zeit des Antichrist. II, 223.

ἅπαντες δὲ οἱ ὄντες   ἐπὶ γῆς ἀνατολῶν
ἐπὶ δυσμὰς φεύγουσιν   ἐκ τῆς πολλῆς δειλίας,
καὶ πάλιν δὲ οἱ ὄντες   ἐπὶ δυσμῶν ἡλίου
ἐπὶ τὴν ἀνατολὴν   φεύγουσι μετὰ τρόμου.

Eine ganz ähnliche Schilderung findet sich Ps.-Ephr. Kap. 4, Ps.-Hipp. 33. 113 8, D.-A. arm. 239 24, Ps.-Meth. 99, Adso 1293 C, Philippus Solitarius 817 A [2]).

---

1) auch das Elucidarium zeigt sich mit dieser Idee bekannt, lehnt sie jedoch ab.

2) noch in der arabischen Überlieferung bei Tabari (s. o. S. 74) findet sich eine ähnliche Schilderung.

XVI.
Die letzte Not und die Errettung.

Den in die Wüste fliehenden sendet der Antichrist seine Heere nach. Aber in der Wüste werden dann die Gläubigen in wunderbarer Weise errettet, und die Macht des Antichrist vernichtet.

Lact. VII, 17. 640₂: quo audito inpius inflammatus ira veniet cum exercitu magno et admotis omnibus copiis circumdabit montem, in quo justi morabuntur, ut eos comprehendat . illi vero ubi se clausos undique atque obsessos viderint, exclamabunt ad Deum voce magna et auxilium coeleste implorabunt, et exaudiet eos Deus et mittet regem magnum de coelo, qui eos eripiat ac liberet omnesque inpios ferro ignique disperdat.

Auch Victorin kennt diese Tradition (zu Apok. 12₁₅f.): aquam quam emisit de ore suo serpens: jussu suo exercitum eam sequi significat (sc. die in die Wüste geflohene Schaar von Gläubigen), aperuisse terram os suum et devorare aquas: vindictam de praesentibus manifestam.

Zeph. Ap. 128 ruft der Antichrist: »Jetzt fliehet (? = eilet?) nun in die Wüste, fanget die . . . ., tötet sie, die Heiligen bringet her«. Sehr charakteristisch ist folgende Stelle: Dann wird er seine feurigen Flügel nehmen und hinter den Heiligen herfliegen und wiederum mit ihnen kämpfen. — Die Errettung geschieht nach Zephanja durch Engel, welche die Gläubigen auf ihre Flügel nehmen und in das »heilige Land« tragen.

Es ist bemerkenswert, dass Ps.-Hipp. 29 hier zum ersten Mal, wie es scheint, selbständig — wenigstens habe ich diesen Zug in keiner der um Ephraem sich gruppierenden Schriften finden können — dieselbe Tradition bewahrt.

τότε ἀποστελεῖ ἐν ὄρεσι καὶ σπηλαίοις καὶ ταῖς ὀπαῖς τῆς γῆς τῶν δαιμόνων τὰς φάλαγγας πρὸς τὸ ἐρευνῆσαι τοὺς ἀποκρυβέντας ἐκ τῶν ὀφθαλμῶν αὐτοῦ καὶ προσαγαγεῖν αὐτοὺς εἰς προσκύνησιν αὐτοῦ καὶ τοὺς μὲν πειθομένους αὐτῷ σφραγίσει τῇ σφραγίδι αὐτοῦ [1]). τοὺς δὲ μὴ βουλομένους αὐτῷ ὑπακοῦσαι τιμωρίας ... ἀναλώσει.

---

1) man beachte, wie hier und in der Apok. Zeph. wieder ein stark

Parallel damit geht Adso 1297 A: post ceteros fideles persequens reddet gladio aut apostatas faciet, et qui in eum crediderint, signum characteris eius in fronte suscipient.

Endlich ist hier Beatus 541 zu erwähnen: .. loca sunt ibi inaccessibilia; ibi sancti confugient et ibi latitabunt, quos Christus in carne vivos invenerit.

Also die in die Wüste geflohenen Gläubigen werden dort ihre Errettung finden. Gott wird ihnen den Messias senden. Ein helles Licht fällt von hier aus auf die Stelle Mtth. 24 26, wenn sie euch nun sagen: siehe er ist in der Wüste, ziehet nicht hinaus[1]). Und vielleicht löst sich auch nun das rätselhafte Wort, das diesem bei Mtth. folgt: siehe er ist ἐν τοῖς ταμιείοις, glaubet es nicht. — Jes. 26 20 heisst es nämlich: βάδιζε λαός μου, εἴσελθε εἰς τὰ ταμιεῖά σου, ἀπόκλεισον τὴν θύραν σου, ἀποκρύβηθι μικρὸν ὅσον ὅσον, ἕως ἂν παρέλθῃ ἡ ὀργὴ κυρίου. Dieses Wort wird nun in einigen Quellen unserer Überlieferung auf diese Flucht der Gläubigen in die Wüste gedeutet. P.-A. aeth.: und sie werden in die Berge, Höhlen und Erdklüfte fliehen und sich verbergen, wie der Prophet Jesaias sagt: gehe mein Volk hinein in dein Haus und verbirg dich eine kleine Weile, bis der Zorn des Herrn vorüber sein wird. — Es scheint mir nicht unmöglich, dass diese Deutung des »in die Kammer gehens« im Jesaias auf die Flucht der Gläubigen in die Wüste uralt ist. Dann hätten wir in den beiden Ausdrücken: siehe er ist in der Wüste — siehe er ist in der Kammer — einen Parallelismus.

Es wird bereits klar geworden sein, dass auch die zweite Hälfte[2]) von Apokalypse 12 sich mit unserm Sagenkreis berührt. So wie das Kapitel vorliegt (vgl. namentlich 12 17), ist allerdings die Flucht des Weibes schon auf einen bestimmten zeitgeschichtlichen Vorgang bezogen, aber ursprünglich war, wenigstens was die neutestamentliche Zeit betrifft, mit dem Weib, das vom

---

archaistisches Moment zur Erscheinung kommt (vgl. hier den Abschnitt IX).

1) zu verweisen ist hier auch auf das geschichtliche bezeugte Auftreten von falschen Messiassen in der Wüste Act. 21 31, Josephus Arch. XX, 8 6, B. J. VII, 11 1.

2) vgl. hier den erst nachträglich geschriebenen Anhang über dies Kapitel unten S. 169.

Drachen verfolgt wird, die Kirche — resp. die Gemeinde der jüdischen Gläubigen in der Endzeit gemeint. So legen auch noch fast alle Kirchenväter[1]) von Hippolyt und Methodius an aus, nur dass für sie natürlich das Weib die christliche Kirche ist. Auch im einzelnen mag Victorin (s. oben S. 145) ungefähr schon mit seiner Auslegung das getroffen haben, was der Verfasser dieses Stückes durch seine eschatologischen Bilder zum Ausdruck bringen wollte. Eine andere Frage ist es — und das betrifft die besondere Schwierigkeit, unter der die Auslegung des 12. Kap. steht — ob und wie weit die phantastischen einzelnen Züge dem Zussammenhang eines älteren Mythos entlehnt sind. Bisher ist es auch Gunkel nicht gelungen, hier überzeugende Parallelen und wesentliche Aufklärungen zu bringen. Es ist ja wahrscheinlich, dass der Apokalyptiker die Farben zu seinem Gemälde dem Drachenmythos und dem damit zusammenhängenden Mythenkreis entlehnte. So lange das aber noch nicht nachgewiesen ist, so bleibt immerhin die Möglichkeit, dass derjenige Apokalyptiker, der Apokalypse 12 erweiterte, die eschatologische Phantasie von der Verfolgung der Gläubigen durch den Antichrist in Farbentönen zeichnete, die zu dem Anfang des Kapitels, das ja in der That dem Drachenmythos entlehnt ist, passten. Doch will ich auch dies nur als Vermutung aufgestellt haben und hier mit Freuden jede weitere Belehrung begrüssen.

Aber noch eine schwierige Stelle der Apokalypse ist hier zu besprechen. Ganz rätselhaft ist das Gericht, das Apok. 14₁₄—₂₀ geschildert wird. Wer vollzieht überhaupt dieses Gericht? Wie es scheint, der Messias, einer der auf den Wolken sitzt, ähnlich einem Menschensohn. Aber V. 15 ist dann von einem $ἄλλος\ ἄγγελος$ die Rede. Und jedenfalls vollzieht er das Gericht nicht allein, sondern neben ihm steht an fast hervorragenderer Stelle dieser zweite Engel, der ebenfalls Gericht hält. Über wen wird ferner das Gericht vollzogen? Es ist nur von einem grossen Blutbad **ausserhalb der Stadt** die Rede.

Vielleicht hilft uns hier Lactanz weiter, der VII, 19. 645₁₁ von der Besiegung der Scharen erzählt, welche vom Antichrist zur Verfolgung der Gläubigen ausgesandt sind. »et virtus angelorum tradet in manus justorum multitudinem illam, quae montem

---

1) Malvenda 147.

circumsederint, et fluet sanguis more torrentis; deletisque omnibus copiis impius solus effugiet.

Dazu ist dann noch die Erklärung Victorins zu dieser Stelle zu vergleichen: et exiet sanguis usque ad frenos equorum: exiet ultio usque ad principes populorum i. e. rectores sive diabolum sive angelos[1]) eius, novissimo certamine exiet ultio sanguinis effusi.

Ferner Commodian 983:
> quum properant autem exercitu Dei rebelles,
> sternunturque solo ab angelis proelio facto.

Und Apok. Zeph. 128 (hinter der oben citierten Stelle): die Engel werden es hören und herabkommen und mit ihm einen Kampf von vielen Schwertern kämpfen.

Es ist sehr wahrscheinlich, dass in Apok. 14₁₄—₂₀ die Engelschlacht ursprünglich geschildert war, welche gegen die Scharen des Antichrist, von denen die Gläubigen in der Wüste verfolgt werden, geliefert werden soll. Sie wird ausserhalb der Stadt geschlagen, d. h. ausserhalb Jerusalems, des Hauptsitzes des Antichrist.

Der Menschensohnähnliche, der auf den Wolken thront, ist dann eben auch nur als ein Engel aufzufassen. Und nun begreift man auch, weshalb vorher im Anfang von Kap. 14 das Lamm mit den 144000 erscheint. Die 144000 sind die treugebliebenen Gläubigen, welche in die Wüste geflohen sind, sie erscheinen mit dem Lamme. Gott hat ihnen in der Wüste den Messias gesandt (vgl. Lactanz oben). Auch dass sie auf einem Berge stehen, stammt aus derselben Überlieferung (s. oben). Nur dass es der Berg Zion sei, scheint vom Verfasser eingetragen zu sein.

XVII.

Das endgültige Gericht über den Antichrist.

Schon Paulus lässt den Antichrist durch Christus bei seiner Wiederkunft vernichtet werden und beschreibt seine Vernichtung nach Jes. 11₄. Der Herr wird ihn töten durch den Hauch

---

[1]) durch Dämonen werden bei Ps.-Hipp. s. o. die Gläubigen in der Wüste verfolgt.

seines Mundes, und wird ihn vernichten, wenn er bei seiner Wiederkunft erscheint.

Diese Anschauung, dass Christus selbst den Antichrist besiegen werde, ist denn auch weit verbreitet geblieben, wiewohl in vielen Schilderungen (vgl. Ephr. gr. 143 B, Ps.-Hipp. 37, Phil. Solitarius 818 C, J.-A. 16 f., D.-A gr. 116 und arm. 240) die Scene fast völlig zurücktritt. Sie findet sich ausführlich [1]) bei Lactanz VII, 19 (s. unten), ferner bei Ps.-Ephraem 10, Prudentius Cathemerinon 6 [2]), Cyrill 15 10, Hieronymus ad Algasiam 11, P.-A. syr., Joh. Damascenus, Adso, Haymo, Elucidarium, auch schon in jüdischen Quellen, so im Testamentum XII Patr. Dan 5, im Midrasch Vajoscha, den Geheimnissen des Rabbi Jochai, in der jüdischen Geschichte Daniels.

Auch die Beziehung auf Jes. 11 4 finden wir wieder bei Ps.-Ephraem, Cyrill, Hieronymus, Joh. Damascenus, Adso, Haymo. — Besonders bemerkenswert aber ist, dass auch im Midrasch Vajoscha, in den Geheimnissen des Rabbi Jochai und der Geschichte Daniels der Messias, der Sohn Davids, den Armillus [3]) durch den Hauch seines Mundes tötet. — Also auch in diesem Punkt scheint die Beziehung auf Jes. 11 4 von Paulus nicht erst selbständig eingebracht, sondern ihm aus der jüdischen Tradition überkommen zu sein.

Diese Vorstellung, dass der Messias den Antichrist selbst besiegen werde, ist in späterer Zeit die allein herrschende geworden. Ja sie ist es vielleicht gewesen, welche im Mittelalter zu einer wichtigen Wandlung der christlichen Eschatologie Anlass gegeben hat. Schon seit Hieronymus (in Dan 12 11 f.) macht sich die Anschauung geltend, dass zwischen der Vernichtung des Antichrist und dem grossen Endgericht ein Zwischenraum liege (die 45 Tage, welche Dan 12 11 f. zählt) [4]). Es ist mir sehr wahrscheinlich, dass in dieser Wendung die Sage sehr viel dazu beigetragen hat, dass man im Mittelalter gegen das Verdict der Kirche es wagte, wieder chiliastische Anschauungen aufzubringen. Seit Joachim von Floris erwartete man — namentlich

---

1) vgl. Hipp. 64, Ps.-H. 36 f.
2) qui de furente monstro pulchrum refert trophaeum.
3) in der Geschichte Daniels wird nicht ganz klar, ob der Armillus oder der Messias ben Joseph getötet wird.
4) Malvenda II, 243.

in den Kreisen des Franciscanerordens — wieder eine goldne Zeit auf Erden: das Reich des heiligen Geistes, Reformation der Kirche und Herrschaft des Mönchtums. In diesem Zusammenhang redet man dann auch von einer zweiten Ankunft Christi, im Gegensatz zu seiner dritten beim Weltgericht. (So schon Joachim und seine zahlreichen Nachfolger Ubertinus de Casalis, die deutschen Prophetinnen und Apokalyptiker bis zum Verfasser des onus ecclesiae hin). Diese zweite Ankunft Christi wird zwar meistens nur geistig gedacht, aber bei ihr wird er den Antichrist besiegen (der Antichrist wird in verschiedenster Weise gedeutet), dieser Ankunft werden Elias und Henoch vorangehen (zwei Mönchsorden!), bei ihr wird sich die Bekehrung der Juden vollziehen. Deutlich sieht man den Einschlag der Sage vom Antichrist. Ich kann hier nur andeuten. Es würde wieder eine eigne Schrift erfordern, diesen Spuren nachzugehen.

Es zeigen sich aber doch Spuren einer älteren Gestalt der Sage, in welcher der Messias kaum eine feste Stelle gehabt haben dürfte.

So heist es Ascensio Jesaiae 4 14 nicht vom Messias, welcher hier dilectus genannt wird, sondern von Gott: veniet dominus cum angelis suis et cum potestatibus sanctorum e septimo coelo cum gloria septimi coeli et trahet Berialem in Gehennam et potestates quoque eius.

Ebenso heisst es von Gott Sib. III, 73:

καὶ Βελίαρ φλέξει καὶ ὑπερφιάλους ἀνθρώπους
πάντας, ὅσοι τούτῳ πίστιν ἐνεποιήσαντο.

Undeutlich ist Ps.-Meth.: καὶ τότε φανήσεται τὸ σημεῖον τοῦ υἱοῦ τοῦ ἀνθρώπου μετὰ δόξης πολλῆς καὶ ἥξεται ἐπὶ τῶν νεφελῶν τῆς γῆς. καὶ ἀνελεῖ αὐτὸν ὁ κύριος (aber der Lateiner »interficiet eum Deus«) τῷ πνεύματι τοῦ στόματος αὐτοῦ.

Die ganze Schilderung des Endes des Antichrist macht hier einen unzusammenhängenden und abrupten Eindruck. — Dazu ist die unten folgende Notiz aus Bernard. Senensis zu vergleichen, der im Methodius eine Erwähnung des Erzengels Michael las, eine Notiz, die nicht so ohne weiteres zu verwerfen ist, weil doch der mit Ps.-Meth. eng zusammenhängende Adso dieselbe auch hat. — Vielleicht haben wir den Schluss des Methodius nicht mehr in der ursprünglichen Form.

Zu diesen Stellen aber kommen nun auch noch eine Reihe

anderer, in denen sich eine entschieden ältere Tradition erhalten hat. Nach dieser wird der Erzengel Michael den Antichrist besiegen. Der Messias spielt dabei in den älteren Quellen gar keine Rolle (in den jüngeren wird natürlich vermittelt). Neben Michael tritt Gott als Weltrichter.

Bevor ich die Stellen hierhersetze sei noch eine allgemeine Erwägung vorangeschickt:

Es wäre überhaupt von allerhöchstem Interesse den Spekulationen im Spätjudentum über den Erzengel Michael im Zusammenhang nachzugehen. Man würde, wie ich vermute, finden, dass wenn irgendwie, dann gerade hier jüdische Spekulationen vorbildlich für die Entwickelung der Christologie geworden sind. Der Erzengel Michael nimmt in der spätjüdischen Gedankenwelt — eben als Engel des Volkes — eine erstaunlich hohe Stellung ein. Schon Daniel 12 1f. tritt Michael als der mächtige Held der Endzeit auf, der in den letzten Tagen für sein Volk streiten wird. Und was das bedeutsame ist: seine Gestalt hat schon hier ganz die des Messias verdrängt, und ist selbst von messianischer Bedeutung geworden. Es ist zu erwarten, dass Daniel auch hier wie an allen Punkten grossen Einfluss auf die eschatologische Spekulation ausgeübt hat. So ist denn nach meiner Meinung der Hauptbeweis für die jüdische Herkunft von Apok. 12 die hervorragende Stellung, welche der Erzengel Michael hier einnimmt. Er und nicht das Kind, das geboren wird, um die Heiden mit ehernem Scepter zu weiden, wirft den Drachen bei dessen Ansturm gegen den Himmel. Bedeutsamer wird noch die Stellung des Michael, wenn wir annehmen dürften, dass in Apok. 12 ursprünglich der letzte und entscheidende Sturm des Drachen gegen den Himmel, die Revolution der alten Schlange und ihre endgültige Besiegung geschildert war. Dann ist eben in der jüdischen Umwandlung dieses Bildes Michael der Drachenbesieger in dem grossen Kampf der Endzeit geworden.

Spuren dieser Anschauung finden sich nun noch in zahlreichen Quellen.

Ephr. Syr. 12: tunc exsilientes Gabriel et Michael duces exercitus descendent et suscitabunt sanctos; pudore autem afficietur malus (antichristus) cum suis satellitibus; angeli porro accedentes apprehendent maledictum. — simul clamabit Dominus[1]) de coelo et subvertet maledictum cum omnibus suis copiis, et illico angeli detrudent eum in geennam [2]).

Ebenso zeigt sich eine Spur dieser Anschauung im Cod. E der J.-A. Kap. 7, wo es vom Antichrist heisst: ὅτε αἰχμαλωτεύθη ὑπὸ τοῦ ἀρχαγγέλου Μιχαὴλ καὶ ἦρεν ἐξ αὐτοῦ τὴν θεότητα (καὶ ἀπεστάλην ἐγὼ ἐκ τῶν κόλπων τοῦ πατρός μου καὶ συνέστειλα τὴν κεφαλὴν αὐτοῦ τοῦ μεμιαμένου, καὶ ἐσβέσθη ὁ ὀφθαλμὸς αὐτοῦ) [3]).

E.-A. 13: und dort wird Gott gegen sie (Gog und Magog) senden den Michael, den furchtbaren Engel, und der wird sie vernichten ohne Erbarmen. Kap. 15: und es werden Engel gesandt, die stürzen den Sohn des Verderbens in die Gehenna des Feuers, und das Ende ist da.

Beda de ratione temporum 69: percusso autem illo perditionis filio sive ab ipso Domino sive Michaele archangelo.

Sib.-Beda: et occidetur virtute Domini antichristus a Michaele archangelo ut quidam docent.

Adso 1297 B: tradunt quoque doctores, ut ait Gregorius Papa [4]), quod Michael archangelus perimet illum in monte Oliveti in papilione et solio suo, in loco illo de quo Dominus ascendit ad coelos (nach Adso Haymo in II. Thess. 2).

Bemerkenswert ist übrigens die bei Malvenda II, 235 aus Bernardinus Senensis de judicio universali XI citierte Stelle: antichristus de mandato Christi fulminabitur per ministerium archangeli Michael, qui etiam interficiet eum »secundum Methodium«.

In der jüdischen Geschichte Daniels heisst es ebenfalls: Darauf werden sie, Michael und Gabriel den, der sich für den

---

1) unter Dominus ist Gott zu verstehen, Christus wird nachher filius genannt. Die Besiegung des Antichrist und der Weltuntergang vollzieht sich ohne ihn.

2) nach der hier secundären arabischen Petrus-Apokalypse besiegt Michael den Löwensohn, den letzten römischen Kaiser (bei Nichol. a. a. O. die Angabe des Inhalts).

3) vgl. auch Kap. 9, wo Michael und Gabriel die Totenerweckung herbeiführen, ebenso P.-A. aeth. Hier erwecken Michael und Gabriel den Elias und Henoch.

4) vgl. Homil. 34₉ in Evang., wo Gregor sich allerdings auf Apok. 12₇ bezieht, und Moralia XXXII, 15₂₇.

Messias ausgegeben hat, töten, und Gott wird vom Himmel erscheinen [1]).

Einen Anklang an diese Überlieferung bietet noch Ephr. gr. 143 E:

καὶ ἄγεται ὁ τύραννος   δεδεμένος ὑπ' ἀγγέλων
σὺν ἅπασι τοῖς δαίμοσιν   ἐνώπιον τοῦ βήματος.

Victorin in Apok. 15 1: hos angelos malos septem ad percutiendum antichristum mittit.

Dazu sind die oben citierten Stellen aus Commodian und Apok. Zephanja zu vergleichen.

Eine in noch frühere Zeit weisende Parallele liegt dann wahrscheinlich noch in der assumptio Mosis X vor. Es heisst dort: et tunc parebit regnum illius (sc. dei) in omni creatura illius . et tunc Zabulus (diabolus) finem habebit. ..... tunc implebuntur maṅus nuntii, qui est in summo constitutus, qui protinus vindicabit illos (sc. Israel) ab inimicis eorum. — Es kann kaum ein Zweifel sein, dass hier mit dem nuntius der Engel Michael gemeint sei. Wenn es dann weiter heisst: exsurget enim Coelestis a sede regni sui, so stehen hier wieder Gott und Michael nebeneinander im Kampf, zwar nicht mit dem Antichrist, aber mit dem Teufel. — Ursprünglich kann Michael ja auch nicht dem Antichrist (dem Pseudomessias) gegenübergestellt gewesen sein, sondern eben dem Teufel, dem Belial oder dem Drachen (Apok. 12 7) [2]).

Bemerkenswert ist die wohl an Sacharja sich anlehnende Behauptung, dass der Antichrist auf dem Ölberg seine Niederlage erleiden wird. Freilich lässt sich die Spur, wie es scheint, mit Sicherheit nicht weiter als bis Hieronymus in Danielem XI, 44 f. zurückverfolgen. Tunc veniet antichristus usque ad summmitatem montis eius ... id est verticem montis Oliveti... et asserunt ibi antichristum esse periturum, unde Dominus ascendit ad coelos. Nach Hieronymus bringen Beatus (542), Adso und das Elucidarium die Notiz; zu derselben Stelle im Daniel

---

1) mit der ganzen Tradition vertraut zeigt sich auch Theodoret in Daniel XII, 1 (Malvenda II, 181).

2) über den Drachentöter Michael und seine Parallelisierung mit Horus, dem Besieger des Typhon und Apollo, dem Python-Bezwinger Dieterich, Abraxas 122 f.

auch Theodoret. Auch in der Geschichte Daniels erscheint der Messias ben David auf dem Ölberg.

Als ältere Parallele aber mag Apokal. Baruch 40 gelten: dux ultimus qui tunc reliquus erit vivus, cum vastabuntur multitudo congregationum eius, et vincietur, et adducent eum super montem Sion, et Messias meus arguet eum de omnibus impietatibus eius. — et postea interficiet eum (cf. IV. Esra 13,34).

Eine besonders archaistische Variante bietet noch Lactanz VII, 19. 645 16: antichristus .... contra verum dimicabit et victus effugiet et bellum saepe renovabit et saepe vincetur, donec quarto proelio .... debellatus et captus tandem scelerum suorum luat poenas (vgl. Commodian 937 ff.).

XVIII.
Das Zeichen des Menschensohnes.

Matth. 24,30 wird geweissagt: und dann wird das Zeichen des Menschensohnes am Himmel erscheinen. Was ist das Zeichen des Menschensohnes? Danach wird von den Exegeten kaum gefragt, und doch muss die Frage erhoben werden. Es finden sich darüber die verschiedenartigsten Phantasieen bei den Kirchenvätern. Wahrscheinlich wird das Zeichen des Menschensohnes als eine Himmelserscheinung aufzufassen sein, vielleicht war es ein Schwert, das dem vom Himmel kommenden Messias voranleuchten sollte.

So findet sich die Überlieferung bei Lactanz VII, 19. 645 8: cadet repente gladius e coelo, ut sciant justi ducem sanctae militiae descensurum.

Daneben finden sich die verschiedenartigsten Deutungen:
Commodian 903:
> videbitur et tunc ignea quadriga per astra
> et facula currens, nuntiet ut gentibus ignem.

Ephr. syr. Kap. 12:
> tunc descendet Dominus .... et consistet currus eius inter coelum et terram.

Sib. IV, 172: ..... σῆμα μέγιστον
ῥομφαίη σάλπιγγι θ᾽ ἅμ᾽ ἠελίῳ ἀνιόντι.

(vgl. auch Sib. V, 158: ἥξει δ᾽ οὐρανόθεν
ἀστὴρ μέγας εἰς ἅλα δεινὴν καὶ φλέξει
πόντον τε βαθύν ...

Sibyll. XIV, 158:
καὶ τότε δὴ μέγα σῆμα θεὸς μερόπεσσι βροτοῖσιν
οὐρανόθεν δείξει περιτελλομένοις ἐνιαυτοῖς
φάλκην ἑσσομένοιο τέρας πολέμοιο κακοῖο.

Βιβλ. Κλήμεντος 81 21: τότε ἔσται ἐν τῷ οὐρανῷ σημεῖα.
τόξον ὀφθήσεται καὶ κέρας καὶ λαμπάς.

Allgemeiner lautet Sib.-Beda:

Judicii signum, tellus sudore madescet,
e coelo rex adveniet per saecla futurus.

In der jüdischen Geschichte Daniels heisst es: Und die Fahne des Messias wird erscheinen.

Allgemein dagegen wird schon in sehr früher Zeit das Zeichen des Menschensohnes auf das wiedererscheinende Kreuz gedeutet. So findet sich diese Angabe bei Ps.-Ephraem 10, Cyrill 15 22, Ps.-Chrysostomus, Ps.-Hipp. 36. 115 4, D.-A. graec. cod. (s. Klostermann 120, Anm.), Elucidarium. — Bei Ps.-Methodius (Sib. Usinger) legt der letzte römische König seine Krone auf das Kreuz nieder und dieses wird mit der Krone in den Himmel erhoben. „αὐτὸς μέλλει φαίνεσθαι ἐν τῇ παρουσίᾳ ἔμπροσθεν αὐτοῦ εἰς ἔλεγχον τῶν ἀπίστων Ἰουδαίων".

Undeutlicher lauten die Aussagen bei Ephraem graec. In de antichristo findet sich die Erwähnung des Kreuzes nur in der lateinischen Übersetzung. In der in fünffacher Überlieferung vorhandenen Ausführung über die zweite Parusie dagegen findet sich eine ausführlichere Mitteilung. Ich gebe die Recension I (s. o. S. 24 nach III, 145 u. II, 193). Wie ich vermute, ist der Passus in Tetrasyllaben geschrieben. Doch ist der Text nicht überall wiederherzustellen.

ὅταν (?) ἴδωμεν τὸ σημεῖον τοῦ υἱοῦ τοῦ ἀνθρώπου[1] ἐν
τῷ οὐρανῷ φανέν, κάθως εἶπεν ὁ κύ-ριος, ἐν ᾧ
προσηλώθη ἑκουσίως ὑπὲρ ἡμῶν. τότε πάντες

---

[1] hier erwähnen alle übrigen Handschriften ausdrücklich das Kreuz. II, 219. III, 193 lesen (ἀνα)φανὲν ἐν τῷ οὐρανῷ τὸν τίμιον καὶ ζωοποιὸν σταυρὸν φωτίζοντα τὰ πέρατα τῆς γῆς. (Danach Ps.-Hipp. 1154).

θεωροῦντες ¹) ἐν τῷ ὕψει φάνεν ²) τὸ φοβερὸν
καὶ ἅγιον ? σκῆπτρον τοῦ μεγάλου βασιλέως.
ἐπιγινώσκει ³) ἕκαστος καὶ (?) μνημονεύει τοῦ λόγου τοῦ
κυρίου προ- ειρήκοτος ⁴). φανήσεται ⁵) τὸ σημεῖον
τοῦ υἱοῦ τοῦ ἀνθρώπου ἐν τῷ οὐρανῷ καὶ ἐν πληρο- (!)
φορίᾳ γίνονται πάντες, ὅτι ὀπίσω ⁶) αὐτοῦ μέλλει
ἀναφαίνεσ- θαι ὁ βασιλεύς.

Diese Stellen führen uns in die schier unentwirrbare Fülle der Traditionen vom Kreuz. Ich bin jedoch gezwungen, mich hier kurz zu fassen.

Der Glaube an das Wiedererscheinen des Kreuzes beim Endgericht hat vor allem bekanntlich in der orientalischen Kirche eine grosse Rolle gespielt. Mit diesem Glauben hängen ja auch sicher die mannigfaltigen Sagen von Kreuzerscheinungen zusammen, unter denen die in der Constantinsage erwähnte die bekannteste ist. Andre Kreuzerscheinungen weist Zezschwitz p. 56 f. nach.

Erwartete man aber das Kreuz vom Himmel kommend, so musste es einmal gen Himmel gefahren sein. Und so rückt nun in diesen Zusammenhang auch die berühmt gewordene Erzählung des Petrusevangeliums ein, nach welcher das Kreuz bei der Auferstehung Christi mit diesem zum Himmel gefahren ist. Dieselbe Anschauung findet sich übrigens Sibyll. VI, 26—28 und Chrysostomus de cruce et latrone, Hom. II, 4 (Zezschwitz p. 56 und Anm. 83) ⁷).

Dieser Gedankenkreis wird nun später von einer andern be-

---

1) aus Recension II, Rec. I liest θεασάμενοι.

2) vielleicht ἀναφανέν. Recension II hat stark abweichend φανὲν τὸ βασιλικὸν τούτου καὶ φοβερὸν σκῆπτρον.

3) hier hat Recension I noch ein (γὰρ) λοιπὸν, das ich nach Recension II des Verses halber ausgelassen, von ἕκαστος bis γίνονται πάντες fehlt alles in Recension II.

4) nach II, 193; III, 145 προειπόντος.

5) III, 145 ἀναφανήσεται, II, 193 ὅτι φανήσεται.

6) der Text ist versuchsweise aus Recension I ὅτι ὀπ. τούτου ὁ βασιλεὺς μέλλει ἀναφαιν. und II ὅτι ὀπ. ἀ. (τούτου) μ. φανῆναι ὁ βασιλεὺς (oder ὁ βασιλεὺς μέλλει ἀναφαίνεσθαι) hergestellt.

7) s. ebenda auch noch andere Stellen bei Julian v. Toledo, Anselmus Laudunensis, in denen die Erwartung des Erscheinens des Kreuzes ausgesprochen wird.

kannten Überlieferung durchkreuzt, derzufolge Helena, die Mutter des Kaisers Constantin, das Kreuz aufgefunden haben soll. In der Zeit, in welcher man im christlich gewordenen Staat das Reich Gottes auf Erden begonnen sah, erwartete man auch das Kreuz nicht mehr vom Himmel, sondern verehrte es auf Erden als heilige Reliquie. Auf Grund dieser Anschauungen entstand nun die oben erwähnte Darstellung, die wir bei Methodius (Sib. Usinger) finden. Der letzte Kaiser von Byzanz legt auf das Reich verzichtend seine Krone auf den Kreuzesstamm nieder, und dieses wird mit der Krone in den Himmel erhoben, um dann am Ende der Tage von dort wiederzukehren. So bestätigt sich die oben S. 33 gegen Zezschwitz aufgestellte Behauptung, dass dieser Bericht des Methodius von der Niederlegung der Krone gegenüber dem bei Adso, Sib.-Beda sich findenden der spätere und komplicietere ist.

Ein ganz eigentümlicher Bericht liegt uun noch J.-A. Kap. 16 vor:

καὶ τότε φανήσεται τὸ σημεῖον τοῦ υἱοῦ τοῦ ἀνθρώπου ἀπὸ τοῦ οὐρανοῦ μετὰ δυνάμεως καὶ δόξης πολλῆς. καὶ τότε θεωρήσει αὐτὸς ὁ τῆς ἀδικίας ἐργάτης μετὰ τῶν ὑπηρετῶν αὐτοῦ καὶ βρύξει μεγάλα, καὶ πάντα τὰ ἀκάθαρτα πνεύματα εἰς φυγὴν τραπήσονται.

Hier scheint nämlich das Kreuz, das Zeichen des Menschensohnes, völlig diesen selbst verdrängt zu haben. Dass dies keine Täuschung ist, zeigt uns ein Blick in die entsprechenden bildlichen Darstellungen des alten Christentums [1]). Hier hat sich in zahlreichen Darstellungen der Process vollzogen, dass das Kreuz, das Christus beigegebene Symbol, diesen selbst verdrängt. Und auf dem die Verklärungsscene darstellenden Mosaik von St. Clemente in Rom haben wir das Bild, das der J.-A. entspricht: nichts weiter als ein in der Luft erscheinendes Kreuz (mit dem Medaillon des gekreuzigten).

Noch deutlicher redet eine Stelle im Elucidarium [2]). Nach dieser wird Christus den »electis in ea forma quae in monte apparuit, reprobis vero in ea quae in cruce pependit« erscheinen [3]).

---

1) Herr Dr. Achelis machte mich auf diese Entwickelung aufmerksam.
2) p. 1166, vgl. Meyer, Völuspâ p. 190.
3) vgl. Ps.-H. 39. 117 23.

Es wird aber ein leuchtendes Kreuz sein splendidior sole. Danach hat dann Meyer, St. 46 der Völuspâ zu übersetzen versucht: der Heiland leuchtet an jenem altberühmten Kreuz (s. o. S. 72).

Ein noch komplicierteres Bild findet sich dann endlich in der untersahidischen Recension der Zeph.-Apok. 124. Von diesem und seinen Parallelen in der bildlichen Darstellung ist bereits oben (S. 56) die Rede gewesen.

Wenn wir uns dann endlich das grosse Weltgericht von Michelangelo vergegenwärtigen, so finden wir auch hier zur Seite des Weltrichters das von Engeln getragene Kreuz und sehen wieder die erstaunliche Stabilität derartiger eschatologischer Vorstellungen.

Anhang. Die Zeit der Wiederkunft.

Einen bestimmten Zeitpunkt der Wiederkunft Christi zur Besiegung des Antichrist giebt schon Lactanz an. VII, 19. 644 s: tunc aperietur coelum medium intempesta et tenebrosa nocte, ut in orbe toto lumen descendentis dei tamquam fulgur appareat; quod Sibylla his versibus locuta est.

ὁππότ᾿ ἂν ἔλθῃ
πῦρ ἔσται ψολόεν τι μέσῃ ἐνὶ νυκτὶ μελαίνῃ [1]).

haec est nox, quae a nobis propter adventum regis ac dei nostri pervigilio celebratur: cuius noctis duplex est ratio, quod in ea et vitam tum recepit, cum passus est, et postea regnum orbis terrae recepturus est.

Diese Erwartung scheint specifisch christlich. Doch ist aller Wahrscheinlichkeit nach die Quelle des Lactanz eine jüdische Sibylle [2]). Und es wird eine jüdische Erwartung gewesen sein, dass in der Nacht, in welcher einst das Volk Israel aus Ägypten befreit ist, in derselben Nacht auch die grosse Befreiung vom Antichrist erfolgen werde. Im Elucidarium III, 12 heisst es noch: media nocte, qua hora angelus Aegyptum devastavit, et Dominus infernum spoliavit, ea hora electos suos

---

1) Phil. Solitarius: expletis temporibus illis — repente immensa lux longe lateque coruscabit.

2) deshalb fährt auch Lactanz mit solchem Nachdruck (umdeutend) fort: hic est enim liberator et judex et ultor et rex et Deus, quem nos Christum vocamus.

de hoc mundo liberabit. — Im jüdischen Sepher Serubabel wird ebenfalls gesagt, dass der Menachem, der Sohn Ammiels, plötzlich kommen wird im Monat Nisan.

Und von dieser alten Erwartung der Wiederkunft Christi in der Ostervigilie hat sich eine Spur in einem Volksbrauch bis zur Gegenwart erhalten. Noch jetzt erscheint jährlich — zwar nicht in der Mitternachtsstunde, sondern aus praktischen Gründen am Mittag — das Osterfeuer in der Grabeskirche in Jerusalem [1]).

XIX.

Der Weltbrand.

Umgeben von Engelscharen kommt Gott oder Christus zum Gericht und vor ihm her fliesst ein starker Feuerstrom, welcher die Welt verbrennt.

Ephraem syrus Kap. 11: tunc descendet Dominus ex alto in formidanda angelorum gloria ... increpabit mare et desiccabitur ... solventur coeli et terrae, et fient tenebrae ac caligo. mittet Dominus in terram ignem, qui eam per quadraginta dies obtinens purificabit [2]) ab iniquitate et a sordibus peccatorum.

Ephraem III, 145 (ich gebe den Text aus den fünf Recensionen hergestellt, im wesentlichen nach III, 145):

πῶς ὑπενεγκῶμεν τότε
ὅτ᾽ ἴδωμεν τὸν πύρινον
μετὰ θυμοῦ ὡσ[περ] ἀγρίαν
καὶ [3]) τὰ ὄρη καὶ τὰς νάπας
οἰκουμένην [4]) καὶ τὰ ἐν αὐτῇ
ἐκ τοῦ πυρὸς (?) ἐκείνου
αἱ πηγαὶ ἀφανίζονται,
ὁ ἀὴρ συνκλονίζεται,

ἀδελφοί μου ἀγαπητοί,
ποταμὸν ἐξερχόμενον
θάλασσαν κατεσθίοντα
καὶ κατακαίοντα πᾶσαν
ἔργα, τότε ἀγαπητοί
οἱ ποταμοὶ ἐκλείψουσιν,
ἡ θάλασσα ξηραίνεται,
(?) τὰ ἄστρα ἐκπεσοῦσιν [5]),

---

1) die Notiz verdanke ich der Mitteilung meines Kollegen Achelis.
2) zu dem Gedanken, dass das Feuer die Erde reinigt, vgl. J.-A. 16, D.-A. gr. 111, Muspilli (s. u.).
3) + καὶ II, 193.
4) nach II, 251; sonst τὴν γῆν.
5) II, 251; sonst πίπτουσι.

ἐκ τοῦ οὐρανοῦ ὁ ἥλιος σβεσθήσεται [1]), ἡ σελήνη παρέρχεται, ὁ οὐρανὸς, ἑλίσσεται ὡς βιβλίον [2]).

Ephraem gr. III, 143 B:
ἥξει λοιπὸν ὡς ἀστραπὴ ἀστράπτουσα ἐξ οὐρανοῦ
θεὸς ἡμῶν βασιλεὺς καὶ νύμφιος ἀθάνατος
ἐν νεφέλαις μετὰ δόξης ἀνεικάστου?
προτρεχόντων ἐνώπιον δόξης αὐτοῦ τῶν ταγμάτων
ἀγγέλων καὶ ἀρχαγγέλων ὄντες πάντες φλόγες πυρός.
καὶ ποταμὸς πλήρης πυρὸς ἐν φοβερῷ ῥυζήματι [3])

Ps.-Ephr. 10: et prodiens apparebit Dominus cum virtute magna et majestate multa — nec non et omnibus virtutibus coelorum cum universo choro sanctorum.

J.-A. 14: *τότε ἀποστελῶ τοὺς ἀγγέλους μου ἐπὶ προσώπου πάσης τῆς γῆς καὶ κατακαίσουσι* [4]) *τὴν γῆν πήξας ὀκτακισχιλίας πεντακοσίας, καὶ κατακαήσονται τὰ ὄρη τὰ μεγάλα, καὶ αἱ πέτραι πᾶσαι χωνευθήσονται . . . . καὶ κατακαήσονται πᾶν δένδρον καὶ πᾶν κτῆνος κ. τ. α.* Kap. 17 folgt dann eine ausführliche Schilderung, wie der Herr selbst auf der Erde erscheinen wird.

J.-A. 18: *πεσοῦνται οἱ ἀστέρες τοῦ οὐρανοῦ . . . κρυβήσεται ἡ σελήνη καὶ οὐκ ἔσται ἐν αὐτῇ φῶς . . . . κατασταλήσεται τοῦ ἡλίου τὸ φῶς . . . λυθήσονται οἱ οὐρανοὶ . . . . ἐκλείψει τὸ δίμοιρον τῆς θαλάσσης . . . . ἀποσκεπασθήσεται ὁ Ἅιδης.*

Cyrill 15 10: (*ἐλεύσεται*) *ὑπὸ μυριάδων ἀγγέλων δορυφορούμενος*. 15 21: *ποταμοῦ πυρὸς ἕλκοντος δοκιμαστικοῦ τῶν ἀνθρώπων*.

Ps.-Chrysostomus: *ποταμὸς πυρὸς γέμων τε σκώληκος ἀκοιμήτου*.

Weit zurück geht diese Überlieferung: Sib. III, 71:
ἀλλ' ὁπότ' ἂν μεγάλοιο θεοῦ πελάσωσιν ἀπειλαὶ
καὶ δύναμις φλογόεσσα δι' οἴδματος ἐς γαῖαν ἥξει
80   τότε δὴ στοιχεῖα πρόπαντα
χηρεύσει κόσμου, ὁπότ' ἂν θεὸς αἰθέρι ναίων
οὐρανὸν εἱλίξῃ, καθ' ἅπερ βιβλίον εἰλεῖται.
καὶ πέσεται πολυμόρφως ὅλος πόλος ἐν χθονὶ δίῃ

---

1) nach II, 193; sonst ἐκλείψει.
2) (vgl. Ps.-Hipp. .37).
3) vgl. Ps.-Hipp. 39. 117 5.
4) vgl. dazu D.-A. gr.; P.-A. syr.; Apok. Zeph.; Ps.-Esra (s. unten).

καὶ πελάγει ῥεύσει δὲ πυρὸς μαλεροῦ καταράκτης
ἀκάματος, φλέξει δὲ γαῖαν, φλέξει δὲ θάλασσαν
καὶ πόλον οὐράνιον νύκτ᾽ ἤματα καὶ κτίσιν αὐτήν,
εἰς ἓν χωνεύσει καὶ εἰς καθαρὸν διαλέξει.
κοὐκ ἔτι φωστήρων σφαιρώματα καγχαλόωντα,
οὐ νὺξ οὐκ ἠὼς οὐκ ἤματα πολλὰ μερίμνης
οὐκ ἔαρ οὐ χειμὼν οἴτ᾽ ἂρ θέρος οὐ μετόπωρον.

Sib. II, 197:
ῥεύσει ἀπ᾽ οὐρανόθεν καὶ πάντα τόπον δαπανήσει
γαῖαν τ᾽ ὠκεανόν τε μέγαν γλαυκήν τε θάλασσαν,
λίμνας καὶ ποταμοὺς, πηγὰς καὶ ἀμείλιχον Ἅιδην
καὶ πόλον οὐράνιον . ἀτὰρ οὐράνιοι φωστῆρες
εἰς ἓν συῤῥήξουσι καὶ εἰς μορφὴν πανέρημον.

206: καὶ τότε χηρεύσει κόσμου στοιχεῖα πρόπαντα
ἀὴρ γαῖα θάλασσα φάος πόλος ἤματα νύκτες·

212: ἀλλ᾽ ἅμα πάντα
εἰς ἓν χωνεύσει καὶ εἰς καθαρὸν διαλέξει [1]).

Zu vergleichen sind noch Sib. IV, 172 ff., V. 155 ff.

Apok. Petri gr. (Macarius IV 7): καὶ τακήσεται πᾶσα δύναμις οὐρανοῦ καὶ πάντα τὰ ἄστρα πεσεῖται, ὡς φύλλα ἐξ ἀμπέλου, καὶ ὡς πίπτει φύλλα ἀπὸ συκῆς.

Hippolyt 64. 347: ὃς ἐπάξει τὴν ἐκπύρωσιν [2]).

Lactanz VII, 19. 645 10: et descendet comitantibus angelis in medium terrae, et antecedet eum flamma inextinguibilis.

Commodian 1005:
cuius signo dato pestis ruet aethere toto,
cum strepitu tonitrui descendit impetus ignis.

Ascensio Jesaiae IV, 1 ff.: veniet Deus cum angelis suis et cum potestatibus sanctorum e septimo coelo IV, 18 tunc vox Dilecti increpabit [3]) in ira hoc coelum et hanc aridam (terram) et montes et colles et urbes et desertum . . . et Dilectus surgere faciet ignem ex ipso et consumet omnes impios [4]) (vgl. Sib. III, 73).

Apok. Zeph. 129: Es wird an jenem Tage geschehen, dass

---

1) vgl. IV. Esra [VI, 4 ff.].

2) ἐκπύρωσις ist wohl ein Wort stoischen Ursprungs. Dieterich Nekyia 199.

3) s. oben Ephr. syrus.

4) zu diesen vorwiegend jüdischen Quellen vgl. die Schilderung des Weltendes Assumptio Mosis 10.

der Herr es hören und in grossem Zorn dem Himmel und der
Erde gebieten wird und sie werden Feuer sprühen und die Flamme
wird auf der Erde 72 Ellen fassen und wird die Sünder
und die Teufel verzehren wie einen Halm.

D.-A. gr. 109: μετὰ δὲ τὴν συμπλήρωσιν τῶν τριῶν καὶ ἥμισυ χρόνων βρέξει ὁ θεὸς πῦρ ἐπὶ τὴν γῆν καὶ κατακαήσεται ἡ γῆ πήχεις τριάκοντα. τότε βοήσει ἡ γῆ πρὸς τὸν θεὸν · παρθένος εἰμί, κύριε, ἐνώπιον σου.

Esdras (Tischendorf 29): τότε τὸν οὐρανὸν καύσω πήχας ὀγδοήκοντα καὶ τὴν γῆν πήχας ὀκτακοσίας [1]).

D.-A. arm. 240₁₃: Dann wird die Sonne in Finsternis und der Mond in Blut sich verwandeln. Die Sterne werden wie Blätter herabfallen und der Himmel wird wie eine Rolle zusammengerollt werden ... und alles wird von der Luft verbrannt und verdorrt. Feurige Engel werden vom Himmel herabsteigen und Feuer wird auflodern im Weltall.

P.-A. syr.: und das Feuer wird in die Erde nach unten fressen und der Okeanos und das grosse Weltmeer wird trocken werden .... der Sonne und des Mondes Licht werden finster werden, die Sterne werden zerstreut und fallen herab, und der Himmel wird aufgerollt wie ein Blatt Papier.

P.-A. aeth.: und die Sonne wird sich verfinstern, und der Mond wird Blut werden, und die Sterne werden vom Himmel fallen von der Grösse des Zornes Gottes über die Menschenkinder und über den Messias.

Sib. Beda:
>   exuret terras ignis pontumque polumque ...
>   tradentur fontes, aeternaque flamma cremabit ....
>   dejiciet colles, valles extollet ab imo ....
>   recidet e coelis ignisque et sulphuris amnis [2]).

(dazu vgl. Adso 1298 B).

Elucidarium: cum ordinibus omnibus angelorum ad judicium veniet .... omnia elementa turbabuntur tempestate ignis et frigoris mixtim undique furente.

Muspilli
50: sô daz Eliases pluot   in erda kitriufit,
sô inprinnant die pergâ,   poum ni kistentit,

---

1) vgl. zu diesen Parallelen oben J.-A. Kap. 14.
2) vgl. noch Ambrosius in Psalm 118₂₀: ignis qui ardet ante Dominum.

ênîhc in erdu, ahâ artruknênt,
muor varsuuilhit sih, suilizôt lougiu der himil,
mâno vallit prinnit mittilagart,
stên ni kistentit. verit denne stûatago in lant,
verit mit diu vuiru viriho uuîsôn,
dar ni mac denne mâk andremo helfan vora demo mûspille.
denne daz preita uuasal allaz varprennit,
enti vuir enti luft iz allaz arfurpit.

Die Schilderung des zum Weltgericht mit den Engeln kommenden Gottes (oder des Messias) giebt weiter zu keinen Bemerkungen Anlass.

Eine feste Stellung innerhalb unsrer Überlieferung hat die nach Jes. 34 4 (καὶ τακήσονται πᾶσαι αἱ δυνάμεις τῶν οὐρανῶν καὶ ἐλιγήσεται ὁ οὐρανὸς ὡς βιβλίον, καὶ πάντα τὰ ἄστρα πεσεῖται, ὡς φύλλα ἐξ ἀμπέλου, καὶ ὡς πίπτει φύλλα ἀπὸ συκῆς) entworfene Schilderung vom Weltende gehabt. Sie findet sich schon innerhalb einer zusammenhängenden Überlieferung vom Antichrist Sib. III, 82 f. und in der älteren Petrusapokalypse, ist dann bei Ephr. gr., D.-A. arm., P.-A. syr., P.-A. aeth. erhalten, hier aber unter die Vorzeichen des Weltendes geraten. In ähnlicher Weise ist dieselbe in der Apokalypse 6 12 ff. behandelt. Man hat hier wohl kaum anzunehmen, das Apok. 6 einmal einen Schluss eines kleineren eschatologischen Stückes bildete. Aber das ist allerdings richtig, dass der Apokalyptiker bei der Schilderung des Erdbebens der ihm geläufigen Tradition Farben entlehnte, welche ursprünglich einer Schilderung des Weltendes angehörten. Dass wir endlich Mtth. 24 29 ff. dieselbe Schilderung vom Weltende finden, giebt nur wieder eine Bestätigung dafür, dass auch in diesem Kapitel die Apokalypse vom Antichrist verarbeitet ist.

Charakterischer ist die hiermit ständig verbundene Schilderung vom Weltbrand. Die Idee, dass ein Feuerstrom von Gott herströmt, stammt wohl aus Dan 7 14. Aber die bestimmt ausgesprochene Anschauung, dass die Welt durch Feuer untergehen solle, scheint ursprünglich für das Judentum und Christentum an unserer Überlieferung zu hängen [1]). Es ist charakteristisch,

---

1) ob diese Idee letztlich aus dem Stoicismus stammt, oder sich unter orientalischen Einflüssen im Spätjudentum entwickelt hat (vgl.

dass die Apokalypse, obwohl ihr diese Idee ohne Zweifel schon vorlag (vgl. die Sibyllenlitteratur), von einem Untergang der Welt durch Feuer nicht redet, — dass im neuen Testament einzig und allein im zweiten Petrusbrief, die später allgemein zur Herrschaft gelangende Überzeugung sich ausgesprochen findet.

3 6: ὁ τότε κόσμος ὕδατι κατακλυσθεὶς ἀπώλετο, οἱ δὲ νῦν οὐρανοὶ καὶ ἡ γῆ τῷ αὐτῷ λόγῳ τεθησαυρισμένοι εἰσὶ πυρί.

Man sieht auch hier wieder, wie wenig das gesamte neue Testament gegenüber dieser einen Überlieferung die eschatologischen Anschauungen des Christentums bestimmt hat. In wunderbarer Beharrlichkeit ist die Schilderung vom Weltuntergang durch Feuer durch die Jahrhunderte überliefert, deutlich in allen ihren Einzelheiten erkennbar liegt sie in der Sibyllenlitteratur wie im altdeutschen Muspilli vor.

Dabei ist es merkwürdig, wie besonders ausführlich überall geschildert wird, dass der Weltbrand den Okeanos, die Flüsse und Quellen vernichtet, „καὶ ἡ θάλασσα οὐκέτι ἔσται" (21₁), das ist der einzige Nachklang, den die Apokalypse von dieser Schilderung bewahrt hat.

Sollte in diesen Ausführungen sich ein letzter Nachklang davon erhalten haben, dass die alte Schlange, die am Ende sich empört, ursprünglich das Ungeheuer des Meeres, das gegen den Schöpfergott streitet, gewesen ist?

In einer unserer altertümlichsten Quellen heisst es noch (Ephr. syr.): Gott wird das Meer schelten und es wird vertrocknen. Und es wird noch erzählt, dass das Meer am Ende der Tage einen grauenerregenden Ton von sich geben wird (Ephraem gr., IV. Esra, βιβλ. Κλημ. s. oben S. 54).

Vergleichen wir noch einmal die Schilderung des Weltendes mit dem Entwurf der Apokalypse, so ist es ausserordentlich auffällig, dass sich in der ganzen Überlieferung nirgends eine Spur von der Idee des tausendjährigen Reiches findet. Es weist dies darauf hin, dass die gemeinsame Wurzel der christlichen und jüdischen Tradition unserer Sage in eine Zeit zurückreicht, in

---

Dietrich Nekyia), wage ich nicht zu entscheiden. Will man hier weiterkommen, so darf man nicht mit einem Mal zu viel behaupten, sondern muss das Terrain schrittweise erobern.

welcher in der jüdischen Eschatologie sich diese weitere Ausführung des Systems, die um die Wende des ersten Jahrhunderts in IV. Esra, Baruch, Apokalypse vorliegt, noch nicht vollzogen hatte. — Es hat auch in der christlichen Kirche eine Zeit gegeben, in der unter dem Einfluss der Apokalypse die chiliastische Anschauung die herrschende war. Justin, Irenaeus, Lactanz, Tertullian, Victorin waren Chiliasten. Dass aber dann doch schliesslich der Chiliasmus gegen die Apokalypse und die kirchliche Überlieferung als jüdischer Aberglaube verworfen wurde, ist immerhin ein Rätsel, das sich einigermassen erklärt, wenn wir bedenken, dass dem Christentum eine altheilige eschatologische Tradition zur Verfügung stand, welche von dem tausendjährigen Reich nichts wusste.

Wie specifisch jüdisch dieser Gedanke und damit auch die betreffenden Partieen der Apokalypse sind, zeigt die Beobachtung, dass in den jüdischen Quellen der Antichristsage (vgl. vor allem die Geschichte Daniels) die Idee vom Zwischenreich sich plötzlich wiederfindet, und die übliche Schilderung des Weltendes verdrängt.

Anhang. Die vier Winde.

Ein besonderer Zug in der Schilderung vom Weltende ist der, dass zur Reinigung der Erde die Winde losgelassen werden. Dieser letzte Nachklang eines in Dan 7₂ fast schon verschwundenen Mythos (Gunkel 323 ff.) findet sich:

J.-A. 15: τότε ἀποσκεπάσω τὰ τέσσαρα μέρη τῆς ἀνατολῆς, καὶ ἐξέλθωσιν τέσσαρες ἄνεμοι μεγάλοι καὶ ἐκλικμήσουσι πᾶν τὸ πρόσωπον τῆς γῆς . . . . καὶ ἐκλικμήσει κύριος τὴν ἁμαρτίαν ἀπὸ τῆς γῆς, καὶ λευκανθήσεται ἡ γῆ ὥσπερ χιών . . . . καὶ βοήσει πρός με λέγουσα · παρθένος εἰμὶ ἐνώπιόν σου κύριος[1]).

P.-A. syr.: Darauf werde ich den vier Winden gebieten, und sie werden losgelassen einer in der Richtung des andern.

D.-A. arm.: Vom Himmel her werden Stürme sein.

Ps.-Hipp. 8, 971: καταιγίδες ἀνέμων τὴν γῆν καὶ τὴν θάλασσαν ἀμέτρως ἐκταράσσουσαι.

E.-A. 8: und dann werden erregt werden die vier Winde des Himmels.

---

1) vgl. D.-A. gr. (s. o.).

Vgl. Ps.-Chrysostomus: ἀλλαγήσονται τοίνυν οἱ οὐρανοὶ καὶ ἡ γῆ κενὴ γενήσεται.

Sehr interessant ist hier die Parallele im Muspilli:
59: enti vuir enti luft iz allaz arfurpit.

Auch in der Sibyllenlitteratur ist der Gedanke heimisch. VIII, 203:

ἠέλιος μὲν ἀμαυρὰ βλέπων νύκτωρ ἀναφαίνει,
λείψει δ' ἄστρα πόλον · πολλῇ δέ τε λαίλαπι τυφὼν
γαῖαν ἐρημώσει, νεκρῶν δὲ ἀνάστασις ἔσται.

Bei dieser weiten Verzweigung der Tradition kann es keinem Zweifel unterliegen, dass auch das rätselhafte Fragment Apok. 7 1 ff. eben daher von dem Apokalyptiker entnommen ist, der schon in der vorhergehenden Schilderung der Vorgänge beim sechsten Siegel sich an dieselbe anlehnte (s. o.).

XX.

Das Blasen des Hornes.

I. Thess. 4 16 weiss Paulus, dass der Herr »auf Befehl auf die Stimme des Erzengels und die Posaune Gottes hin« vom Himmel herabsteigen werde. Er zeigt sich hier von derselben apokalyptischen Tradition, wie im II. Thessalon. abhängig und der Vers 15 erwähnte λόγος κυρίου ist kein Herrenwort, sondern Paulus meint damit die altheilige apokalyptische Tradition. Die Stimme des Erzengels, völlig parallel mit der Trompete Gottes aufzufassen, führt den grossen Tag des Gerichts herbei. — Es ist ein konstanter Zug in unserer Überlieferung, dass durch die (vom Erzengel Michael) geblasene Posaune das Gericht Gottes eingeleitet werde. Mtth. 24 31 liegt eine verblasste Erinnerung an diesen Zug vor.

Lactanz VII, 16. 637 1 citiert ausdrücklich eine Sibylle [1]):
σάλπιγξ οὐρανόθεν φωνὴν πολύθρηνον ἀφήσει.

Sib.-Beda: sed tuba per sonitum tristem demittit ab alto [2]).

---

1) vgl. Sib. VII, 239.
2) diese wörtliche Parallele zeigt, wie alt die Überlieferung in Sib.-Beda ist.

Commodian 901: intereo fremitum dat tuba de coelo repente.
1001: ecce canit coelo rauca sed ubique resultans.

P.-A. aeth.: und das Horn wird dreimal geblasen durch den Erzengel Michael . . . . Beim dritten Blasen des Hornes werden die Toten aufstehen in einem Augenblick.

Ps.-Chrysost.: καὶ ἔμπροσθεν αὐτοῦ σαλπίζων Μιχαὴλ ὁ ἀρχάγγελος καὶ ἐξυπνίζων τοὺς κεκοιμημένους ἀπὸ Ἀδὰμ ἕως τῆς συντελείας τοῦ αἰῶνος.

J.-A. 9: καὶ ἐξέλθωσιν ἔξω τοῦ οὐρανοῦ καὶ σαλπίσουσι Μιχαὴλ καὶ Γαβριήλ. Es folgt Kap. 10 die Beschreibung der Auferstehung.

Auch in dem 9. Zeichen, in den »Othot des Messias«, bläst Michael, und die Toten stehen auf. In der Geschichte Daniels ist Elias der Posaunenbläser geworden. In der Völuspå (Strophe 47) blässt Heimdall das Horn vor dem grossen Weltbrand.

Dass mehrere Engel Posaunen blasen, wird natürlich nach Mtth. 24 31 noch sehr viel öfter erwähnt. — Aber eben das Blasen der Posaune durch den Erzengel Michael, das schon Paulus kennt, ist unsrer Tradition eigentümlich und hat sich mit dieser gehalten.

XXI.

Das Weltgericht.

Wie die Apokalypse vom Antichrist geschlossen hat, ist nicht mehr ganz klar zu stellen. Wohl jedenfalls abzusetzen ist zunächst die an Mtth. 25 41 ff. sich anlehnende Schilderung des grossen Gerichts, wie sie sich Ephr. gr.[1]) und in der Parallele Ps.-Hippolyt[2]) 39 ff. (vgl. auch Cyrill 15 24) am ausführlichsten findet, aber auch P.-A. aeth. und syr. (Anklänge auch bei D.-A. gr. und J.-A. 23), Eterianus 25. 217 D, Elucidarium. Hier haben wir doch wahrscheinlich einen auf Grund des Matthäusevangelium eingekommenen Eintrag zu sehen, der vielleicht nicht älter ist als Ephraem[3]).

---

1) s. o. S. 24 das Stück C. in vierfacher Recension.
2) auch schon bei Hippolyt 64.
3) ganz unmöglich ist es übrigens nicht, dass gerade in Matth. 25 41 ff. älteres eschatologisches Material vorliegt.

Aber mit dieser an Mtth. 25 sich anlehnenden Schilderung ist eine andere verbunden, die eine noch weitere Verbreitung und grössere Stabilität zeigt. Es wird in einem grossen mächtigen Gerichtsbilde geschildert, wie die gesamten Menschen und Geschlechter von Adam her, die verschiedenen Nationen, Juden wie Heiden, die verschiedenen Stände und Klassen vor Gott erscheinen. So liegt die Tradition [1]) bei Ephraem gr., Ps.-Hipp., J.-A. (hier am reinsten) vor. Dazu wäre die grosse Gerichtsscene im Anfang des Talmudtraktats Abodah Sarah [2]) zu vergleichen. Sehr weit verbreitet ist von dieser Scene die Einleitung, in der geschildert wird, wie alle Geschlechter von Adam her vor Gott erscheinen [3]).

So leitet J.-A. 10 die Scene ein: κύριε οἱ ἀποθανόντες ἀπὸ τοῦ Ἀδὰμ μεχρὶ τῆς σήμερον καὶ οἱ κατοικοῦντες ἐν τῷ Ἅιδῃ ἀπὸ τοῦ αἰῶνος .... ποταποὶ ἀναστήσονται;

Ephr. syr. 12: exeuntes illico angeli congregabunt filios Adam.

Ps.-A. syr.: und alle Kinder Adams werden vor mir erscheinen, bebend vor Furcht.

Ps.-Chrysost.: καὶ ἐξυπνίζων τοὺς κεκοιμημένους ἀπὸ Ἀδὰμ ἕως τῆς συντελείας τοῦ αἰῶνος [4]).

Ein anderer Zug, der ständig innerhalb dieser Tradition wiederkehrt, ist die an Daniel 12₃ sich anschliessende Schilderung von dem Aussehen der Gerechten und Ungerechten am jüngsten Tage.

J.-A. 23: οἱ γὰρ δίκαιοι λάμψουσιν ὡς φωστῆρες καὶ ὡς ὁ ἥλιος, οἱ δὲ ἁμαρτωλοὶ ἔστωσαν ζοφώδεις.

Ps.-Hipp. 39. 116₂₁: τότε οἱ δίκαιοι ἐκλάμψουσιν ὡς ὁ ἥλιος, οἱ δὲ ἁμαρτωλοὶ κατηφεῖς καὶ σκυθρωποὶ ἀναδειχθήσονται.

P.-A. syr.: Heil dem, dessen Werke gut sind, denn sein Antlitz wird glänzen und er wird freudig und froh sein. Wehe aber dem, dessen Werke schlecht sind, denn er wird traurig sein und sein Antlitz schwarz.

---

1) auch Lactanz VII, 20 und 24 beruft sich auf Sibyllen, in denen eine solche Scene vorzuliegen scheint (vgl. den Vers ἥξουσι δ' ἐπὶ βῆμα θεοῦ βασιλῆος ἅπαντες). Auch Commodian 1026 ff. ist zu vergleichen, noch weiter zurück IV. Esra 6₃₂.
2) Übersetzung von Ewald, p. 4 ff.
3) vgl. Ephraem gr. a. a. O., Ps.-Hippolyt, Cyrill.
4) vgl. noch Sib. II, 214 ff.

Hildegard Scivias III, 12: boni in claritate fulgentes et mali in nigredine apparentes [1]).

Vielleicht haben wir hier eine eschatologische Tradition, an die Matth. 13 43 sich anschloss. Dan. 12 3 ist doch nicht ganz parallel.

Dass in dem erbarmungslosen Gericht Gottes auch die gegenseitige Fürbitte der nächsten Verwandten nichts nützen werde, betont schon IV. Esra 7 41 f. Zu vergleichen ist Commodian 1035 f., P.-A. syr. (namentlich sind die beiden letzten Stellen verwandt).

Anhang.

Nur versuchsweise und nur in der Hoffnung durch eine etwa angeregte Diskussion zu lernen, möchte ich einen kleinen Beitrag zur Auslegung des von unsrer Überlieferung abseits liegenden Kap. XII liefern.

Ich kann mich trotz der auch mir auf den ersten Anblick durchschlagend erschienenen Ausführungen Gunkels doch nicht ganz davon überzeugen, dass Kap. XII der Apokalypse an keinem wesentlichen Punkte christlicher Herkunft sei. Für die grosse Masse der dort verarbeiteten Vorstellungen ist das allerdings rundweg zuzugeben. Aber gerade an dem einen wesentlichen Punkt der Erzählung von der Geburt des Kindes erheben sich mir immer von neuem wieder Bedenken. Es scheinen ja durchschlagende Gründe gegen die christliche Herkunft dieses Zuges geltend gemacht zu sein, und es ist zuzugeben: die Beziehung des Kindes auf Christus stösst auf ungemeine Schwierigkeiten. Aber wenn man nur bisher auf Grund der Voraussetzung fremder

---

1) vgl. noch Lactanz VII, 26 et transformabit Deus homines in similitudinem angelorum et erunt candidi sicut nix.

Abstammung des Stückes für diesen Zug eine irgendwie gesicherte Erklärung gefunden hätte!

Vischer hat eine spätjüdische Parallele beigebracht, durch die bewiesen werden soll, dass im Judentum die Idee einer doppelten Erscheinung des Messias, seiner Geburt in Niedrigkeit und seiner Parusie in Herrlichkeit, nicht unmöglich sei. In jener spätjüdischen Überlieferung[1]) wird erzählt, dass der Messias in Bethlehem geboren und seiner Mutter bald nach seiner Geburt vom Sturmwind entführt sei. Aber diese Erzählung hat doch mit der vorliegenden eine verzweifelt geringe Ähnlichkeit. Es fehlen so gut wie alle prägnanten Züge. Die Tradition erklärt sich ausserdem sehr gut aus der Annahme einer einfachen Weiterbildung des jüdischen Glaubens, dass der Messias plötzlich aus der Verborgenheit erscheinen werde. Man brauchte nur einen Schritt weiter zu thun und verkündete: der Messias ist schon geboren, aber wieder entrückt, an einen Ort, den niemand kennt. Von dort wird er dann plötzlich erscheinen. Da nun der Nachweis einer direkten Verwandtschaft zwischen Apok. XII und dieser jüdischen Tradition nicht zu erbringen ist, so ist es sehr gewagt, einen Rückschluss auf die Zeit des neuen Testaments von dieser späten Überlieferung aus zu machen. — Denn der Name des Messias Menachem weist jedenfalls in eine spätere Zeit (s. o. S. 68). Menachem, der Messias aus dem Stamm Juda, im Gegensatz zu dem Messias ben Joseph so genannt, ist eine Gestalt, die etwa vom 5. oder 6. Jahrhundert an erst nachweisbar ist. Justin, der sehr gut in jüdischer Tradition bewandert ist, weiss nichts von einem doppelten Erscheinen des Messias[2]).

Nimmt man aber gar mit Spitta und Gunkel an, dass die ganze Scenerie im Anfang von Kap. XII im Himmel zu denken ist, dann verschwindet überdies jede Parallele mit der jüdischen Tradition. Spitta erklärt sie deshalb auch für gegenstandslos, ein Urteil, zu dem auch Gunkel eigentlich hätte kommen müssen. — Dann aber sollte man sich doch wirklich fragen, ob denn die Idee einer Geburt des Messias im Himmel (aus dem präexistenten Jerusalem!) geringeren Schwierigkeiten unterworfen ist, als die Beziehung des Kindes auf Jesus.

---

1) Berachoth fol. 51, siehe bei Lightfoot Horae Hebr. in Matth. 21.
2) von einem doppelten Erscheinen des Menachem ist übrigens auch in andern spätjüdischen Apokalypsen die Rede (s. o. S. 68 f.).

Gunkel verzichtet demgemäss auch schliesslich auf jede Ableitung aus jüdischen Vorstellungen. So lange aber G. seinen babylonischen Mythos aus Apok. XII nur postuliert und nicht durch Parallelen beweist, wird er schwerlich mit seiner Auslegung Glauben finden.

Einen andern, und zwar auf den ersten Anschein den bestechendsten Versuch unternimmt Dieterich[1]): eine Erklärung von Apok. XII aus der griechischen Mythologie. Die Parallele mit dem Mythos von der Verfolgung der Leto durch den Python und der Geburt des Apollo ist allerdings frappant. Aber gegen diese Annahme schlägt die Bemerkung Gunkels[2]) durch, dass an eine direkte Entlehnung eines griechischen Mythos in einer Schrift von so specifisch jüdischem Charakter (man beachte vor allem noch die Rolle des Erzengels Michael) eine Unmöglichkeit sei. Auch bleiben, wenn man die Parallelen genauer nimmt, doch schliesslich nur sehr wenig wirklich beweisende Übereinstimmungen: Der Drache, der als Feind des Weibes auftritt, und die Geburt des Kindes, das ist alles. Allein das Kind ist hier zunächst wenigstens nicht der Bezwinger des Drachen. Das Kind wird nicht auf der Flucht geboren, und dort im griechischen Mythos fehlt die Entrückung des Kindes. Hier speit der Drache Wasser aus, um das Weib zu verschlingen, dort rettet das Wasser, welches die Insel bedeckt, die Leto u. s. w.

M. E. hat man auch hier zunächst nach den nächsten Instanzen zu fragen. Vor allem aber hat man die Voraussetzung zu prüfen, ob denn wirklich noch eine einheitliche Konception in Apok. XII vorliegt. Die ganze Komposition des Kapitels macht es doch deutlich, dass man von vornherein das Gegenteil anzunehmen hat. Das Kapitel zerfällt ja in zwei mühsam kompilierte Konceptionen. Im Mittelpunkt der einen steht das Kind, seine Geburt und wunderbare Errettung, in der andern handelt es sich um die Verfolgung des Weibes durch den Drachen, seine Flucht und den Schutz, den dasselbe findet. Die Kompilation merkt man noch deutlich: die Flucht des Weibes wird V. 6 nur kurz angedeutet, und dann erst von V. 13 an in breiter Ausführung nachgeholt. Hier kreuzen sich verschiedene Überlieferungen.

---

1) Abraxas 118 ff.
2) p. 284 ff.

Sehen wir uns nun nach einigermassen in die Zeitnähe von Apok. XII fallenden Parallelen um, so finden wir gerade solche, in denen diese eine Konception bestimmt wiederkehrt: ein Drache, der ein Weib verfolgt. Den Drachen und die jungfräuliche Kirche nebeneinander zeigt uns die vierte Vision des Hermasbuches[1]). Hier fehlt freilich die Flucht des Weibes, die Kirche erscheint hier als die triumphierende, die strahlend heitere Jungfrau, welche der Macht des Drachen entzogen ist.

Wichtiger schon ist die Parallele [aus der Apok. des Zephanja: Es wird die Jungfrau (die Tabitha heisst)[2]) hören, dass der Unverschämte sich an der heiligen Stätte gezeigt hat und sich in ihr Byssusgewand hüllen und ihn bis nach Judaea verfolgen und ihn bis nach Jerusalem schelten. — Dann wird der Unverschämte gegen die Jungfrau zornig werden und sie verfolgen bis zu den Gegenden des Sonnenuntergangs und ihr Blut schlürfen in der Abendstunde, und sie wird frei von Fäulnis bleiben und in der Morgenstunde aufstehen und leben und ihn niederlegen und sprechen: Unverschämter, du hast keine Macht über meine Seele noch meinen Körper, denn ich lebe im Herrn alle Zeit...

Will Jemand behaupten, dass diese Ausführungen auf Grund von Apok. XII entstanden seien? — In der gnostischen Pistis Sophia wird von der gefallenen Pistis Sophia und ihrer Verfolgung durch Ungeheuer verschiedener Art berichtet, unter denen auch (vgl. namentlich p. 90) ein »basiliscus serpens cui septem erant capita« erwähnt wird. Auch eine spätjüdische Tradition ist hier vielleicht hereinzuziehen. Exod. 22 21 wird im Sohar auf den Streit Michaels und Sammaels um die Synagoge gedeutet.

Überall dasselbe Bild: ein Drache, der ein Weib verfolgt. Eine Abhängigkeit eines Zeugen für diese Tradition von dem andern ist kaum anzunehmen. Es liegen hier Varianten einer älteren Tradition vor, welche schon in Apok. XII benutzt ist.

Demgemäss wäre nun etwa die altbabylonische Mythologie zu ʻdurchforschen. Es wäre möglich, dass diese den Schlüssel zur Erklärung dieser Konception böte.

---

1) man beachte, dass hier aus dem Munde des Drachen Heuschrecken ausgehen (vgl. Apok. 16 13).
2) in den arabischen Hist. Josephi Kap. 32 wird die Jungfrau Tabitha neben Henoch und Elias genannt (vgl. Stern zu der Stelle der Zephanjaapokalypse).

Für die Komposition von Apok. XII aber lässt sich nun vielleicht folgendes vermuten. Als gegebene und fest fixierte Überlieferung lag dem Apokalyptiker die Weissagung von dem Drachen, der das Weib verfolgt, vor. — Auch die andre offenbar in die Darstellung von Kap. XII eingeschobene Erzählung von dem Himmelssturm des Drachen lag ja bereits vor als ein uralter Rest des babylonischen Mythos, vgl. Gunkel p. 382, Flügel Mani. 86, Brandt Mandäische Schriften 137 ff. Vielleicht übernahm der Apokalyptiker diese Weissagung schon in der specifisch jüdischen Überlieferung, in welcher der grosse Engel Michael als Besieger des Drachen gefeiert wird.

Der einzige Zug, den der Verfasser aus eignen Mitteln hinzuthat, ist dann der der Geburt des Kindes, der sich in der That sonst in den beigebrachten Parallelen, wenn man vom Pytho-Apollo-Mythus absieht, nicht wiederfindet. Dann war der Verfasser von Apok. XII ein Christ. Er deutete das vom Drachen verfolgte Weib auf die israelitische Gemeinde, Idealisrael, liess Christus aus diesem geboren werden und sah seinen Tod als einen vorläufigen Sieg des Drachen an. Daran aber schloss er die alte ihm schon vorliegende Weissagung vom Sturz des Drachen aus dem Himmel, die er nun in die Vergangenheit verlegte, und fuhr dann mit 12 13ff in der unterbrochenen Schilderung des Kampfes des Drachen mit dem Weibe weiter fort.

Doch ich betone, dass ich diese wenigen Aufstellungen nur versuchsweise gebe. Ganz zur Klarheit werden wir wohl nie über die Komposition von Apok. XII kommen.

Nachträge.

Als die vorliegende Arbeit sich bereits im Druck befand, wurde ich auf die Veröffentlichung Klostermanns Z. A. T. W. 95. 147 aufmerksam. Klostermann bringt hier Varianten aus dem cod. Vindob. Lambec. XI zur griechischen Danielapokalypse. Derselbe war schon Fabricius I, 1140 bekannt, und es ist bereits

von mir die merkwürdige Überschrift aus dem Codex, welche
Ps.-Dan. und Ps. Meth. in Verbindung setzt, beigebracht (s. o.
S. 45). Ich notiere folgende bemerkenswerte Varianten. Z. 71
findet sich der Name Johannes für den byzantinischen Kaiser
(ἀνδρίζου Ἰωάννη καὶ ἴσχυε). Der Name ist jedoch wahrscheinlich eingeschoben, der erste byzantinische Kaiser dieses Namens
wäre Johannes Tzimiskes 969—976. Z. 81 ist die Dauer des
Herrschers auf 35 Jahre (nicht 36) angegeben. Z. 86 steht statt
ἐν ἑπταλόφῳ: ἐν Βύζᾳ, wohl das ursprüngliche. Z. 117 findet
sich hinter κόλασιν die vermisste Schilderung des Endes des
Antichrist: καὶ τὸν βύθιον [1]) δραμόντα (δράκοντα) παραπέμψει
ἐν βυθῷ ταρτάρου, ἵνα σὺν τοῖς ὑπουργοῖς αὐτοῦ τοῖς αὐτὸν
προσκυνοῦσι κολάζεται αἰωνίως.

Ferner machte Klostermann mich auf die Veröffentlichungen
von A. Vassiliev in den Anecdota Graeco-Byzantina Pars I,
Mosq. 1893 aufmerksam. Hier ist p. 43 die Visio Danielis aus
dem cod. Vidobonn. philol. 162 (Lamb. 144) veröffentlicht. Es
werden hier für die Regierungszeit des geweissagten Herrschers
32 Jahre angegeben, wie in der slavischen Übersetzung (s. o.
S. 31); wie sich weiter unten ergeben wird, ist dies die ursprüngliche Lesart.

Ausserdem veröffentlicht Vassiliev noch eine Reihe späterer
byzantinischer Apokalypsen, welche sämmtlich unserm Traditionskreis angehören.

Am deutlichsten weist von den hier veröffentlichten Stücken [2])
die p. 38 sich findende kleine Apokalypse „ὅρασις τοῦ Δανιὴλ
περὶ τοῦ ἐσχάτου καιροῦ καὶ περὶ τῆς συντελείας τοῦ αἰῶνος"
in eine bestimmte Zeit. Es wird nämlich hier am Anfang ganz
deutlich das Eindringen der Araber in Süd-Italien geschildert.
Das setzt die in den ersten Decennien des achten Jahrhunderts
erfolgte Eroberung von Sicilien voraus [3]). Den terminus ad quem

---

1) zu dem Ausdruck vgl. das Citat aus Andreas oben S. 99.

2) vgl. zum ganzen folgenden Abschnitt Klostermann p. 113, Vassiliev p. XX.

3) von der Eroberung Kretas durch den Islam, welche derjenigen
Siciliens vorausging, handelt der von Klostermann 121 veröffentlichte
χρησμός. Dagegen ist der χρησμὸς über Cyprus (Klostermann 122, Orac
Leont. ib.) viel älter und weist in die Zeit der Hunnen, Perser und
Gothen.

giebt dann die p. 39 Z. 2 sich findende Erwähnung des Langobardenreiches (*Λογγιβαρδία*). Vielleicht führt der Ausdruck *Λογγιβαρδία ταραχθήσεται* in die Zeit des Endes des Langobardenreiches. Im folgenden lesen wir dann den Satz: *καὶ μετὰ ταῦτα ἐπελεύσονται πάλιν οἱ υἱοὶ Ἰσμαὴλ εἰς τὴν γῆν τῆς Ἑλληνίας ... εἰς πόλιν τυράννου.*

Wahrscheinlich ist hier von den nach langer Ruhezeit in den letzten Decennien des 8. Jahrh. (seit 782) wieder aufgenommenen Kriegszügen des Islam gegen Byzanz die Rede, wenn hier nicht schon einfache Zukunftsweissagung vorliegt. — Dann folgt eine uns bekannte eschatologische Phantasie, nämlich die schon in der D.-A. gr. und in dem interpolierten Stück des Ps.-M. vorliegende Weissagung von einem Herrscher, der, aus unbekanntem Geschlecht stammend, in dem belagerten Byzanz gekrönt wird und in vernichtenden Siegen über den Islam der Not der Christenheit ein Ende macht. Die Zeit seiner Herrschaft wird auch hier auf 32 Jahre angegeben. Den Zeitumständen entsprechend ist die ganze Zukunftsschilderung verwandelt. Der römische Herrscher — so wird hier berichtet — wird sich mit dem blonden Geschlecht (Langobarden oder Franken, p. 39 unten) verbünden und zusammen werden sie Ismael in sein Land verfolgen, und es wird sich das Wort erfüllen, dass der Löwe und der junge Löwe gemeinsam verfolgen werden. Es wird dann p. 41 die Heimkehr des Königs nach Byzanz und seine glückliche Regierung in den uns ebenfalls aus D.-A. bekannten Farben geschildert. — Diesem Herrscher wird — so heisst es weiter — ein andrer folgen, dessen Regierungszeit auf 12 Jahre angegeben wird (p. 42 unten, vgl. D.-A.). Dieser letzte König wird nach Jerusalem ziehen „*καὶ προσεύξεται πρὸς κύριον καὶ πετάσει τὰς χεῖρας ἐπάνω τοῦ οὐρανοῦ, καὶ κατέλθει Μιχαὴλ ὁ ἀρχάγγελος καὶ ἀρεῖ τὸ στέμμα αὐτοῦ σὺν τῷ ξύλῳ τοῦ σταυροῦ, ἐν ᾧ ἐτανί(σ)θη ὁ Μεσσίας .... τότε παραδώσει ὁ βασιλεὺς τῶν Ῥωμαίων τὴν βασιλείαν τῷ θεῷ καὶ πατρί*[1]). Zum Schluss folgt eine im wesentlichen mit Ps.-Methodius identische Schilderung der Zeit des Antichrist.

Mit dieser Apokalypse verwandt ist die Bearbeitung des Methodiusbuches, welche p. 33—38 unter dem Titel „*τοῦ ἐν ἁγίοις πατρὸς ἡμῶν Ἰωάννου τοῦ Χρυσοστόμου λόγος ἐκ τὴν ὅρασιν τοῦ Δανιήλ*" veröffentlicht ist. Es sind in derselben das III. IV.

(VI.) und VII. Stück jener Schrift (s. o. S. 33) bearbeitet. Teilweise schliesst sich die Bearbeitung eng an den Text des Methodiusbuches an, das dem Bearbeiter in einem guten Text vorgelegen haben muss. So findet sich die Liste der 24 Völkerstämme Gogs und Magogs zwar verstümmelt, aber in einer Form, die gegenüber unserem lateinischen wie griechischen Text mit der alten Liste in Ephraem syrus übereinstimmt. Um das Verhältnis der Texte zur Klarheit zu bringen, stelle ich die vier Listen neben einander, nach der Reihenfolge, welcher Ephr. syr. folgt, indem ich in den andern Kolumnen die jeweilige wirkliche Reihenfolge durch Ziffern andeute.

Ephr. syr.	Ps.-M. lat.	Ps.-M. gr. I.	Ps.-M. gr. II.
Agog	1 Gog	1 Γωγ	1 Χοθ
Magog	2 Magog	2 Μαγωγ	2 Γωγ
Naval	5 Anog	3 Αναγ	3 Ανης
Agag [2])	6 Ageg	4 Τιγ	4 Αγηγ
Ascenez	7 Athenal	5 Ακελιαξ	5 Αχεναζ
Daiphar	8 Cephar	6 Διφαρ	6 Φαρβατινος
Phutei	9 Pothim-Hei	7 Φωτιναιοι	7 Φαζενοι
Lybii	10 Libyi	8 Λεβαιοι	8 Ολβιανοι
Amzartaei	16 Amahartae	14 Αμαζαχαρτοι	9 Σαρμαται
Garmidul	17 Agrimardi	15 Γαρμοιαδεοι	
Taleb	18 Alan	18 Αλανοι	10 Θυαλαιοι
Sanurtani	19 Anufagi	16 Ανθρωποφαγοι	11 Ανθρωποφαγοι
Azmurtaei [3])	20 Caribei	17 Θαρβνοι	
Hunni	11 Cunei	9 Εvναιοι	
Pharzaei	12 Pharilaei	10 Χαριταιοι	
Declaei	13 Ceblei	11 Δεκελμοι	
Thubalaei	4 Tubal		
Moschaei	3 Mosach		
Chusaei [4])	15 Chachamii	13 Χαναναιοι	
Nemruchaei	14 Lamarchiani	12 Δερματιανοι	
Muschaei	21 Thasbei		
Filii Chaeon (?) [5])	22 Phisolonici	19 Φιλονικιοι	
Sarugaei	24 Saltarei	21 Αζανταριοι	
Mahunaei	23 Arcenei	20 Αρσιναιοι	

---

1) (vgl. Ps.-M. s. o. S. 30.)
2) im Text folgt Thogarma.
3) im Text folgt: Chusaei, in der syrischen Liste doppelt aufgezählt.
4) im Text folgt: Medi Persae Armeni Turcae.
5) wenn die Zahl 24 voll werden soll, so muss hier noch ein Eigenname stecken.

Die Liste[1]) ist uns in dem vorliegenden Stücke gerade weit genug aufbewahrt, dass wir erkennen können, dass die Reihenfolge der Namen mit derjenigen bei Ephr. syr. übereinstimmt, während unsre Drucke von Meth. graec. und lat. abweichen. Zugleich finden wir hier statt Amzartaei, Amahartae u. s. w. die interessante (ursprüngliche) Überlieferung $σαρμάται$. — Erwähnt sei noch, dass p. 38 neben dem wiederkehrenden Henoch und Elias noch nicht Johannes genannt ist in Übereinstimmung mit dem lateinischen gegen den griechischen Text des Methodius.

Die Hauptabweichung von dem ursprünglichen Methodiusbuch findet sich nun in der Schilderung des die Herrschaft des Islam brechenden byzantinischen Herrschers. Und diese Schilderung lehnt sich genau an die eben besprochene Recension der Dan-A. an. Hier wie dort ist von der Einnahme Süditaliens durch die Araber (auch Sicilien ist erwähnt) die Rede, hier wie dort wird ein Herrscher geschildert, der plötzlich aufgefunden wird und in Gemeinschaft mit dem blonden Geschlecht Ismael vernichtet. p. 37 folgt dann mit dem Übergang: $εἶτα ἀναστήσεται νεανίας ἐκ φυλῆς τοῦ Δάν$ die Erzählung vom Antichrist ganz nach Methodius.

Auch das p. 50 veröffentlichte Stück vaticinium de futuris rebus Byzantinis (ex vita sancti Andreae Salo) ist in seinem ersten Stück p. 50—52 von der Recension der Dan-Apok. abhängig. Man vgl. die Schilderung des Herrschers 51: $καὶ ἡμερώσει τὰ ξανθὰ γένη καὶ ταπεινώσει τοὺς ἐχθροὺς αὐτοῦ ὑπὸ τὰς χεῖρας αὐτοῦ, καὶ τὸ σκῆπτρον αὐτοῦ ἔτη λβ'$.

Dann findet sich p. 53 ff. ein Stück, das mit D-A. I[2]) 118₈₂ ff. verwandt ist. Es ist hier die Rede von einem Herrscher, der 12 Jahre regiert, von seinen (Söhnen?) Nachfolgern, welche Herrschaften in Thessalonich, Rom, Alexandria aufrichten, und von

---

1) eine fünfte Liste liegt bei Lamy (zu der betreffenden Stelle des Ephr.) aus dem Chronicon Edessenum vor. Mir ist es nicht gelungen, die Namen mit denen der vorliegenden Liste zu identificieren. — Der Name Akouk ist offenbar gleich Agag (s. Nr 4). Die Liste bei Ephraem scheint aus einer Kombination von Ezechiel 38 mit einer aus der Zeit der beginnenden Völkerwanderung stammenden Liste entstanden zu sein.

2) ich bezeichne die Grundschrift der Dan-Apok. und ihre Recension mit D.-A. I und D.-A. II.

der Herrschaft eines Weibes am Ende der Tage. — Die Beziehungen dieser Phantasieen sind mir noch völlig undeutlich [1]).

Es folgen p. 56 unten Ausführungen über die letzten Zeiten, darunter folgendes interessante Citat: Ἱππόλυτος δὲ ὁ μάρτυς ἔφη, ὅτι ἐν τῇ ἐπιδημίᾳ τοῦ ἀντιχρίστου πρῶτοι οἱ Ἰουδαῖοι πλανηϑήσονται. — καὶ ὁ Χριστὸς ἐπιμαρτυρούμενος αὐτῷ [2]) πρὸς τοὺς Ἰουδαίους ἔλεγεν, ὅτι ἐγὼ ἦλϑον ἐν τῷ ὀνόματι τοῦ πατρός μου κ. τ. α. (Joh. 5 43).

Ein eigenartiges und interessantes Stück ist das p. 47 sich findende »anonymi de rebus Byzantinis vaticinium«. Es weissagt p. 49 u. dem Stamme der Isaurer den Untergang. Wenn die Weissagung p. 48 oben beginnt: οὐαί σοι ἑπτάλοφε Βαβυλὼν, ὅταν χήρα βασιλεύσῃ ἐπί σοι, und es p. 50 heisst: ἔσται δὲ ὁ ϑυμὸς τοῦ βασιλέως ἐκείνου ἐπὶ πάντας τοὺς ἀρνησαμένους ἐν εἰκόνι τὸν Κύριον, so kann kaum ein Zweifel sein, dass die Weissagung zur Zeit der Kaiserin Irene geschrieben ist. Die Heimat der Apokalypse ist Syrien (s. die Ausführungen p. 48), der König, der den Islam überwinden soll, von dem auch hier im Anschluss an das Methodiusbuch [3]) die Rede ist, wird aus den östlichen Gegenden erwartet, also nicht als byzantinischer Kaiser gedacht, er wird auch der Herrschaft der Isaurer ein Ende bereiten. Im ganzen arbeitet auch diese Apokalypse mit vollständig bekanntem Material.

Mit der D.-A. II hängt endlich auch noch die Migne Patr. Gr. Tom 107 p. 1142 gedruckte „ἀνονύμου παράφρασις τῶν τοῦ βασιλέως Λέοντος χρησμᾶν" zusammen. Folgende Parallelen in der Schilderung des siegreichen Herrschers liefern den Beweis:

D.-A. II.

καὶ ἐξελεύσεται ἄνϑρωπος ..
.. σημεῖα ἔχων τίτλωμα ἐπὶ τὸν δάκτυλον αὐτοῦ. ἡ λαλιὰ αὐτοῦ ἡδεῖα; ἡ ῥὶς αὐτοῦ ἐπίκυφος, κολοβὸς τῇ στάσει [4]).

Anonymus.

ἔχει δὲ οὗτος σημεῖα· ὁ ὄνυξ τοῦ μεγάλου δακτύλου τοῦ δεξιοῦ ποδὸς τήλωνα ἔχων, ἡ λαλιὰ αὐτοῦ ἡδεῖα, ἡ ῥὶς αὐτοῦ ἐπικεκυφυῖα.

---

1) sie sind auch wahrscheinlich in der D.-A. I erst später eingeschoben.

2) nämlich dem Hippolyt, das Citat aus diesem ist also hier bereits zu Ende.

3) vgl. die Weissagung der Eroberung von Jetrib p. 49.

4) dazu vergleiche Oracula Leontis XIII. Migne 107, p. 1138.

Diese Schilderung ist wieder abhängig von derjenigen des Herrschers in D.-A. I, 118 2 (vgl. vor allem 118 66: ἔχοντα ἐπὶ τὸν δεξιὸν πόδα μέσον τοῦ καλάμου ἧλον). — Wenn es übrigens D.-A. II heisst: τὸ δὲ ὄνομα αὐτοῦ ἔσται τὸ τριακοστὸν στοιχεῖον, so bedeutet das wahrscheinlich, dass der Name des Herrschers mit einem L beginnen solle. So hätten wir wieder eine neue Bestätigung für die Vermutang (s. oben S. 31), dass mit diesem Herrscher ursprünglich Leo Isauricus gemeint sei.

Übrigens bestätigt die hier für den Herrscher angegebene Regierungszeit von 32 Jahren die oben als die richtige erkannte Lesart in D.-A. I.

Überschauen wir nun das ganze[1]) dieser verwickelten apokalyptischen Überlieferung. Ihren nächsten Ausgangspunkt hat sie in der Weissagung von einem die Herrschaft des Islams vernichtenden byzantinischen Herrscher aus dem 7. Jahrh.[2]), wie diese im ursprünglichen Methodiusbuch vorliegt. In D.-A. I und der grossen Interpolation des Methodiusbuches erscheint die Erwartung angewandt auf den Isaurer Leo. In D.-A. II, der Bearbeitung des Methodiusbuches und dem vaticinium aus der vita sancti Andreae Salo, liegt die Weissagung in der Form vor, in die sie sich in der zweiten Hälfte des 8. Jh. verwandelte[3]). Mit dem vaticinium de rebus Byzantinis anonymi kommen wir in die Zeit der Kaiserin Irene hinunter.

Nach rückwärts aber reicht die Überlieferung aller Wahrscheinlichkeit nach bis in die Zeit des Kaisers Heraclius. Die Regierungszeit dieses Kaisers (31 Jahre) nähert sich am meisten der immerwiederkehrenden Angabe von 32 Jahren für die Regierungszeit des letzten Herrschers. Und über Heraclius hinüber reicht dann die Tradition zurück bis in die Zeit der ersten christlichen Herrscher des römischen Reiches.

---

1) vgl. nach Luitprandus de legatione Pertz script. Germ. hist. III, 555: habent Graeci et Saraceni libros, quos ὁράσεις sive Visiones Danielis vocant (Vassiliev, p. XXI).

2) auch Vassiliev verlegt die Weissungen ins 7. und 8. Jh., findet aber auch Spuren aus dem 13. Jh. in denselben; über noch spätere Stücke der Tradition vgl. p. XXII f.

3) Stücke aus dieser Weissagung, die Schilderung des Vordringens des Islams in Spanien und Sicilien sind dann ebenfalls in das Meth.-Buch eingedrungen und von Gutschmid bereits ausgeschieden.

Anhangsweise mache ich hier noch auf ein von Vassiliev veröffentlichtes Stück aufmerksam, das im Zusammenhang mit der Tradition vom Antichrist steht. Es ist die p. 4 veröffentlichte Diaboli contradictio Jesu Christo. Hier weissagt der Herr dem Teufel von der Endzeit: συνλάβεταί σε κόρη παρθένος, ὀνόματι Εὐδοκία, ὅτι καὶ ἐξ ἀδικίας ὠφείλεις γεννηθῆναι . ἐξ αὐτῆς τεχθεὶς τριμηνήτης (καὶ) στήσεις τὸν θρόνον σου ἐπὶ τῆς γῆς καὶ βασιλεύσεις ἔτη τρία. Weiterhin heisst es: ἀλλὰ δύναμαι μετακινεῖν τοὺς ἐνιαυτοὺς ὡς βιβλίον, καὶ ποιήσειν ἔχω τοὺς τρεῖς χρόνους τρεῖς 'μῆνας ἢ τρεῖς ἑβδομάδας, τὰς ἑβδομάδας ἡμέρας τὰς ἡμέρας ὥρας τὰς ὥρας στιγμάς. Es ist dann noch von der grossen Fruchtbarkeit, die auf Erden zu derselben Zeit (vorher? s. oben S. 131) herrschen wird, die Rede, und von der Sendung des Elias, Henoch und Johannes.

Ich verzichte darauf, hier noch einen Überblick über den grossen Einfluss der Antichristsage auf die deutsche Dichtkunst des Mittelalters zu geben. Ich könnte hier keine Garantie irgendwelcher Vollständigkeit geben. Doch dürfte immerhin die Mitteilung eines Stückes aus dem Fragment der altsächsischen Genesis wegen seines archaistischen Charakters von Interesse sein.

Herr stud. Lueken machte mich auf dieselbe aufmerksam, und ich lasse sie in seiner Übersetzung folgen. Sie lautet V. 136—150:

Es holte ihn (nämlich den Henoch) des Himmels Walter und setzte ihn dahin, wo er immer in Wonne sein muss, bis dass er ihn wieder in die Welt sende, des Himmels hehrer Hüter zu den Menschenkindern, den Leuten zur Lehre. Dann kommt auch der Böse, der Antichrist, verdirbt alles Volk, die Menschheit, wenn er mit dem Schwerte dem Henoch zum Mörder werden soll mit scharfer Schneide. Durch seiner (sc. des Antichrist) Hände Kraft wandelt die Seele (sc. Henochs), der Geist auf gutem Wege und Gottes Engel kommt, straft ihn den Verbrecher. Es wird der Antichrist seines Lebens beraubt, der Feind gefällt, das Volk wird wieder hingelenkt zu Gottes Reich, der Männer Schar eine lange Weile. — Und darauf ersteht ihnen die neue Erde (das Land gesund).

Register

der behandelten Stellen des alten und neuen Testaments.

	Seite		Seite		Seite
Gen. 49 16	79	Mtth. 24 21	142	Apok. 7 5 ff.	191
16. 17	16	22	143	9 11	93
36	94	26	146	14	113
Jes. 11 4	148. 149	30	154	11	92. 121. 131.
26 20	146	31	139. 166		136. 138. 139
34 4	163	25 41 ff.	167	1. 2	12. 128
Jer. 8 16	16	Mc. 13 14 ff.	13 f.	3	66. 134. 137
17 11	126	Luc. 10 15	131	7 ff.	107
Micha 7 6	76	18	97	7	11 f. 84. 99.
Sach. 12 10 ff.	65	18 1 ff.	108. 140		128
Mal. 4 1	137	21 21	18	8	12
Dan 2	78	Joh. 5 43	84. 108. 120	12	94. 97. 124
7	93	21 20	137	1 ff.	169 ff.
7 7 ff.	17. 81	Act. 21 31	146 A. 1	6	141
7 8	88. 102	II. Petr. 3 6	164	7	152 A 1. 153
14	163	I. Joh. 2 18	86	13 ff.	146. 147.
25	104	II. Joh. 7	86		151
11 21	85	Rom. 9 26	143	13	16. 105. 106
30	104	11 12	143	A (1—10)	80.
37	85. 113	I. Kor. 15 24	83 A. 1		113. 121. 124
39	40	28	34 A. 1	3	119
40	51	II. Kor. 6 15	86. 99	6	97. 107
40 ff.	127	11 14	111. A 2	B (11 ff.)	119.
41	103	I. Thess. 4 15. 16.	166		121 ff. 133.
43	17. 102	II. Thess. 2 1—12	33. 81.		121—124
44 f.	153		93	13	115
12 1	153 A. 1	2	105. 106	15	104
1 ff.	151	3	13. 86.	16. 17	133
3	168		91. 99	14 14—20	147 f.
11 ff.	149	4	13. 84.	15 1	153
Mtth. 11 2	116		104. 105	16 12	113
13 43	169	6	13. 16. 77.	13	125. 172
17	137		80. 82 A. 1	17	68. 78
24 7	77	7	124 A. 1	8	122
15 ff.	13 f. 92.	Apok. 6 5	131	12 ff.	17. 81.
	106. 107.	12 ff.	163	20 1—10	128
	120 f. 141 f.	7 1 ff.	143. 166	21 1	164

Sach- und Citaten-Register [1]).

Abodah Sahrah 168
Acta Petri et Pauli 96 A. 1
Actus Petri cum Simone 118
Adso, de antichristo (citiert nach Migne Patr. lat. Tom. 101,

p. 1291 ff.: 28 f., 38 f. — 1292 B :
87 A. 1, 92, 112; 1293 B: 114, 125 ;
1293 C: 105, 111, 124, 144; 1293 D :
115 A 2, 117; 1294 A: 40; 1294 C:
144; 1296 A: 108, 110; 1296 B :

---

1) im folgenden gebe ich ein Register der sämtlichen behandelten Citate, ein Sachregister nur, soweit dies bei der einen Überblick leicht ermöglichenden Anordnung des ganzen (vgl. das Inhaltsverzeichnis) noch nötig war.

128, 131; 1296 C: 136; 1297 A:
133, 146; 1297 B: 152; 1298 B:
162; vgl. 104, 113, 120, 138, 140,
142, 149, 150, 153, 157
Alexandersage 29, 33, 34, 39
Altercatio synagogae et ecclesiae,
Kap. 14: 105
Ambrosiaster in I. Kor. 4: 136; in
II. Thess. 2: 108, 111; 2₃: 91
Ambrosius de ben. Patr. 7: 112
— in Psalm. 40: 112; 43₁₉: 108;
45₁₀: 137; 118₂₀: 162 A 2
— in Luk. Lib. X. 18: 131
— de fide ad Gratianum 2₄:
128
Pseudo-Ambrosius Comm. in Apok.
(Migne Patr. Lat. Tom. 17) in Apok.
13₃: 119; 16₁₃: 125
Anastasius Sinaita Hexaemeron X
(Migne Patr. Gr. Tom. 89) 1018 B:
112
Andreas Comm. in Apok. ed. Sylburg
(nach Seiten und Ziffern der Zeilen
citiert) 50₁₃, 51₄₅: 91 A. 1; 51₅₁:
141; 53₁₃: 119; 56₅₇: 116; 58₃₉ ff.:
119; 71₁₅: 113; 92₂: 86; 94₄₅:
36 A. 1; 95₄₂: 105; vgl. ferner in
Apok. 7₁ ff.: 143; 7₅ ff.: 113; 9₁₄:
113; 11₃: 137; 11₇: 99; 20₈: 128
Ansbertus, Ambrosius in Apok. 11₇:
112; 13₃: 119
Anselmus Laudunensis in Dan. 11₃₇:
113; in Apok. 7₅ ff.: 113; vgl.
156 A. 7
Arethas in Apok. 7₅ ff., 9₁₄: 113;
11₃: 137; 11₇: 108
Armillus-Romulus 66, 67, 68, 70,
102, 123, 128, 149, 149 A. 3
Arnobius adv. gentes II, 12: 96 A. 1 f.
Ascensio Jesaiae (ed. Dillmann) 53
vgl. 57; Kap. 3 f.: 53, 64; 3₄: 87; 3₁₃
(lat.): 100 A. 1; 3₂₃ ff.: 77; 3₂₇:
87; 4₁ ff.: 161; 4₂: 86, 99; 4₄ ff.:
86; 4₅: 115; 4₆: 104; 4₁₁: 104;
4₁₃: 141; 4₁₄: 86, 150; 5₁₃: 87;
7₉: 100; 11₂₀: 88 A. 1
Assumptio Mosis 10: 153, 161 A. 4
Augustin in Jos. Kap. 22: 112
— de civitate dei 20₁₉: 80 A. 1, 124;
20₂₉: 142
— de haeresibus 1: 96 A. 1

Bahman Yast **73**; II, 48: 132, 139
A. 1
Baruch-Apok. 27: 70, 95; 36—40:
70; 40: 154; 48₃₄: 70; 49₃₂ ff.: 77;
70: 77
Basiliscus 42

Beatus ed. Florez p. 442: 40 A. 1;
444. 445: 111; 541: 146; 542: 153
Beda, de ratione temporum 69: 136,
152; in Joh. 5₄₃: 108; in Apok.
7₅ ff.: 113; 13₃: 119; 17: 113
Tractat Berachot fol. 5₁: 170
Bernardus Senensis de jud. univ. XI:
150, 152
Bet ha-Midrasch 66
Birgitta Revel. VI, 67: 92
Chiliasmus 165
Chronicon Edessenum (Völkerliste)
177
Chrysostomus in Mtth. Hom. 58₁:
142; in Joh. 5₄₃: 108; in II. Thess. 2
Hom. 2: 88, 116, 124 A. 1
— de cruce et latrone II, 4: 156
— λόγος ἐκ (!) τὴν ὅρασιν τοῦ Δανιήλ:
175
Pseudo-Chrysostomus Migne Patr. lat.
61. 776: 155, 160, 166, 167, 168
Clemens Alex. Strom. III, p. 445:
63 A 1
Liber Clementis ed. Lagarde Reliquiae
juris (nach Seite und Zeilen citiert)
52 (lat. Fragm.: **53**): 80 ff.: 52;
80₅: 140; 81₁₅: 52, 53, 54; 81₂₁:
155; 81₃₃—82₃₈: 53; 82₃₀: 131;
82₄₀: 52; 83₁₉: 101
Pseudo-Clemens, Homilie 2₁₇: 120;
2₃₂. ₃₃: 119; Recognitionen 2₉:
119; 2₁₄: 120 A. 1; 2₆₀: 120 A. 1;
3₄₇: 119
Commodian carmen apologeticum ed.
B. Dombart corp. script. eccles.
XV, 115 ff. — **49 ff** cf. 123,
137; Vers 791: 49; 805, 808: 50;
809: 128; 810: 50; 823: 49; 839,
853, 856, 858: 50; 871: 49; 891:
51 ff., 85, 127; 901: 167; 903:
154; 911 ff.: 49, 103; 927 ff.: 85
A. 1, 109, 115 A. 1; 932: 113;
933: 85; 936: 19; 937 ff.: 141,
142, 154; 942: 64; 983: 148, 153;
1005: 161; 1026 ff.: 168; 1035 f.:
169
Constans II. 34, 38
Constantin I. 39, 156
Constantin IV. 33, 47
Constantin V. 43, 46
Constantius 39
Constitutiones apost. VI, 9: 96,
97 A. 1
Contradictio, diaboli Jesu Christo
(Vassiliev Anecdota 4 ff.) 180
Cyprian de mortalitate 15: 40 A. 1
Ps.-Cyprian de montibus Sina et
Sion 5: 136

Cyrill Alexandr. in Johannem 543: 108

Cyrill v. Jerusalem *κατηχήσεις* Migne Patr. Gr. Tom. 33. — VI 15: 96 A.1; XII 2: 108; XV 3: 79; XV 10: 109, 112, 116, 126 A. 2, 140 A. 3, 159, 160; XV 14: 90 A. 1; XV 15: 94, 105, 112, 117; XV 21: 160; XV 22: 155; XV 24: 167

Daniel-Apokalypse, armenische (ed. Kalemkiar Wiener Ztschr. VI 127 ff. nach Seiten und Zeilen citiert).
— 41 ff., 2391: 87, 23911: 101; 23915: 116; 23918: 132 f.; 23921: 131; 23924: 144, 149; 23926: 141; 24013 ff.: 162, 165

Daniel-Apokalypse, griechische 41 ff., 39, 57, 83, 173 f., 175, 177, 179.
— 11634:122; 11685.39: 94; 11743 ff.: 31 f.; 11877: 131; 11881: 30; 11882 ff.: 177; 11989 ff.: 62; 119100: 109; 119101: 105; 119103: 131; 119105: 94; 120106: 144; 120109: 162 (167); 120116: 149, 165; 120 Anm: 155

Daniel, (persische) Geschichte Daniels 69, 102, 137, 141, 144, 149, 149 A. 1, 152, 154, 159

Daniel, *ὅρασις τοῦ Δανιήλ* 174, 178

Daniel *χρησμός περὶ Κρήτης* (Klostermann, p. 121) 174 A. 1

Diemer, deutsche Gedichte des 11. u. 12. Jh. 117

Ebed Jesu 44

Eisenmenger, entdecktes Judentum 65, 67, 86 A 1

Elias-Apokalypse, jüdische 57, 102

Elucidarium des Honorius v. Autun III, 10—12 Migne Patr. Lat. 172, p. 1163: 40, 92, 105, 110 A. 2, 113, 114, 116 f., 136, 138, 144 A. 1, 149, 153, 155, 157, (III 12): 158, 162, 167

Ephraem, Überlieferung seiner Homilien 21 ff.

Ephraems griechische Homilie vom Antichrist 37, 97

Ephraems Prooemium: 87, 94, 125, 126 A. 2, 129, 144, — (im folgenden nach Assemanis Ausgabe) III 137 CE: 90; 137 F: 111; 138 AC: 109; 138 B: 126, 140 A. 3; 138 C: 103, 105; 138 D: 103; 138 E: 118; 139 C: 118; 139 DEF: 129; 140 B: 132; 141 C: 133; 142 A: 135; 142 C: 140; 143 A: 132 A. 1, 133; 143 B: 149, 160; 143 E: 153

Ephraem, griechische Homilie über das Weltende (vgl. 21 ff., 24) III 145: 155, 159

Ephraem, syrische Homilie über den Antichrist etc., ed. Lamy III 187 ff. (nach Kapiteln citiert) 35 ff., 176.
— Kap. 3: 36, 37; 4: 37; 5 ff.: 35, 37; 6: 128; 7: 36, 99; 8: 36, 38, 104, 109; 9: 115, 116, 117, 125; 10: 127, 140; 11: 117, 134, 159; 12: 36, 130, 138, 151, 154, 168; Verwandtschaft mit der Apokalypse Zephanja 117 A. 1

Pseudo-Ephraem, lateinische Predigt vom Weltende (Caspari Briefe, Abh. 208 ff., nach Kapiteln citiert) 20 f., 35 f.: — Kap. 1: 35, 76, 79; 2 (Berührung mit Ephr. syr.): 24 f.; 4: 34, 128, 144; 5: 34, 35, 79, 83, 87, 94, 126; 6: 92, 112, 126; 7: 94, 103 f., 105, 109, 110 f., 126; 8: 94, 105, 130, 132 f ; 9: 134; 10: 149, 155, 160

Epiphanius vitae prophetarum 44 A. 1

Esdras-Apokalypse (ed. Tischendorf Apok. Apocr. nach Seitenzahlen T.'s) 27: 99 A. 1; 29: 98, 101, 162

Esra IV: 63; V 1 ff.: 63, 76 f., 81; 115; V 3: 77; V 4: 115; V 6: 87, 130; V 7, 8: 54; VI 20 ff.: 63; VI 21: 54; VI 21 ff.: 76 f.; VI 32: 168 A. 1; [VI 4 ff.]: 161 A. 1; VII 41 f.: 169; XIII 5: 127; XIII 34 ff.: 64, 154; XIV 11 (aeth.): 63 A. 1

Esra-Apokalypse, syrische (Baethgen Z. A. T. W. VI 204 nach Kapiteln citiert) 47; Kap. 8: 165; 12: 128; 13: 36, 152; 13, 14: 144; 14: 136; 15: 152

Eterianus Hugo liber de regressu animarum ab inferis Kap. 23 f. Migne Patr. lat. Tom. 202, p. 168 58 vgl. 40, 112. — Kap. 23: 108, 112, 119; 25: 117

Eucherius in Genesim III ed. Basil. 1531, p. 188: 112

Euthymius in Joh. 543: 108; in Joh. 2120: 137

Geheimnisse des Rabbi Simon ben Jochai 102, 149

Genesis, Fragment der altsächsischen 180

Gothen 50, 128, 174 A. 3

Gregor in Ezechiel. Hom. XII 7: 142
— Moralia XXXI 24: 112
— — XXXII 15: 152 A. 4
— in Evang. Hom. 349: 152 A. 4
— epist. XIII 1: 119

Gottfried v. Viterbo 39, 65

Gog und Magog 28, 29, 31, 33 f., 35, 37, 57, 65 f., 67 A. 1, 69 f., 74, 128 f., 152, 176

Haymo v. Halberstadt Migne Patr. Lat. Tom. 117 f. Comment. in II. Thess. 2: 89, 105, 110 A. 2, 111, 113, 117, 120, 149, 152
— Comment. in Apok. 7₁ ff.: 113; 13₃: 119

Hegesipp de exc. Jerusalem V 50 34

Helena, Mutter Kaiser Constantins I. 157

Heraclius 34, 38, 42, 48 f., 179

Hermae, Pastor Visio IV 172

Hieronymus **40 ff.** ad Algasiam 34, 40 A. 1, 78, 81, 108, 116, 149
— Prooenium in Ezechiel XI 128
— in Jeremiam 25₂₆: 78 A. 1
— in Daniel 7₈: 78 A. 1, 88; 7₂₅: 104; 11₂₁: 85; 11₂₉: 124 A. 1; 11₃₀: 104; 11₃₂: 140; 11₃₇: 113; 11₃₉: 40; 11₄₃: 102 A.1; 12₁₁ f.: 149
— de script. eccles. 62 (67): 50

Hilarius in Mtth. (Migne Patrol. Lat. Tom. 9) Liber X 14: 142; XV: 104; XX 10: 137

Hildegard, Migne Patr. Lat. Tom. 197, p. 709, Scivias III 11—12: 58, 92, 96, 119, 169

Hippolytus $\mathring{\alpha}\pi\acute{o}\delta\epsilon\iota\xi\iota\varsigma$ $\pi\epsilon\varrho\grave{\iota}$ $\tauο\~υ$ $\mathring{α}\nu\tau\iota\chi\varrho\acute{\iota}\sigma\tauου$ (ed. Lagarde, nach Kapiteln citiert) **15 ff.**, 44, **51**; Kap. 5: 110; 6: 15, 84, 89, 105, 108; 14: 87, 89: 14 f.: 112; 15: 15, 17, 127; 25: 78; 29: 19; 34: 16; 43: 16, 136; 49: 16, 80; 51: 102 f.; 52: 51, 104; 53: 104, 108; 54: 17, 78, 127; 56: 109, 126, 140; 58: 140; 61: 141; 64: 149 A. 1, 161, 167
— Fragment 178

Ps.-Hippolyt $\pi\epsilon\varrho\grave{\iota}$ $\tau\~η\varsigma$ $\sigmaυ\nu\tau\epsilon\lambda\epsilon\acute{\iota}α\varsigma$ $\tauο\~υ$ $\kappa\acuteο\sigmaμου$ (ed. Lagarde, citiert nach Kapiteln, Seiten und Zeilen) **25 f.**; Kap. 7, 96₄: 76; 8, 962₆: 76; 8, 97₁: 165; 18 u. 19: 112; 20, 104₃: 105; 21, 104₁₃: 137; 22, 105₂₁: 89; 22, 106₁₂: 124; 23, 106₁₄: 116; 23, 106₁₈: 112; 23 und 24: 126; 24, 107₁₂: 109; 25, 107₂₃: 103 A. 1; 25, 107₂₅: 105; 25, 108₁: 140 A. 3; 26, 108₁₉: 118; 26, 108₂₈: 116; 27, 1099 ff. 19 ff.: 130; 28, 110₁: 132 A. 1; 29, 111₄: 135; 31, 112₃: 133; 32, 112₂₆: 140; 33, 113₈: 144; 35, 114₁₃: 114; 36, 115₄: 155, 155 A. 1; 37: 149; 39, 116₂₁: 168; 39, 117₅: 160 A. 2 u. 3; 39, 117₂₃: 157 A. 3; 39 ff.: 167

Historia Josephi s. Josephus

Honorius v. Autun s. Elucidarium

Hunnen 34, 35, 37, 38 f., 41, 57, 128, 174 A. 3

Jacob Edessenus (bei Ephraem syrus, Assemani I 192): 79, 92, 112

Jalkut chadasch 66

Jetrib, Weissagung der Einnahme J.'s 178 A. 3

Joachim v. Floris (Comment. in Apokal.) 137. 149 f.

Ps.-Johanneische Apok. (bei Tischendorf apoc. apocr. p. 70 ff. nach Kapiteln citiert) **26** **36 A. 1.** — Kap. 5: 131; 6: 87; 6 (cod. E): 104 f., 109, 112, 130; 6 (cod. B): 109 A. 2; 7: 101, 116; 7 (cod. E): 117 f, 133 A. 1, 152; 7 (cod. B): 140; 8: 135, 138, 144; 9: 152 A. 3. 167; 10: 168; 14: 160; 15: 165; 16: 157; 16 f.: 149; 18: 160; 23: 167 f.

Johannes Damascenus $\mathring{ε}κ\vartheta ε\sigma\iota\varsigma$ $\tau\~η\varsigma$ $\mathring{ο}\varrho\vartheta οδ\acuteο\xi ου$ $\pi\acute{\iota}\sigma\tau ε\omega\varsigma$ IV, 27 (ed. Verona 1532): 58 89, 91 A. 1, 104, 108, 112, 116, 135 f., 142, 149

Johannes Tzimiskes 174

Josephus, Flavius Bellum Judaicum VII 11₁: 146 A. 2; VII 24: 65.
— Archaeol. XX 8₆: 146 A. 1

Josephi Historia, arabische Kap. 32: 136, 172 A. 1

Irenaeus adversus haereses (ed. Harvey) 58 V 5₁: 136; V 25: 87, 88 f., 104; V 25₃: 108, 140; V 26: 78; V 26₁: 102; V 28₂: 104, 116, 125; V 29: 94 A. 1; V 29₁: 139; V 30₂: 87, 112, 113; V 30₃: 109; V 30₄: 104

Irene Kaiserin 178

Isidor Etymologiae VIII 11: 105 A. 1

Islam 33 f., 35, 37, 45, 47 f., 49 (unter den Ommajaden): 67, 69, 73; (Eroberung Siciliens und Süditaliens): 174; (Eroberung Kretas): 174; (erneuter Ansturm gegen Byzanz): 175.

Julian v. Toledo 156 A. 7

Justin, Kenner jüdischer Tradition: 170; Dialog. c. Tryph.: 65; Kap. 49: 137

Kaiserkrone, Niederlegung derselben am Ende 23, 33, 34, 157

Kreta s. Islam

Kreuz, Sagen vom: 156; (Bildliche Darstellungen: 56, 157, 158)

Kreuzzüge 41, 47, 73, 83

Lactanz ed. S. Brandt corp. scr. lat.

19 (nach Seiten u. Zeilen der Ausgabe citiert) Instit. divin. VII 15 ff.
50 f. 123; VII 15: 77, 78; VII 15:
635₃₂: 131; VII 16: 56, 76, 78;
VII 16, 635₁₅: 110; 636₁₇: 144;
637₁: 166; VII 17: 113, 137, 142;
VII 17, 638₁₄: 85, 91; 639₄: 114;
639₇: 106; 639₉: 132; 639₂₁: 141;
640₂: 145; VII 19, 644₈: 158;
645₈: 158; 645₁₀: 161; 645₁₁:
147 f., 149; 645₁₆: 154; VII 20:
168 A. 1; VII 24: 168 A. 1; VII
25: 78; VII 26: 169 A. 1

Leo I 42

Leo der Isaurer 31, 178 f.

Leontis Oracula 174 A. 3, 178

Leontis χρησμῶν παράφρασις Migne Patrol. Gr. 107 p. 1141: 178

Ludus de antichristo 39, 83, 124

Luitprandus de legatione 179

Malvenda de antichristo Lugdun. 1647 I 2 ff.: 57; 140: 112 A. 2; 142: 136; 147: 147 A. 1; 151: 136; 155: 113 A. 1; 158: 163; 163: 113 A. 2; 571: 65; 579: 34; 599: 108; II 125 ff.: 119; 132: 50; 144: 134 A. 1; 145: 140 A. 1; 147: 140; 149: 140 A. 1; 151: 137 A. 1; 155: 137; 159: 137 A. 1; 181: 153 A. 1; 200: 142; 206: 65 A. 1; 235: 152; 243: 149 A. 4

Marcian (Kaiser) 42

Martin v. Tours bei Sulpicius Severus Dial. II 14: 52, 91, 105, 111, 123

Martyrium Petri et Pauli (ed. Lipsius und Bonnet) Kap. 11: 96 A. 3; 14: 97; 22: 98 A. 1; 31: 119; 43: 111; 53: 97 A. 1; 53—56: 96 A. 1

Maternus, Firmicus liber de errore Kap. 22: 89

Messias, doppelter 65—70
— ben Joseph, Führer der 10 Stämme 65
— = Nehemia ben Usiel 68
— benDavid = Menachem benAmmiel 68, 170
— doppelte Parusie 170
— Zeichen 102

Pseudo-Methodius. Orthodoxographa ed. 2 Bas. 1569. graec. 93, lat. 100: 30 ff., 67, 79, 83, 87 A. 1, 102 A. 1, 104, 112, 113, 115, 116, 128, 136, 138, 140, 144, 150, 155, 157
— Berührungen mit Adso: 31, 33, 40
— — Ephraem: 35, 36, 37, 40
— — Petr. Apok. aeth. 47
— — Sib. Beda 33

Pseudo-Methodius, Berührungen mit Zeph. Apok. 56

Michael 151 ff., 166, 171, 173

Midrasch Vajoscha 102, 149

Mikwêh Israel fol. 47. 48: 65

Muspilli 137, 138, 162

Nero 18, 49 ff., 81 f. 85, 98, 108, 110, 121 ff.

Evg. Nicodemi 136

Oecumenius in II. Thess. 2: 89, 108, 149 A. 1

Olybrius 41

Onus ecclesiae 150

Origenes in Matth. ed. Lommatzsch IV. 275: 105 A. 1; IV. 329: 150 A. 1

Orosius lib. 7₂₁: 50

Patres apostol. I 94: 102 A. 1

Passio Petri et Pauli: 96 A. 1

Apok. Pauli (Tischendorf Apocalypses apocryphae p. 34 ff.) p. 50. 68: 136

Pelagius Comm. in II. Thess. 2: 124, 149 A. 1

Perser: 35, 37, 48, 174

Pesikta sutarta fol. 58₁: 66

Acta Petri et Pauli s. Acta

Actus Petri cum Simone s. Actus

Martyrium Petri s. Martyrium

Apok. Petri, ältere (bei Macarius IV 7): 161, 168
— — verwandt mit II. Sib.: 63

Petri apocalypsis per Clementem 45 ff.

Petr.-Apok. aeth: 45 ff., 36, 104, 110, 112, 115, 131, 135, 138, 144, 146, 152 A. 3, 162, 167
— arab.: 46, 152
— syr.: 46, 135, 138, 149, 162, 165, 168, 169

Petrusevangelium: 156

Philippicus Bardanes: 31

Philippus Solitarius Dioptra III 10 ff. Migne Patr. Gr. Tom. 127 p. 815: 27; 815 B: 94; D: 90 A. 1; 816 A: 112 A. 1; B: 135, 125 A. 1, 140 A. 3; C: 95, 118 A. 1; D: 132 A. 1; 817 A: 144; 818 A: 118 A. 1, 133; C: 149. vgl. 98, 104, 138, 158 A. 2

Pistis Sophia: 172

Plinius Hist. Nat. VI 13: 34 A. 1

Primasius in Apok. 117: 112; 13₃: 119
— in II. Thess. 2: 149 A. 1

Prosper de promissis et praedictionibus Dei lib. IV de dimid. temp. (Migne Patr. Lat. Tom. 51) 8: 91; 9: 108, 112; 10: 140

Prudentius Cathemerinon 6: 149

Quaestiones ad Antiochum. (Migne Patrol. Gr. 28.) 109: 114, 117

Richard v. S. Victor zu Apok. 7 5 ff.: 113
Rufinus expositio Symboli 34: 108
Rupertus Tuitiensis in Apok. 75ff., 13: 113
Sedulius in II. Thess. 2: 149 A. 1
Sepher Serubabel: 86 A. 1, 102, 159
Sibyllina oracula ed. Rzach: **59 ff**.; I. 1—323: 61; II. 6—33: 61; 67: 86; 151 ff.: 87; 154—213: 51, 61; 155: 63 A. 1; 165 f.: 63 A. 1; 167: 100; 167 f.: 51; 170 ff.: 51, 63, 65, 87; 186 f.: 51; 187 f.: 51, 69, 137; 197 ff.: 161; 214 f.: 168; III. 46—91: 59, 60; 63 ff.: 87, 100; 63: 86; 64: 115; 66 ff.: 116; 71 ff.: 160; 73: 86, 150; 75: 44; 77: 62; 80 ff.: 61, 160; 168: 61; 170: 61; 178—182: 61; 364: 78 A. 1; IV. 20: 62; 47: 61; 50: 61; 55: 61; 172: 154; 172 ff.: 161; V. 18: 60, 62; 28: 99; 32: 99; 69: 87; 155 ff.: 161; 158: 155; 214: 98; 222: 103; 288 ff.: 63; 376 f.: 63; VI. 26—28: 156; VII. 118: 63; 239: 166 A. 1; VIII. 15: 63; 88: 98; 154: 98; 165: 78 A. 1; 169 f.: 59; 199 f.: 62; 203 ff.: 63, 166; 217 ff.: 63; 337 ff.: 63; XI. (IX.) 180: 98 f. A. 1; XII. (X.) 78 ff.: 99 A. 1; 86: 104; 290: 19; XIII. (XI.) 155 ff.: 98 f. A. 1; XIV. (XII) 158: 155
Sib.-Beda Migne Tom. 90, p. 1183: **38**, 62 f., 104, 112, 116, **128**, 131, 136, 138, 144, 152, 155, 157, 162, 166
Sib.-Usinger, Forschungen zur deutschen Geschichte X 621: **28**, 128, 155
Sicilien s. Islam
Simeon Metaphrastes vita Joh. 7: 137
Simon Jochai s. Geheimnisse
Simon Magus 96, 97, 98 A. 1, 111, 118, 119, 120
Sohar zu Exod. 22 21: 172
Strabo in Apok. 7 5 ff.: 113
— in II. Thess. 2: 113
Sueton, Nero 40: 60
Sulpicius Severus, Dial. II 14: 52, 91

Sulpicius hist. sacr. II 14: 19; 28 96 A. 1; 32: 50
Tabari: **74**
Tertullian Apologet. 32: 78
— de anima 50: 136
— resurrectio carnis 24: 78
— ad Scapulam 2: 78
Testamentum XII Patriarcharum, Dan: **64** Kap. 5: 86, 100, 114, 149; 6: 114
Theodoret in Genesim quaest.: 110, 112
— in Dan 11 44: 153; 12 1: 142, 153, A. 1
— in Mal. IV 1: 142
— in II. Thess. 2: 91, 108
— haeret. fab. I 1: 96 A. 1; V 23: 108
Theophylakt in Joh. 21 20: 117
— in II. Thess. 2: 89, 108, 149 A. 1
Ticonius 136
Ubertinus Casalis 150
vaticinium anonymi de rebus Byzantinis 178
vaticinium de futuris rebus Byzant. 177
Victorin, Comm. apoc. de la Bigne ed. II 1589 Tom. I:**17**, **52**; in Apok. 2 9: 110 A. 1; 6 5: 131; 6 6: 17; 7 1 ff.: 143; 11: 66; 12: 17 f.; 12 6: 140, 142; 12 15: 145, 147; 13: 18, 109, 110, 111, 111 A. 1; 13 15: 104; 14 14—20: 148; 14 20: 18; 15 1: 153; vgl. 82, 85, 124, 137
Victorin Recension II. Migne V 339 C: 117 A. 3
Völuspâ Str. 46: **71 ff.**, 157 A. 2, 158
Zehn Stämme 61, 65, 143
Zeno 42
Zeph.-Apok. Stern, Ztschr. f. ägypt. Sprache 1886. 115 ff.: **54 ff.**; 123: 98, 118 A. 2; 124: 115, 158; 125 102, 116, 117, 118; 126: 141; 128 127 A. 1, 130, 134, 144, 145, 14 A. 1, 148, 153, 172; 129: 161; vg 131 A 1
— verwandt mit Adso 56
— — Ephraem 56
— — Ps.-Joh. 56.

Druck der Univ.-Buchdruckerei von E. A. Huth in Göttingen.